Stanisław Mędak

POLSKI C2
MEGATEST

Polish in Exercises

Польский в упражнениях

Польська мова в тестових завданнях

Konsultacja: Ewa Optołowicz, professeur agrégé, INALCO Paris
Konsultacja językowa (ros. i ukr.): Konstanty Dalecki

Redakcja: Anna Laskowska

Projekt graficzny okładek Lingo: 2arts, Marcin Rojek
Zdjęcie na okładce: © asiln – Fotolia.com

Producent wydawniczy: Marek Jannasz

www.jezykinieobce.pl

ISBN: 978-83-7892-449-4

© Copyright by Stanisław Mędak
© Copyright by Wydawnictwo Lingo sp. j., Warszawa 2016

Skład: Igor Nowaczyk

Spis treści

WSTĘP 5

CZĘŚĆ I. ZAGADNIENIA TEMATYCZNE. Gramatyka i składnia 7

ZT – zadania testowe

1. Rzeczowniki 8
1.1. Rzeczowniki osobliwe – *singularia* i *pluralia tantum* .... ZT 1-10 8
1.2. Rzadko używane rzeczowniki .... ZT 11-15 18
1.3. Rzeczowniki zapożyczone .... ZT 16-25 22
1.4. Łączliwość składniowa rzeczowników odczasownikowych ... ZT 26-30 30

2. CZASOWNIKI 35
2.1. Czasowniki nieregularne .... ZT 31-35 35

3. CZASOWNIKI OSOBLIWE 39
3.1. Czasowniki zeromiejscowe i jednomiejscowe .... ZT 36-38 39
3.2. Nieosobowe formy czasowników .... ZT 39-41 42

4. ŁĄCZLIWOŚĆ SKŁADNIOWA CZASOWNIKÓW 45
4.1. Połączenia składniowe z czasownikami różnego typu .... ZT 42-71 45

5. ASPEKT 67
5.1. Kategoria aspektu. Gniazda słowotwórcze .... ZT 72-76 67
5.2. Czasowniki dwuaspektowe .... ZT 77-81 72
5.3. Czasowniki prefiksalne .... ZT 82-88 76

6. SŁOWOTWÓRSTWO CZASOWNIKÓW 83
6.1. Słowotwórstwo czasowników. Polisemia czasowników .... ZT 89-93 83

7. PRZYMIOTNIKI 90
7.1. Łączliwość składniowa przymiotników .... ZT 94-98 90

8. LICZEBNIKI 94
8.1. Składnia liczebników .... ZT 99-108 94
8.2. Liczebniki zbiorowe .... ZT 109-113 .. 102
8.3. Liczebniki w ciągach liczebnikowych .... ZT 114-115 .. 106
8.4. Liczebniki ułamkowe .... ZT 116-118 .. 108

8.5. Liczebniki i wyrazy wykazujące związek z liczbą .... ZT 119-128 .. 111

9. ZAIMKI 119
9.1. Zaimki: *każdy* i *żaden* – odmiana i składnia .... ZT 129-133 .. 119

10. IMIESŁOWY 123
10.1. Imiesłowy przymiotnikowe .... ZT 134-138 .. 123

11. MODULANTY .... ZT 139-143 .. 127

12. TRYBY 131
12.1. Tryb rozkazujący w połączeniu z wołaczem .... ZT 144-153 .. 131

13. WYRAZ *się* 140
13. 1. Funkcje wyrazu *się* .... ZT 154-158 .. 140

14. SKRÓTY I SKRÓTOWCE .... ZT 159-161 .. 144

15. SKŁADNIA ZDAŃ 147
15.1. Spójniki – Wskaźniki zespolenia .... ZT 162-173 .. 147
15.2. Składnia stylu potocznego .... ZT 174-175 .. 158

16. NORMA JĘZYKOWA 160
16.1. Norma językowa, a zwyczaj używania różnych
form językowych .... ZT 176-183 .. 160

CZĘŚĆ II. ZAGADNIENIA UZUPEŁNIAJĄCE. Składnia 171

17. Wybór językowych znaków połączenia .... ZT 184-203 .. 172
17.1. Alternatywne połączenia składniowe
wybranych czasowników .... ZT 204-208 .. 185

SKRÓTY 193
CYTOWANE PUBLIKACJE KSIĄŻKOWE 194
KLUCZ DO ZADAŃ 196
INDEKS 236
TEGO SAMEGO AUTORA 238

WSTĘP

Kolejny, trzeci już zestaw zadań testowych z języka polskiego jako obcego ze słowem „megatest" w tytule adresujemy do studentów obcojęzycznych, którzy opanowali język polski na poziomie C1.

Pomysł stworzenia autorskiej serii pomocy dydaktycznych z zakresu testowania, zapoczątkowany wydaniem w 2012 roku zbioru 374 ćwiczeń dla początkujących *Polski megatest**, był odpowiedzią na wzrastające zapotrzebowanie na polskim rynku wydawniczym na tego rodzaju pomoce dydaktyczne.

W roku 2013 ukazał się obszerny zbiór prawie 300 zadań testowych dla uczących się języka polskiego jako obcego na poziomie średnio ogólnym, zatytułowany *Polski B2 i C1. Megatest***. Niniejszy zbiór (ponad 200 zadań testowych) zamyka trzytomową serię przeznaczoną dla wszystkich obcojęzycznych miłośników polszczyzny, którzy **chcą się sprawdzić, potwierdzić swoje umiejętności, ugruntować i utrwalić wiedzę językową, lepiej zrozumieć zależności w systemie języka polskiego.**

Koncepcja ostatniego tomu przeznaczonego dla użytkowników obcojęzycznych w niczym nie odbiega od standardów zastosowanych w pierwszych dwu tomach. Zmienia się jedynie rozmiar obszaru językowego, zwłaszcza ze względu na wagę i kompleksowość zagadnień gramatycznych dotyczących składni i poprawności językowej. Granicę merytoryczną zadań testowych wyznaczyły zatem propozycje zawarte w standardach wymagań dla poziomu C2, opublikowane w 2004 roku w przez Ministra Edukacji Narodowej i Sportu w Dzienniku Ustaw***. Z ministerialnego wykazu dwudziestu pięciu zagadnień gramatycznych i składniowych wybraliśmy te, które naszym zdaniem najlepiej obrazują wspomnianą kompleksowość polszczyzny i tym samym zasługują na uwagę. Oto one:

z zakresu składni i aspektu czasowników:

- czasowniki dwuaspektowe,
- czasowniki łączące się z bezokolicznikami,
- czasowniki łączące się z wyrazem *się*,
- czasowniki osobliwe (zeromiejscowe, jednomiejscowe, nieosobowe formy czasowników),
- czasowniki prefiksalne,
- gniazda słowotwórcze czasowników,
- połączenia składniowe wybranych czasowników;

---

* S. Mędak, *Polski megatest. Polish in Exercises*, Wydawnictwo Lingo, Warszawa 2012, s. 387 (poziomy: A1, A2, B1).
** S. Mędak, *Polski B2 i C1. Megatest*, Wydawnictwo Lingo, Warszawa 2013, s. 358 (poziomy: B2, C1).
*** Załącznik nr 1 do rozporządzenia Ministra Edukacji Narodowej i Sportu z 15.10.2003 r. w: Dziennik Ustaw, poz. 1871 nr 191 z 2003 r.; przedruk w: http://bip.men.gov.pl/men_bip/akty_pr_1997-2006/rozp_255.pdf. Zob. również: S. Mędak, *W świecie polszczyzny. Podręcznik do nauczania języka polskiego dla obcokrajowców. Poziom C2 – dla zaawansowanych*, Wydawnictwo Pedagogiczne ZNP, Kielce 2007, s. 23–24.

z zakresu fleksji i składni rzeczowników i przymiotników:
- łączliwość składniowa rzeczowników odczasownikowych,
- tak zwane rzeczowniki osobliwe (*singularia* i *pluralia tantum*), rzeczowniki rzadko używane i zapożyczone,
- łączliwość składniowa wybranych przymiotników;

z zakresu fleksji i składni liczebników oraz wyrazów wykazujących związek z liczbą:
- liczebniki zbiorowe, ułamkowe i wyrazy typu *ile, kilka, tyle, wiele*,
- liczebniki w ciągach liczebnikowych;

z zakresu składni języka polskiego i normy językowej (20% całości publikacji):
- wskaźniki zespolenia; spójniki,
- językowe znaki połączenia,
- alternatywne połączenia składniowe wybranych czasowników,
- styl potoczny,
- norma językowa a zwyczaj używania form językowych.

Wszystkie zadania testowe zbioru zatytułowanego *Polski C2. Megatest* zostały przygotowane zgodnie ze standardami europejskimi. W ponad 200 zestawach wykorzystano różne typy zadań z użyciem obiektywnych i zróżnicowanych technik testowych. Leksykę kilku tysięcy wypowiedzi świadomie nasączono wyrazami, związkami wyrazowymi, idiomami, aforyzmami o dużej frekwencyjności, ważnymi i użytecznymi w akcie mowy i języku pisanym. Większość zadań testowych (wraz z wydzielonymi rozdziałami 15 i 16 oraz częścią II) obejmuje najistotniejsze, i często najtrudniejsze zjawiska z zakresu składni polskiej oraz poprawności z zastosowaniem koncepcji dwupoziomowej normy językowej – wzorcowej i w stopniu znacznie mniejszym – użytkowej.

Mamy nadzieję, że użytkownicy niniejszej publikacji (zwłaszcza ci, którzy się przygotowują do egzaminów państwowych różnego typu) skutecznie i z wynikiem bardzo dobrym sprostają wymaganiom stawianym przez komisje egzaminacyjne w Polsce i poza Polską.

Liczymy również na to, że ten zbiór będzie dla jednych ciekawym materiałem wyjściowym do zajęć z gramatyki praktycznej (fleksja osobliwych i rzadziej używanych leksemów, składnia, poprawność gramatyczna i syntaktyczna, łączliwość składniowa), dla innych zaś – wzorcem do indywidualnego opracowywania ćwiczeń i testów na zajęcia językowe i egzaminy pod wszystkimi szerokościami geograficznymi.

Wszystkim życzymy wyników 100/100!

UWAGA! Zgodnie ze wskazówkami zawartymi w rozporządzeniu Ministra Edukacji i Sportu: „Zdający egzamin na poziomie zaawansowanym powinni rozumieć bez trudności treść i intencje wszystkich rodzajów wypowiedzi mówionych; także tych, które zawierają wyrażenia nacechowane, idiomatyczne, potoczne i regionalne", uwzględniamy w zadaniach testowych słownictwo oraz konstrukcje składniowe wywodzące się z polszczyzny potocznej.

Stanisław Mędak

CZĘŚĆ I

ZAGADNIENIA TEMATYCZNE

Gramatyka i składnia

1. RZECZOWNIKI

1.1. Rzeczowniki osobliwe – *singularia* i *pluralia tantum*

ZADANIE 1

Copyright by S. Mędak

Proszę połączyć rzeczowniki zbiorowe, które oznaczają mnogość z właściwymi formami zaimków wskazujących i czasowników.

WZÓR

0. ambasadorostwo *'ambasador z żoną'*

połączenie z zaimkami wskazującymi:
☐ to
☐ **ci**

połączenie z czasownikami:
☐ **zaszczycili nas**
☐ zaszczyciło nas

1. chuliganeria *'grupa chuliganów'*

połączenie z zaimkami wskazującymi:
☐ ci
☐ ta

połączenie z czasownikami:
☐ krzyczeli
☐ krzyczała

2. duchowieństwo *'ogół osób, które przyjęły święcenia kapłańskie'*

połączenie z zaimkami wskazującymi:
☐ to
☐ ci

połączenie z czasownikami:
☐ wstało
☐ wstali

3. dzieciarnia *'o dzieciach jako niezróżnicowanej wewnętrznie całości'*

połączenie z zaimkami wskazującymi:
☐ ta
☐ te

połączenie z czasownikami:
☐ bawiła się
☐ bawiły się

4. głupota *'brak wiedzy lub inteligencji'*

połączenie z zaimkami wskazującymi:
☐ ten
☐ ta

połączenie z czasownikami:
☐ zwyciężył
☐ zwyciężyła

5. kuzynostwo *'kuzyn z żoną'*

połączenie z zaimkami wskazującymi:
☐ ci
☐ to

połączenie z czasownikami:
☐ przyjechało
☐ przyjechali

ZADANIA TESTOWE

6. małżeństwo *'mąż i żona'*

połączenie z zaimkami wskazującymi:
☐ ci
☐ to

połączenie z czasownikami:
☐ zostało unieważnione
☐ zostali unieważnieni

7. młodzież *'ogół młodych ludzi'*

połączenie z zaimkami wskazującymi:
☐ ci
☐ ta

połączenie z czasownikami:
☐ śpiewali
☐ śpiewała

8. narzeczeństwo *'narzeczona i narzeczony, zaręczona para; narzeczeni'*

połączenie z zaimkami wskazującymi:
☐ to
☐ ci

połączenie z czasownikami:
☐ trwali
☐ trwało

9. państwo *'pan i pani'*

połączenie z zaimkami wskazującymi:
☐ to
☐ ci
☐ te

połączenie z czasownikami:
☐ przyszli
☐ przyszło
☐ przyszliście

10. rodzeństwo *'dzieci urodzone z tych samych rodziców'*

połączenie z zaimkami wskazującymi:
☐ to
☐ ci

połączenie z czasownikami:
☐ wyjechali
☐ wyjechało

11. starszyzna *'grupa osób mająca władzę nad jakąś zbiorowością'*

połączenie z zaimkami wskazującymi:
☐ ta
☐ ci

połączenie z czasownikami:
☐ radzili
☐ radziła

12. studenteria (pot.) *'ogół studentów'*

połączenie z zaimkami wskazującymi:
☐ ci
☐ ta

połączenie z czasownikami:
☐ zbierała się
☐ zbierali się

13. włoszczyzna *'różne warzywa jako wewnętrznie niezróżnicowana całość'*

połączenie z zaimkami wskazującymi:
☐ ta
☐ te

połączenie z czasownikami:
☐ dusiła się
☐ dusiły się

14. wujostwo *'wuj i jego żona'*

połączenie z zaimkami wskazującymi:
- ☐ ci
- ☐ to

połączenie z czasownikami:
- ☐ cieszyli się
- ☐ cieszyło się

15. zwierzyna *'wolno żyjące zwierzęta różnych gatunków'*

połączenie z zaimkami wskazującymi:
- ☐ te
- ☐ ta

połączenie z czasownikami:
- ☐ uciekały
- ☐ uciekała

ZADANIE 2

Copyright by S. Mędak

Proszę wpisać w miejsce kropek właściwe formy rzeczowników zbiorowych i towarzyszących im wyrazów.

WZÓR
To są moje spodnie.
→ Nikomu nie pożyczam moich spodni.

1. To są rozpadające się drzwi.
→ Nigdy nie otwieram tych ....
2. To są moje sanki.
→ Nikomu nie pożyczam ....
3. To są pańskie dobra.
→ Dbam o ...., jak o własne dzieci.
4. To są twoje najlepsze skrzypce.
→ Czy grasz często na tych ....?
5. Moje szachy są wyjątkowe.
→ Nikt nie ma tak ....!
6. To są moje spodenki!
→ Nie zabieraj mi ....!
7. To są wygodne tenisówki do biegania.
→ Brakuje mi .... do chodzenia.
8. Czy możesz otworzyć te ciężkie wrota?
→ Nie. Nie mogę otworzyć ....
9. Chciałem zagrać coś na moich skrzypcach.
→ Okazało się, że nie wziąłem ....
10. Papież urodził się w słynnych Wadowicach.
→ Muszę kiedyś jechać do ....

ZADANIE 3

Copyright by S. Mędak

Proszę wpisać w miejsce kropek właściwe formy rzeczowników zbiorowych.

WZÓR
Mówisz ciągle o Katowicach!	→ Chcę choć raz pojechać z tobą do Katowic!
1. Marzysz o Indiach!	→ Jedź do .... w tym roku!
2. Karkonosze są w Polsce i Czechach?	→ Pojedźmy w polskie .... !
3. Łazienki są w Warszawie?	→ Chciałbym pojechać do ....
4. Niemcy są najpiękniejszym krajem?	→ Nigdy nie byłem w .... !
5. Hradczany są w Pradze?	→ Nic nie słyszałem o ....
6. Tychy są blisko Katowic?	→ Nie. To Katowice są blisko ....
7. W Tatrach są niedźwiedzie brunatne?	→ A więc jedziemy w .... !
8. Baleary to wyspy hiszpańskie?	→ Nigdy nie byłem na .... !
9. Bałkany to niebezpieczny region?	→ Wiele zbrojnych konfliktów było na ....
10. Znasz Węgry?	→ Nie. Nie znam ...., ale znam dwóch Węgrów.

ZADANIE 4

Copyright by S. Mędak

Proszę wpisać w miejsce kropek właściwe formy rzeczowników zbiorowych.

WZÓR
Czy on ma jakąś wiedzę?	→ Tak. On ma dużo wiedzy.
1. Czy masz jeszcze kawę?	→ Tak. Mam jeszcze kilogram ....
2. Czy oni mają broń?	→ Tak. Oni mają mnóstwo ....
3. Czy to drzewo ma zimą listowie?	→ Nie. To drzewo nie ma ....
4. Czy on ma jakiś dorobek?	→ Nie. On nie ma żadnego ....
5. Czy masz biżuterię?	→ Tak. Mam dużo ....
6. Czy macie w tym sklepie klientelę?	→ Tak. Na razie mamy trochę ....
7. Czy macie jeszcze amunicję?	→ Tak. Mamy jeszcze dużo ....
8. Czy masz odzież na zimę?	→ Tak. Mam dużo .... na zimę.
9. Czy w tym lesie jest zwierzyna?	→ Tak. W tym lesie jest mnóstwo ....
10. Czy macie zboże do zasiewów?	→ Tak. Mamy tony .... do zasiewów.

ZADANIE 5

Copyright by S. Mędak

Proszę wpisać w miejsce kropek właściwe formy rzeczowników zbiorowych i łączących się z nimi wyrazów.

WZÓR
Czy masz tylko jedne sanie? → Nie. Mam *(2)* **dwoje sań** a. **sani.**

1. Czy masz drobne?
→ Nie. Nie mam *(żadny)* ....

2. Czy masz okulary?
→ Nie. Nie mam dzisiaj *(swój)* ....

3. Czy lubisz lody waniliowe?
→ Nie. Nie lubię *(domowe)* ....

4. Czy kupiłeś nowe slipy?
→ Tak. Kupiłem *(dwa)* ....

5. Było zimno, więc naciągnął jedne grube kalesony, a potem drugie.
→ Naciągnął na siebie *(dwa)* ....

6. Wchodziliśmy przez jedne, albo przez drugie drzwi do instytutu.
→ Do instytutu można było wchodzić przez *(dwa)* ....

7. Czy wzięłaś moje nożyczki?
→ Nie. Mam na stole *(dwa, swój)* ....

8. Śniło mi się, że widziałem zwłoki dwóch ostatnich dyktatorów.
→ Śniło mi się *(dwa)* .... dwóch ostatnich dyktatorów.

9. Zgubił jedne grabie, potem drugie i trzecie.
→ Zgubił w ciągu dnia *(trzy)* ....

10. Miał w ręce jedne kombinerki, drugie w kieszeni, a trzecie w torbie.
→ Miał w sumie *(trzy)* ....

ZADANIE 6

Copyright by S. Mędak

Proszę ustalić na podstawie kontekstu liczbę rzeczowników osobliwych i wpisać w miejsce kropek właściwe formy wyrazów z kolumny A.

WZÓR
drzwi
0.1. Zamknij wszystkie drzwi w pałacu!
0.2. Zamknij też drzwi do sypialni księżniczki!

A. **B.**

skrzypce
1. Kupił .... dla wszystkich trojga skrzypków.
2. Kupił pierwsze .... dla syna.

nożyce
3. Miał jedne świetne .... do metalu i drugie do cięcia kartonu.
4. Zgubił jedyne .... do cięcia blachy.

nieszpory
5. Chodził na wszystkie .... do parafialnego kościoła.
6. Rozchorował się, więc musiał opuścił swoje pierwsze ....

nosze
7. Było dużo rannych, więc wynoszono z karetek wszystkie ....
8. Na pierwsze .... położono pierwszego rannego.

poprawiny
9. Na wsi po weselu ludzie robią ....
10. Na .... naszej córki wydaliśmy kolejne dwa tysiące euro.

warcaby
11. Kupiono .... w różnych cenach dla czterech par graczy.
12. Pożyczyłem z klubu jedne .... do domu.

zwłoki
13. Po strzelaninie na ulicy leżały .... policjantów i jednego cywila.
14. .... cywila nurzały się we krwi.

szorty
15. Kupował drogie, kolorowe ...., w które często się przebierał.
16. Dzisiaj kupił pierwsze białe ....

wagary
17. Chodził często na .... z córką dyrektorki szkoły.
18. Dzisiaj nie poszedł na ...., ponieważ córka dyrektorki zasłabła.

odwiedziny
19. Zrealizowali wszystkie spóźnione ....
20. Pierwsze ...., to była krótka wizyta u ukochanej siostry.

ZADANIE 7

Copyright by S. Mędak

Proszę wpisać w miejsce kropek właściwe formy jednobrzmiących rzeczowników osobliwych (*pluralia tantum* pochodne od *singularia tantum*) – modyfikatorów znaczenia.

WZÓR
0. cukier / cukry   1. *'słodka substancja m. in. do słodzenia'*, 2. *'substancje pochodzenia roślinnego konieczne dla procesów życiowych'*
a. Spożywanie dużej ilości <u>cukru</u> może być szkodliwe dla zdrowia.
b. W organizmie człowieka występują zarówno <u>cukry</u> proste, jak i złożone.

1. lód / lody   1. *'woda zmieniona w ciało stałe'*, 2. *'zamrożona masa z mleka, cukru, jaj'*
a. Najbardziej lubię .... pistacjowe.
b. Ten region Syberii jest pokryty wiecznym ....

2. miłość / miłości   1. *'uczucie do kogoś / czegoś'*, 2. *'przedmiot (ktoś / coś) czyjejś miłości'*
a. Przeżywała kolejną wielką, ale nieszczęśliwą ....
b. Wnuczka i wnuczek dla babci to były dwie największe .... jej życia.

3. piasek / piaski   1. *'drobne, skalne ziarenka'*, 2. *'teren pokryty piaskiem, lotne piaski'*
a. Z trudem szliśmy przez niekończące się .... Sahary.
b. Ciężarówki zsypywały tony .... do budowy centrum handlowego.

4. praca / prace   1. *'każda działalność człowieka zmierzająca do wytworzenia czegoś'*, 2. *'wytwór pracy'*
a. Żadna .... nie hańbi.
b. Od kilku miesięcy trwają .... wykopaliskowe na krakowskim Rynku.

5. sól / sole   1. *'biała substancja używana do solenia'*, 2. *'pierwiastki konieczne dla organizmów żywych; występują w roślinach, w glebie'*
a. Najbardziej znaną kopalnią w Polsce jest kopalnia .... w Wieliczce.
b. .... to zwykle ciała stałe występujące w przyrodzie jako minerały oraz składniki wód.

6. śnieg / śniegi   1. *'kryształki lodu w postaci białych płatków'*, 2. *'wielka ilość śniegu pokrywającego jakąś powierzchnię'*
a. Miałem wrażenie, że mój dorobek tyle go obchodził, co zeszłoroczny ....
b. Wieczne .... Kilimandżaro robiły wrażenie na każdym turyście.

7. tłum / tłumy   *1. 'duża, niezorganizowana grupa ludzi zebranych w jakimś miejscu', 2. 'wielka liczba ludzi lub zwierząt'*

a. Rozpoznałem w .... ulicznym oprawcę z byłego / byłej SB.
b. Pogrzeb papieża Jana Pawła drugiego zgromadził niezliczone .... wiernych.

8. wino / wina   *1. 'napój alkoholowy otrzymywany m. in. z winogron', 2. 'ograniczona w jakiś sposób porcja wina (porcja, butelka, lampka)'*

a. Kupował zawsze .... bułgarskie, bo były najtańsze.
b. Na imieniny kupił jedno .... dla kilkunastu zaproszonych gości.

9. woda / wody   *1. 'przeźroczysta, bezbarwna ciecz, 2. 'zasoby wody znajdujące się w przyrodzie'*

a. Spuścił łódkę na ...., a porwana prądem rzeki łódka odpłynęła w siną dal.
b. Wszystkie zanieczyszczenia i środki chemiczne przenikają do .... gruntowych.

10. wojsko / wojska   *1. 'duża, zorganizowana grupa uzbrojonych ludzi, wyszkolonych do walki na wojnie', 2. 'oddziały żołnierzy jakiejś armii lub ich określony rodzaj'*

a. Mimo protestów rodziny poszedł do .... na ochotnika.
b. Nieprzyjaciel skoncentrował swoje .... wzdłuż wschodniej granicy naszego kraju.

ZADANIE 8

Copyright by S. Mędak

Proszę podkreślić właściwe definicje, które odpowiadają hasłom pogrubionym tłustym drukiem.

WZÓR
0. artyleria to:
▫ **a. jeden z rodzajów wojska;**
▫ **b. żołnierze służący w artylerii;**
▫ **c. ogół dalekonośnej broni.**

1. audytorium to:
▫ a. ogół słuchaczy jakiegoś wystąpienia;
▫ b. miejsce odbywania wykładów, sala wykładowa;
▫ c. widzowie w teatrze.

2. brud to:
▫ a. waga brutto;
▫ b. wszelkiego rodzaju substancje występujące na powierzchni czegoś, np. pył, proch, kurz itd.;
▫ c. płytkie miejsca w rzece.

3. brudy to:
- a. brudna bielizna;
- b. coś moralnie nagannego, zło;
- c. wszelkiego rodzaju niepożądane odpadki, nieczystości, śmieci.

4. cnota to:
- a. dziewictwo, dziewiczość;
- b. pozytywna cecha charakteru, zaleta, przymiot;
- c. zespół wszelkich wartości moralnych: prawość, zacność.

5. dewizy to:
- a. wymienialne środki płatnicze; honorowane w obrocie międzynarodowym;
- b. obce waluty;
- c. zasady działalności banku.

6. drób to:
- a. ptactwo domowe hodowane ze względu na mięso, jaja i pierze, np. kury, kaczki, gęsi itd.;
- b. podroby;
- c. jadalne narządy zwierząt, np. wątróbki, serca.

7. juwenalia to:
- a. marsz ubogich;
- b. jednorazowa impreza w akademiku;
- c. tradycyjne święto studenckie.

8. pismo to:
- a. podanie do urzędu miasta;
- b. publikacja, wydawnictwo okresowe;
- c. system znaków graficznych.

9. realia to:
- a. ktoś, kto się liczy z faktami;
- b. dawna moneta Hiszpanii;
- c. stan rzeczywisty.

10. studia to:
- a. wyższa szkoła o określonej specjalności;
- b. pracownia artysty malarza;
- c. proces zdobywania wiedzy; kształcenie się na wyższej uczelni, wedle określonego, ujętego w ramy czasowe programu.

ZADANIE 9

Copyright by S. Mędak

Proszę wpisać w miejsce kropek właściwe formy liczebnika *jeden*.

WZÓR
<u>Jedni</u> <u>rodzice</u> są biedni, drudzy bogaci.

1. .... <u>atelier</u> miał w domu, drugie w Akademii Sztuk Pięknych.
2. .... <u>dzieje</u> już opowiedział i zabierał się do opowiadania drugich.
3. .... <u>kalesony</u> miał brudne, a drugie czyste.
4. .... <u>koszary</u> były olbrzymie, drugie jeszcze większe.
5. Zjadłem .... <u>lody</u>, ale mam ochotę na drugie.

6. Kupiłem dwie kostki masła. .... masło było dobre, drugie zjełczałe.
7. .... państwo młodzi wychodzili z urzędu, drudzy wchodzili.
8. .... perfumy pachną delikatnie, inne mają odurzający zapach.
9. .... powidła były ze śliwek węgierek, drugie z francuskich śliwek.
10. Posiałem .... rzodkiewkę na całym zagonie, a drugą w ogródku.

ZADANIE 10

Copyright by S. Mędak

Proszę wstawić w miejsce kropek właściwe formy zaimków dzierżawczych *mój, twój... / nasz, wasz...* oraz przymiotników znajdujących się w nawiasach kwadratowych.

WZÓR

[*mój*] Moi rodzice są biedni. [*biedny*]	→ [*twój*] A twoi są bogaci. [*bogaty*]
1. [*mój*] .... urodziny były .... [*wspaniały*]	→ [*jego*] A ...... będą .... [*wspanialszy*]
2. [*twój*] .... bielizna jest .... [*brudny*]	→ [*mój*] A .... jest .... [*czysty*]
3. [*twój*] .... dżinsy są .... [*tani*]	→ [*mój*] A .... są .... [*drogi*]
4. [*mój*] .... narty są.............. [*stary*]	→ [*twój*] A .... są .... [*nowy*]
5. [*wasz*] .... obuwie jest .... [*lepszy*]	→ [*nasz*] A .... jest .... [*gorszy*]
6. [*jego*] .... plecy są .... [*szerszy*]	→ [*mój*] A .... są .... [*węższy*]
7. [*wasz*] .... juwenalia były .... [*udany*]	→ [*nasz*] A .... były .... [*krótki*]
8. [*jego*] .... pismo jest .... [*ładniejszy*]	→ [*mój*] A .... jest .... [*brzydszy*]
9. [*jej*] .... sanki są .... [*mniejszy*]	→ [*mój*] A .... są .... [*większy*]
10. [*twój*] .... imieniny są .... [*ważny*]	→ [*mój*] A .... są .... [*ważniejszy*]

1.2. Rzadko używane rzeczowniki

ZADANIE 11

Copyright by S. Mędak

Proszę wpisać w miejsce kropek prawidłowe formy podkreślonych rzeczowników.

WZÓR

Ten człowiek to nasz bliźni.	Miłość bliźniego nie jest tylko nakazem moralnym.
1. Ten pan to gajowy naszego lasu.	Rolą .... jest ochrona lasu.
2. Nad wyrębem lasu czuwa leśniczy.	Mamy zaufanie do naszego ....
3. Motorniczy kieruje tramwajem.	Mamy dobrze wyszkolonych ....
4. Myśliwy to ktoś, kto poluje na zwierzęta, to znaczy: tropi je i zabija.	Nie lubię ...., bo oni zabijają bezbronne zwierzęta i niewinne ptaki dla przyjemności.
5. Każdy władca miał na dworze osobę, która zajmowała się dworskim stołem. Ta osoba nosiła tytuł – podstoli.	Z funkcji .... awansował szybko na funkcję stolnika.
6. Rabbi to tytuł honorowy uczonego.	Widziałem jednego .... w filmie.
7. Najwierniejszym przyjacielem profesora był jego stary służący.	Czasami profesor prowadził ożywione dysputy ze swoim ....
8. Ten uczony był wielkim humanistą.	Niestety. Teraz już nie ma takich ....
9. Religii uczył nas młody wikary.	Bardzo lubiliśmy tego księdza ....
10. W naszym liceum woźny to była najważniejsza osoba.	Chłopcy bali się ...., ponieważ był to człowiek bez litości.

ZADANIE 12

Copyright by S. Mędak

Proszę wpisać w miejsce kropek właściwą formę wykładnika rodzajowego (właściwe formy wykładników rodzajowych) podkreślonego (podkreślonych) wyrazu (wyrazów).

WZÓR
Jeden Polak mówi ten gaduła, a inny ta gaduła.
Zapamiętaj, że nie warto zdradzać swych tajemnic ani temu gadule, ani tej gadule.

ZADANIA TESTOWE

1. Jeden Polak mówi ta goleń, drugi mówi !ten goleń.
Zapamiętaj, że jeśli boli cię przednia część nogi między kolanem a stopą, to boli cię .... goleń, a nie moja.

2. Jedni mówią to kocisko, inni !ten kocisko.
Zapamiętaj, że jeśli zobaczysz na chodniku małego, pięknego kota i brudnego, wielkiego kota o złośliwym spojrzeniu, powiesz: Podoba mi się ten mały kot, ale nie podoba mi się .... duże kocisko.

3. Jedni kupują !ten strucel, a inni tę struclę.
Pamiętaj, że zawsze powinieneś prosić w ciastkarni o jedną .... z powidłami.

4. Jeden lekarz mówi: ma pani dużą torbiel zęba, inny – ma pani !duży torbiel stawu, a jeszcze inny – ma pani !dużego torbiela.
Pamiętaj, że rację ma zawsze pierwszy lekarz. Kiedy wrócisz do domu od dentysty powiesz, że masz znowu otwarcie .... zęba.

5. Polacy czasami nie wiedzą, że są trzy rodzaje żołędzi. Jeśli podmuch wiatru strącił z dębu ostatni owoc tego drzewa, wykrzykniesz: *O jaki piękny, gładki i chropawy owoc!* Tego samego rodzaju użyjesz, kiedy grasz w karty i trzymasz w palcach kartę oznaczoną listkiem koniczyny. Mówisz wtedy: *mam jeszcze dwa ....* (pot.). W innych sytuacjach musisz używać wyłącznie form rodzaju żeńskiego.

6. Pamiętaj, że państwo Mędakowie (pan Mędak i pani Mędak) to nie to samo, co słowo państwo łączące się np. z przymiotnikiem *polskie*. Jeśli dyskutujesz o nich, powiesz: lubię dyskutować o .... Mędakach; jeśli lubisz dyskutować o Polsce, powiesz: lubię dyskutować o .... polskim.

7. Jedni mówią kontrola, inni !kontrol.
Pamiętaj, że nawet ci, którzy używają niewłaściwej formy rzeczownika, nigdy nie powiedzą !wpadł kontrol, ale: ...., a ja nie skasowałem biletu.

8. Jeśli ministrem edukacji narodowej jest pani o nazwisku Ola Owalska, powiesz: Wczoraj rozmawiałem z ....

9. Jeśli chcesz napisać w mianowniku liczby mnogiej cztery piękne słowa: *kamea, idea, orchidea, statua*, musisz pamiętać, że nawet w grupie rzeczowników należących do tej samej kategorii są wyjątki. Napiszesz więc: dwie ...., dwie ...., dwie ...., dwie ....

10. Jeśli przed procesem pani sędzia Kowalska i pan sędzia Kowalski zamieniali z tobą kilka słów; powiesz, że najpierw rozmawiałeś z ...., a potem z ....

ZADANIE 13

Copyright by S. Mędak

Proszę wpisać w miejsce kropek właściwe formy rzeczowników podkreślonych w pytaniach oraz wypowiedziach.

WZÓR
Czy mogę rozmawiać z <u>arcyksięciem</u>?   **Niestety, <u>arcyksiążę</u> dziś nie przyjmuje.**

1. Czy mogę kupić tę statuę <u>bogini</u>?
Niestety, ta .... nie jest wystawiona do sprzedaży.
2. Jaka jest <u>płeć</u> tego osobnika?
Ten osobnik jest .... żeńskiej.
3. Zobacz, w spiżarni biega jakaś <u>mysz</u>.
Nie przejmuj się! Wczoraj widziałem w tej spiżarni kilkanaście ....
4. Ta <u>bufetowa</u> ze Śląska pracuje tutaj od lat.
Nie lubię tej .... ze Śląska.
5. Moja kotka ma znowu <u>młode</u>.
A moja, nie ma już .... od kilku lat.
6. Poproszę dwa <u>jasne</u> dla mnie i dla mojego kolegi.
Przykro mi, nie mamy dzisiaj .... Mamy tylko ciemne.
7. Dlaczego w tym szpitalu pracuje tylko jedna <u>położna</u>?
Ależ skąd, mamy dzisiaj na dyżurze aż pięć ....!
8. Zobacz, jak piękna jest ta <u>królowa</u> na tym portrecie.
Już od kilku minut patrzę na tę .... i wydaje mi się, że jest piękna w swej brzydocie.
9. Czy kupiłaś dla córek <u>rajtuzy</u>?
Oczywiście, kupiłam kilka par .... na zimę.
10. Kupiłem dzisiaj pięć pięknych <u>pomarańczy</u>.
Doskonale, zjem sobie jedną .... przed kolacją.

ZADANIE 14

Copyright by S. Mędak

Proszę wpisać w miejsce kropek właściwe formy rzeczowników oraz łączących się z nimi innych części mowy, zgodnie z zasadami normy wzorcowej polszczyzny.

WZÓR
Przed mną leżał <u>soczysty kotlet</u>.
→ **Zjadłem <u>ten soczysty kotlet</u> z dużym apetytem.**

1. Czy masz <u>papierosy</u>?
→ Przykro mi. Mam tylko (*1 papieros*) ....

ZADANIA TESTOWE

2. Popatrz na niego! On nie ma zębów!
→ Ależ skąd! Ma przecież (*1 ząb*) ....
3. Czy lubicie smutne mazurki?
→ Nie. Wysłuchałem (*1 smutny mazurek*) .... i mam dość!
4. Spędziliście wspaniałe dni nad jeziorami mazurskimi, tak?
→ Ależ skąd! Spędziliśmy tylko (*2, dzień*) ....
5. Zwiedziliśmy getto podgórskie w Krakowie.
→ W .... podgórskim zobaczyliśmy ruiny murów otaczających kamienice.
6. Przed nami kłusowało siedem wspaniałych koni.
→ Chłopcy próbowali biec za siedmioma kłusującymi ....
7. Każdemu posłowi nadaje się specjalny przywilej.
→ Posłowie korzystają z wielu ....
8. Udzielna księżna wydała rozkaz swoim poddanym.
→ Niestety, nikt nie podporządkował się rozkazowi udzielnej ....
9. Kupiłem różnokolorowe podkoszulki dla moich synów.
→ Najbardziej kolorowy .... będzie dla najmłodszego synka.
10. Przed nami pojawiła się wataha opryszków.
→ Nikt nie mógł dać rady tej .... oprychów.

ZADANIE 15

Copyright by S. Mędak

Proszę wpisać w miejsce kropek prawidłowe formy rzeczownika *państwo* w zn. 1. 'grupa mężczyzn i kobiet; osoby różnej płci', 2. 'pan młody i pani młoda', 3. 'kraj', 4. 'małżeństwo' (w połączeniu z nazwiskiem).

WZÓR
Polska to demokratyczne państwo mające swój rząd, ustrój, swoje prawa itd.

1. W wielu krajach europejskich rządy w .... sprawuje Sejm, prezydent lub premier.
2. Moja mama dorabiała prasowaniem i gotowaniem obiadów u .... Gęsińskich.
3. Większość zabytków historycznych należy do .... i Kościoła.
4. Głową .... w Polsce jest prezydent.
5. Jacyś .... chcieli się zobaczyć z panem dyrektorem.
6. Nigdy nic nie słyszałem o .... Kaczyńskich, o których kiedyś tak dużo się mówiło.
7. Kowalscy wzbogacili się na nielegalnym handlu, a teraz udają wielkich ....
8. Słowacja to nowo powstałe państwo graniczące z Polską. Długo rozmawialiśmy o tym młodym .... ze Słowakami.
9. W jednej karocy jechali państwo młodzi. Za .... jechała mniejsza karoca z ich rodzicami.
10. Rektor wszedł do Sali Senackiej i zwrócił się do zebranych tymi oto słowy: „Wielmożni ...., chciałem otworzyć pierwsze w tym roku posiedzenie Senatu naszego uniwersytetu".

1.3. Rzeczowniki zapożyczone

ZADANIE 16
Copyright by S. Mędak

Proszę wpisać w miejsce kropek prawidłowe formy rzeczowników zapożyczonych.

WZÓR
Kupiłem bardzo drogie *wideo*. → **Codziennie oglądam filmy *na wideo*.**

1. Zostałem zaproszony na *tournée* do Francji. → Wyjadę na pierwsze zagraniczne ....
2. Sprzedażą włoskiego fiata zajmował się autoryzowany *dealer*. → Chciałem porozmawiać z tym .... o nowych modelach tej marki.
3. Kupiłem szafkę w stylu *chippendale*. → Wszyscy zachwycali się tym pięknym ....
4. Wszyscy koledzy słuchają muzyki *techno*. → A ja lubię stylu ....
5. W Krakowie otworzono nowe *multikino*. → W tym .... proponują dobry program.
6. Znajomy *hacker* potrafił odkodować podwójnie kodowane kanały telewizyjne. → Coraz więcej nieuchwytnych .... zajmuje się tą nielegalną działalnością.
7. To był najbogatszy *biznesmen* w tym kraju. → Prasa często pisało o tym ....
8. W szkole odbyła się *spartakiada* zimowa. → Wielu uczniów uczestniczyło w tej ....
9. *Galicyzmy* to zapożyczenia z francuskiego. → W języku polskim jest wiele ....
10. *Bagietka* to typowy rodzaj pieczywa we Francji. → W Polsce mamy też polskie ....

ZADANIE 17
Copyright by S. Mędak

Proszę wpisać w miejsce kropek prawidłowe formy rzeczowników zapożyczonych.

WZÓR
Rodzimy użytkownik języka po angielsku to *native speaker*. Dlaczego Polacy mówią: „On jest *native speakerem*?"

ZADANIA TESTOWE

1. W polszczyźnie nie mamy odpowiednika angielskiego słowa *manager*. Dlatego Polacy mówią: Mój tata jest .... w dużej firmie handlowej.
2. Wpływowa grupa, która wywiera nacisk na organy władzy to *lobby*. Powiedz, że chciałbyś zbudować silne .... ekologów w Polsce.
3. *Laptop* to najpopularniejsze słowo w polszczyźnie ostatnich lat. Każde dziecko chce mieć swój .... *a. pot.* swojego ....
4. Angielski wyraz *weekend* wszedł na stałe do współczesnej polszczyzny. Mówimy więc: Byłem na .... / Wracam z .... / Nudziłem się podczas .... / Wybieram się na .... w góry. / Ze względu na dzieci nie myślę o ....
5. Internacjonalizm *VIP* pojawia się coraz częściej w kolumnach polskich gazet. Jeśli miałeś szczęście rozmawiać z bardzo ważną osobistością, możesz powiedzieć: *Miałem szczęście rozmawiać przez pięć minut z tym* ....
6. Jeśli zostałaś zaangażowana do pracy jako *baby–sitter* i przez kilka godzin dziennie zajmujesz się odpłatnie cudzym maluchem, możesz powiedzieć: Jestem początkującą .... – .... u państwa Kwaśniaków.
7. Jeśli masz dwuosobowy rower, możesz powiedzieć, że jeździsz z żoną na wycieczki, bo macie *tandem*. Jeśli założyłeś zespół dwuosobowy i uczysz kolegę Anglika języka polskiego w zamian za naukę języka angielskiego, możesz powiedzieć, że pracujecie w ....
8. Jeśli jesteś Włochem i ktoś zaproponuje ci *lasagne*, czyli potrawę składającą się z płatów makaronowego ciasta przełożonych mielonym mięsem, serem, pieczarkami i beszamelem, powiedz mu, że masz dosyć .... i, że wolisz polski bigos.
9. Japońska wódka wyrabiana z ryżu nazywa się *sake*. Powiedz, że chciałbyś się napić gorącego / gorącej ....
10. *Bikini* to damski, dwuczęściowy kostium plażowy. Na plażach naturystów nie nosi się ....

ZADANIE 18
Copyright by S. Mędak

Proszę wpisać w miejsce kropek prawidłowe formy rzeczowników zapożyczonych.

WZÓR
Policja sporządziła *billing* wszystkich moich rozmów telefonicznych.
Na *billingu* nie pojawił się numer telefonu mojego domniemanego rozmówcy.

1. Chciałem założyć *big–band*. Brakowało mi jeszcze sekcji rytmicznej i kilku saksofonistów. W .... sekcja saksofonistów odgrywa dużą rolę.
2. Na wodach Polinezji zobaczyłem po raz pierwszy długi jacht o dwu kadłubach połączonych pomostem, czyli *katamaran*. Nigdy wcześniej nie widziałem ....

3. Zespół nabytego zaniku odporności, czyli *AIDS* nadal jest nieuleczalny. Chorzy na .... z niecierpliwością oczekują na wynalezienie skutecznej szczepionki przeciwko temu wirusowi.

4. *Brandy* to napój alkoholowy oddestylowany z wina. Dziś wypiłem kieliszek dobrej ....

5. *Dżudo* to rodzaj walki zapaśniczej. Zawsze chciałem trenować japońskie ....

6. Wszystkie filmy tego reżysera miały pomyślne zakończenie. *Happy end* był słowem–kluczem tego reżysera, a reżyser był mistrzem ....

7. Uwielbiałem smakowite wino portugalskie o nazwie *porto*. Lubiłem wypić od czasu do czasu lampkę portugalskiego ....

8. *Kiwi* – moim zdaniem – to najsmaczniejszy owoc świata. Codziennie rano zjadałem jedno dojrzałe ....

9. *Taxi* to napis na taksówce lub na znaku informującym o postoju taksówek. Czekałem na postoju .... na wolną taksówkę.

10. Zobaczyła taki napis na plakacie: *Jednodniowy show chippendalesów w Wieliczce*. Od lat marzyła o takim .... w wykonaniu pięknych mężczyzn.

ZADANIE 19
Copyright by S. Mędak

Proszę wpisać w miejsce kropek prawidłowe formy rzeczowników zapożyczonych.

WZÓR
Kupiłem (1) sherry, (1) ponczo oraz (1) kakao. → Kupiłem jedno sherry, jedno ponczo i jedno kakao.

1. Lubię wino *cabernet*, pleśniowy ser *brie* oraz przyprawę *curry*. → Wypiłem lampkę węgierskiego ...., zjadłem kawałek smacznego .... oraz przyprawiłem kurczaka odrobiną oryginalnego ....

2. Na konferencji była pani *ambasador*, znany filozof oraz pani minister spraw zagranicznych. → Tylko przemówienie pani .... przyjęto gorącymi oklaskami.

3. Na straganach pojawiły się świeże *brokuły*, dojrzałe *avocado* oraz piękne owoce *mango*. → Kupiłem pięć dorodnych ...., dwa .... oraz dwa duże ....

4. *Graffiti* jest oznaką protestu lub kontestacji ludzi młodych. → W przejściach podziemnych miasta, ściany i mury zostały pokryte dowcipnymi ....

5. Cały wieczór przygotowywaliśmy *confetti* dla państwa młodych. → Państwo młodzi po wyjściu z kościoła zostali obsypani kolorowymi ....

6. W swoim *dementi* ambasador sprostował mylne informacje na temat Polski. → Potem złożył swe stanowcze .... w kancelarii szefa rządu.

ZADANIA TESTOWE

7. Eskimosi budują *igloo* z bloków lodowych lub brył ubitego śniegu. → W takim .... jest ciepło.

8. Mąż miał kupić *kilo* kiełbasy zwyczajnej i 30 *deka* pasztetowej. (pot.) → Po powrocie do domu okazało się, że kupił 10 .... pasztetowej i aż dwa .... kiełbasy.

9. *Hindi* to język urzędowy Indii, a *jidysz* to język europejskich Żydów powstały w X-XII wieku z dialektów zachodnio–środkowo–niemieckich, z dodatkiem elementów hebrajskich, słowiańskich i romańskich. → Chciałbym się nauczyć języka .... i języka ....

10. Człowiek kopalny z paleolitu młodszego to *homo sapiens*. → Człowiek współczesny jest również nazywany ....

ZADANIE 20

Copyright by S. Mędak

Proszę wpisać w miejsce kropek właściwe formy rodzajowe wyrazu *mój* w liczbie pojedynczej lub mnogiej.

WZÓR

0. To jest geranium? → **To jest moje geranium. To mój ulubiony kwiat.**

1. To jest cinquecento? → To jest .... cinquecento. To mój ukochany samochód.

2. To jest kepi? → To jest .... kepi. To moja ulubiona czapka.

3. To jest dingo? → To jest .... dingo. To moje ukochane zwierzę.

4. To są toffi? → Ta są .... toffi. To mój ciągliwy cukierek zrobiony z mleka.

5. To są spaghetti? → To są .... spaghetti. To mój ulubiony posiłek.

6. To jest ranczo? → To jest .... ranczo. To moja ulubiona oaza spokoju.

7. To jest husky? → To jest .... husky. To moje ukochane zwierzę.

8. To jest sake? → To jest .... *a.* .... sake. To mój ulubiony trunek.

9. To jest pepsi? → To jest .... pepsi. To mój ulubiony napój.

10. To jest karo? → To jest .... karo. To mój ulubiony kolor w kartach.

ZADANIE 21

Copyright by S. Mędak

Proszę wpisać w miejsce kropek prawidłowe formy przymiotników łączących się z nazwami krajów, miast itd.

WZÓR

| Nasz / Nasze **Cambrige**? | → Jest **wspaniały** / Jest **wspaniałe** (*wspaniały*) |

1. Nasza Alma Mater? → Jest .... (*najlepszy*).
2. Francuskie Cannes? → Jest .... (*najpiękniejszy*).
3. Państwo Chile? → Jest .... (*bajkowy*).
4. Włoskie Capri? → Jest .... (*piękny*).
5. Amerykańskie Detroit? → Jest .... (*niebezpieczny*).
6. Znane / Znany Hollywood? → Jest .... / .... (*bajeczny*).
7. Rzeka Tennesee? → Jest .... (*czysty*).
8. Kongo? Była kolonia belgijska? → Jest .... (*olbrzymi*).
9. Mont Blanc? → Jest .... (*bielszy*) niż śnieg.
10. Hiszpańskie Toledo? → Jest .... (*urokliwy*).

ZADANIE 22

Copyright by S. Mędak

Proszę wpisać w miejsce kropek prawidłowe formy rzeczowników zapożyczonych.

WZÓR

Mieliśmy jedno akwarium. Dokupiliśmy jeszcze jedno. → Mamy teraz dwa akwaria.

1. Przeszła jedno delirium. Po tygodniu drugie. → Miała dwa ....
2. Połknąłem jedno elenium. Potem drugie i trzecie. → W sumie połknąłem trzy ....
3. W styczniu odbyło się jedno forum sejmowe, a dopiero pod koniec roku drugie. → Sejm odbył dwa ....
4. Miałem piękne geranium w ogrodzie, drugie na balkonie, a trzecie na łące. → Miałem aż trzy ....
5. W mieście było jedno gimnazjum prywatne, a drugie społeczne. → W mieście były dwa ....
6. Mamy już jedno kontinuum zachowań agresywnych. Kolejna ekipa socjologów przygotowuje drugie. → Wkrótce będziemy mieć dwa .... zachowań młodzieży.
7. Wynajęliśmy wygodne lokum dla redaktorów. Wkrótce wynajmiemy drugie lokum. → Wydawnictwo będzie dysponować dwoma ....

8. Zasada wzajemnej tolerancji ugrupowań partyjnych to było novum w dziejach polskiego parlamentaryzmu. Kolejne novum to zaprzestanie kłótni podczas obrad parlamentu. → Te dwa .... to zwycięstwo rozsądku.

9. Odłożono pierwsze głosowanie z względu na brak quorum. Odłożono również kolejne głosowanie. → Odłożono dwa zebrania ze względu na brak ....

10. Osiągnął optimum rozwoju. Osiągnął również optimum przyswajania nawyków. → Osiągnął w tym samym czasie oba ....

ZADANIE 23

Copyright by S. Mędak

Proszę przeczytać definicje wyrazów (rzeczowników, przysłówków, wyrażeń przyimkowych itd.) związanych z muzyką i wpisać poprawne formy poszczególnych terminów w miejsce kropek.

WZÓR
adadżio *'bardzo wolne tempo'*
Artysta wykonał znakomicie to adadżio.

a cappella *'wykonywany bez akompaniamentu'*
1. Śpiewała znakomicie ....

andante *'tempo spokojne, dość wolne'*
2. Dobra interpretacja tego ....

canto *'śpiew, melodia, głos'*
3. Z uwagą słucham tego ....

capriccio *'krótki solowy utwór instrumentalny'*
4. Zagrano dwa piękne .... o pogodnym charakterze.

ces *'dźwięk c obniżony o pół tonu'*
5. Wykonał pan fałszywe ....

cza–cza *'odmiana mamba w wolniejszym tempie'*
6. Uwielbiał tańczyć w rytmie południowoafrykańskiej ....

jury *'komisja sędziowska powołana m. in. do rozstrzygania konkursów artystycznych'*
7. Skompletowano najlepsze .... do Konkursu Chopinowskiego z wybitnych muzyków.

moderato *'1. umiarkowanie, 2. utwór muzyczny'*
8. Ta orkiestra najlepiej gra ....

tremolando *'szybkie powtarzanie jednego lub wielu dźwięków podczas gry na instrumentach smyczkowych lub dętych'*
9. Był mistrzem w ....

requiem *'utwór żałobny, msza za zmarłego'*
10. Odprawiano wzruszające .... podczas pogrzebu miejscowego mafioso / mafiosa.

ZADANIE 24
Copyright by S. Mędak

Proszę wpisać w miejsce kropek prawidłowe formy zaimków: *ten, ta, to, te / mój, twój, swój...* oraz rzeczowników zapożyczonych.

WZÓR
A. Mówi pan ciągle o alibi. → Proszę wykazać swoje alibi.
B. Barakuda to bardzo smaczna ryba. → Muszę spróbować tej barakudy.

1. Prosi pani o angaż w teatrze. → Proszę pokazać .... z poprzedniego miejsca pracy.
2. Zrobiłam dziś befsztyk. → Muszę spróbować ....
3. Polecają nam jakiś bestseller. → Nie wiem, czy kupić ....
4. To jest champion ostatniej olimpiady. → Chciałbym poznać ....
5. Uczciwość to moje credo życiowe. → Spróbuję iść przez życie z ....
6. Mam dość duży debet w banku. → Martwię się o ....
7. Mój brat pożycza ode mnie dżinsy. → Mój brat lubił chodzić w ....
8. High life to jego ulubiony świat. → Żył od lat w świecie ....
9. Znowu kupiłaś keczup smakosza. → Nie lubię ....
10. Znowu kupiłeś coca–colę light. → Nie znoszę ....

ZADANIE 25
Copyright by S. Mędak

Proszę wpisać w miejsce kropek prawidłowe formy rzeczowników zapożyczonych (nazwy geograficzne).

ZADANIA TESTOWE

WZÓR

Czy chciałbyś pojechać do Tokio?	**Tak. Nigdy nie byłem w Tokio.**
1. Czy wiesz, jakie jest Rio de Janeiro?	Nigdy nie miałem okazji być w ....
2. Czy znasz dobrze San Francisco?	Tak. Mieszkałem dwa lata w ....
3. Oslo to stolica Norwegii.	Chciałbym pojechać do ....
4. Mam przesiadkę w Monachium.	Jakimi liniami lecisz do .... ?
5. Kolorado to piękna rzeka.	W zeszłym roku opalałem się nad ....
6. Marzą mi się śniegi Kilimandżaro.	Kiedyś może wybierzemy się w ....
7. Foksal to znana ulica w Warszawie.	Moja ciocia mieszka przy ulicy ....
8. Davos to małe miasto w Szwajcarii.	Wielcy tego świata zbierają się raz na rok w ....
9. Lille leży blisko Belgii.	Nigdy nie byłem w ....
10. Monte Casino to historyczne wzgórze.	Znam piękną pieśń: *Czerwone maki pod* ....

1.4. Łączliwość składniowa rzeczowników odczasownikowych

ZADANIE 26

Copyright by S. Mędak

Proszę wpisać w miejsce kropek właściwe formy rzeczowników odczasownikowych.

WZÓR
Nie warto się buntować przeciwko normom społecznym.
→ Bunt przeciwko normom społecznym mija się z celem.

1. W tej rodzinie brakowało mocnej ręki.
→ .... mocnej ręki w tej rodzinie miał negatywny wpływ na wychowanie dzieci.
2. Przebacz im, Boże, bo nie wiedzą, co czynią.
→ Ich karygodne .... wynikają z zupełnego braku ukształtowania świadomości.
3. Dotknąłem palcami jej delikatnej skóry na dłoniach.
→ .... mojej ręki nie zrobił na niej żadnego wrażenia.
4. Chora gorączkowała, kaszlała, powoli zaczynało jej brakować tchu.
→ Suchy .... chorej słychać było na całym korytarzu szpitala.
5. Podróżni przemycali przez granicę papierosy, alkohol i narkotyki.
→ .... tzw. używek jest zabroniony i karalny.
6. Ten popularny artysta występował na deskach wszystkich prowincjonalnych scen.
→ .... tego artysty budziły wielkie zainteresowanie publiczności.
7. Zazdrościła wszystkim kolegom sukcesów wydawniczych.
→ .... tej kobiety miała negatywny wpływ na jej stan zdrowia i urodę.
8. W czasie rozmowy uśmiechał się serdecznie do wszystkich.
→ .... tego chłopca budził w każdym rozmówcy radość.
9. Od kilku tygodni spisywał wszystkie książki w swej ogromnej bibliotece.
→ .... wszystkich książek zajął mu wiele czasu.
10. Studentka trudziła się od kilku godzin nad przygotowaniem referatu.
→ Ten .... jej się opłacił, ponieważ referat wzbudził duże zainteresowanie u słuchaczy.

ZADANIE 27

Copyright by S. Mędak

Proszę wpisać w miejsce kropek właściwe formy rzeczowników odczasownikowych.

ZADANIA TESTOWE

WZÓR
Dobudował jeszcze jedno mieszkanie, choć nie uzyskał pozwolenia władz.
→ **Dobudował mieszkanie bez uzyskania pozwolenia władz.**

1. Spowodował wypadek, ponieważ za szybko skręcił w prawo.
→ Spowodował wypadek na skutek szybkiego .... w prawo.
2. Zostali zatrzymani przez straż graniczną, ponieważ przemycali narkotyki.
→ Zostali zatrzymani przez straż graniczną za .... narkotyków.
3. Dyrektor otrzymał wysoką premię, bowiem w firmie systematycznie wzrastała produkcja.
→ Za systematyczny .... produkcji dyrektor otrzymał wysoką premię.
4. Słynna artystka wystąpiła na zaimprowizowanej scenie z okazji otwarcia mostu na Wiśle.
→ Zaraz po .... odjechała z tego miejsca swoim nowym mercedesem.
5. Komuniści znowu powrócili do władzy.
→ Ich .... do władzy dla jednych jest niepokojącym objawem, dla drugich powrotem do przeszłości.
6. Prawie wszystkie ptaki odleciały z naszego sadu.
→ Zaraz po ich .... zrobiło się cicho i smutno.
7. Lekarz powiedział, że jeśli powrócą stany lękowe, należy zwiększyć dawkę lekarstwa.
→ Lekarz powiedział, że w razie .... stanów lękowych, należy zwiększyć dawkę lekarstwa.
8. Aby podzielić sprawiedliwie cały majątek, musi się zebrać cała rodzina.
→ Przed .... majątku musi się zebrać cała rodzina.
9. Lekarz dyżurował kilkanaście godzin na oddziale intensywnej terapii.
→ Po tym męczącym .... zasnął w ciągu sekundy na swoim fotelu.
10. Wyjechali stąd tak szybko, że nawet tego nie zauważyliśmy.
→ Po ich tak szybkim .... czułem się trochę głupio.

ZADANIE 28

Copyright by S. Mędak

Proszę wpisać w miejsce kropek właściwe formy rzeczowników odczasownikowych.

WZÓR
Ptaki przylatują na wiosnę, a odlatują jesienią.
→ **Natychmiast po przylocie zaczynają budować swoje gniazda.**

1. Rząd podjął decyzję zamrożenia płac, chociaż związki zawodowe naciskały na premiera. *(pot.)*

→ Pod wpływem .... związków zawodowych rząd wycofał się z tej decyzji.

2. Nie zapraszaliśmy nikogo do siebie, bowiem od kilku tygodni remontujemy dom.
→ Ze względu na .... domu nie zapraszaliśmy do siebie znajomych.

3. Nie udało mi się spotkać z przyjacielem, ponieważ nagle wyjechał za granicę.
→ Z powodu jego nagłego .... nie mogłem się z nim spotkać.

4. Kiedy szukałem pracy, musiałem kontaktować się z wieloma ludźmi. → Dzięki .... z ludźmi znalazłem dobrze płatną pracę.

5. Zapowiedziano w telewizji powołanie komisji śledczej przeciw byłemu ministrowi finansów.
→ Tuż po .... ludzie zaczęli obawiać się o swoje konta walutowe w bankach.

6. Z oficjalnych danych dowiadywaliśmy się, że PKB ciągle wzrastał. → Mimo ogólnego .... PKB, niektórym grupom społecznym żyło się coraz gorzej.

7. Ostatni raz spowiadałem się w kościele rok temu. → Od ostatniej .... upłynął już rok.

8. Dyrektor firmy nie odpowiedział na postulaty pracowników i związków zawodowych. → Trzech przedstawicieli pracowników udało się osobiście po .... do gabinetu dyrektora.

9. Co miesiąc odczytywano zużycie energii elektrycznej z licznika kamienicy. → Podczas .... sprawdzano również zabezpieczenie licznika.

10. Upierała się przy swojej opinii, chociaż wiedziała, że nikt się z nią nie zgadza.
→ Przez swój głupi .... straciła wielu przyjaciół.

ZADANIE 29

Copyright by S. Mędak

Proszę wpisać w miejsce kropek właściwe formy rzeczowników odczasownikowych.

WZÓR
Sekretarka organizowała podróże służbowe prezesa firmy.
→ **Organizowanie podróży prezesa firmy zajmowało jej sporo czasu.**

1. Pracownicy tej firmy zapewniali sprawną obsługę biura. → .... sprawnej obsługi biura było najważniejszym zadaniem tego zespołu.

2. Dyrektor wymagał, aby pracownicy zaangażowali się w działalności firmy. → Dla dyrektora sprawa .... pracowników w działalności firmy miała olbrzymie znaczenie dla jej przyszłego rozwoju.

ZADANIA TESTOWE

3. Tłumaczysz się brakiem czasu, aby mi nie pomóc. → Przecież wiesz, że nie zrobię tego bez twojej ....
4. Lekarz poprosił pacjenta, aby szybciej oddychał. → Z jego .... wywnioskował, że pacjent ma kłopoty z płucami. *(pot.)*
5. Spierali się na temat wizji rozwoju szkolnictwa w środowisku wiejskim. → Ich .... przerodził się w dyskusję, której końca nie było widać.
6. Zawodnicy startowali po usłyszeniu trzeciego sygnału. → Po .... zawodników na trybunach stadionu zapanowała głucha cisza.
7. Pozostawione przez rodziców dziecko głośno płakało. → Od .... miało mokre policzki i ubranko.
8. Przedstawiciel komitetu strajkowego odczytał petycję do rządu. → Po .... petycji na sali rozległy się rzęsiste oklaski.
9. Strażnik obchodził plac budowy i sprawdzał, czy wszystkie bramy zostały zamknięte. → Od razu po .... notował w dzienniczku raport z wykonanej czynności.
10. Wyszła za mąż za Piotra, ponieważ przymusili ją do tego rodzice. → Wyszła za Piotra pod .... rodziców.

ZADANIE 30
Copyright by S. Mędak

Proszę wpisać w miejsce kropek właściwe formy rzeczowników odczasownikowych.

WZÓR
Przyszedł do czytelni miejskiej, żeby przejrzeć codzienną prasę.
→ **Przyszedł do czytelni w celu przejrzenia wybranych gazet.**

1. Zanosiła dokumenty do tłumacza, który przekładał je na język niemiecki. → Zanosiła dokumenty do .... na język niemiecki.
2. Kupił ciężarówkę, aby przewozić meble. → Kupił ciężarówkę do .... mebli.
3. Składał pieniądze, aby zakupić teren pod budowę. → Ze względu na ciągłą inflację waluty odkładał .... terenu na później.
4. Kolejni zawodnicy walczyli na pięści. → Po każdej .... sędzia ogłaszał wyniki.
5. Wystrzelił pierwszy nabój z nowego karabinu. → W czasie .... zauważył, że karabin działa tak, jak powinien działać.
6. Turyści zagraniczni lubią wywozić z Egiptu cenne pamiątki. → Przepisy celne nie zezwalają na .... cennych pamiątek z tego kraju.
7. Podczas festiwalu wystąpił nowy, znakomity zespół. → Z tego .... bardzo szybko nagrano płytę kompaktową.

8. Siedzieliśmy przy ognisku i śpiewaliśmy popularne piosenki. → Przy .... popularnych piosenek spędziliśmy prawie cały wieczór.

9. Rozkwitają już pąki na jabłoniach. → Tej wiosny .... pąków na jabłoniach jest wcześniejszy niż w zeszłym roku.

10. Podzieliliśmy wszystkie paczki między wychowanków domu dziecka. → .... paczek zajął na kilkanaście minut.

Zadania testowe numer 26–30 opracowano
na podstawie: Mędak S., *Co z czym?*, op. cit.

2. CZASOWNIKI

2.1. Czasowniki nieregularne

ZADANIE 31

Copyright by S. Mędak

Proszę wpisać w miejsce kropek właściwe formy czasowników nieregularnych.

WZÓR
My już <u>pocięliśmy</u> wszystkie kłody na deski. | A oni jeszcze <u>tną</u>.

1. My już skończyliśmy <u>dąć</u> w trąbki myśliwskie. | A oni wciąż ....
2. Ja już <u>podarłem</u> wszystkie listy miłosne na strzępy. | A ona wciąż je ....
3. Ja nie lubię <u>kląć</u>. | Moi koledzy często ....
4. Ja już <u>zmełłem</u> kilogram kawy. | A ona jeszcze ....
5. Ja już <u>utarłem</u> wszystkie ziemniaki na placki. | A ona jeszcze ....
6. On <u>utarł</u> wszystkie buraki na tarce. | A ja wciąż je ....
7. Ja już się <u>wspiąłem</u> po tej ścianie na szczyt. | A oni wciąż ....
8. Już <u>ścięliśmy</u> wszystkie chwasty w ogrodzie. | A sąsiedzi wciąż je ....
9. Ja <u>zmiąłem</u> już wszystkie stare listy. | A ona wciąż je ....
10. Ona <u>wypełła</u> cały duży ogródek. | A sąsiadka jeszcze ....
swą miniaturową działkę.

ZADANIE 32

Copyright by S. Mędak

Proszę wpisać w miejsce kropek właściwe formy rzeczowników odsłownych utworzonych od podkreślonych czasowników.

WZÓR
<u>Ciął</u> szablą jak profesjonalista. | → Wykonał jedno nowe <u>cięcie</u>.

1. Groźny konkurent <u>zawarł</u> z nami umowę. | → .... tej umowy to duży sukces.

2. <u>Tarłem</u> ziemniaki na placki ziemniaczane. | → .... ziemniaków zajęło mi godzinę.

3. Proszę zapiąć wszystkie pasy. → .... pasów jest obowiązkowe.

4. Czy wytniesz chwasty z tego trawnika? → .... chwastów zajmie mi jedną chwilę.

5. Muszę zemleć kawę w młynku. → .... kawy w młynku zajmie mi chwilę.

6. Czy wyżmiesz moje mokre spodnie? → .... spodni to dla mnie błahostka.

7. Powzięliśmy niepopularną decyzję. → .... tej decyzji było konieczne.

8. Oparliśmy się na badaniach naukowych. → .... na badaniach naukowych wpłynęło na sukces naszej publikacji.

9. Zatarł wszystkie ślady po dokonaniu zbrodni. → .... śladów utrudniło prowadzenie śledztwa.

10. Wszczęli rokowania pokojowe. → .... rokowań to dobry początek.

ZADANIE 33

Copyright by S. Mędak

Proszę wpisać w miejsce kropek właściwe formy 2. osoby liczby pojedynczej trybu rozkazującego czasowników podkreślonych w kolumnie A.

WZÓR
Przez cały dzień ciąłem szkło diamentem. → Teraz ty tnij!

A.
1. Od rana mełłem ziarno na mąkę.
2. Od godziny ona pieli warzywnik.
3. On zdjął czapkę przed wejściem do świątyni.
4. On wyjął ręce z kieszeni.
5. On spiął kartki spinaczem.
6. On rozpiął koszulę.
7. Ona wypełła całą swoją działkę.
8. On utarł jajka do ciasta.
9. On napoczął kolejną butelkę wina.
10. On wspiął się na wysoką skałę.

B.
→ Teraz ty .... !
→ Teraz ty .... !
→ Ty też .... czapkę!
→ Ty też .... !
→ Ty też .... !
→ Ty też ją .... !
→ Ty też .... swoją!
→ Ty też .... !
→ Teraz ty .... !
→ Teraz ty .... !

ZADANIE 34

Copyright by S. Mędak

Proszę wpisać w miejsce kropek właściwe formy czasowników nieregularnych.

WZÓR

Czy możesz wynająć robotników do budowy domu?	→ Dobrze. Jutro ich wynajmę.
1. Czy możesz ściąć parę róż w ogródku?	→ Dobrze. Zaraz je ....
2. Czy zechciałbyś podciąć żywopłot?	→ Dobrze. Zaraz go ....
3. Czy podejmiesz wreszcie jakąś decyzję?	→ Tak. Zaraz ją ....
4. Czy obetniesz suche pędy róż na działce?	→ Dobrze. Jutro je ....
5. Czy wciągniesz na siebie ciepły sweter?	→ Dobrze. Zaraz go ....
6. Czy zepniesz mi włosy w kok?	→ Dobrze. Zaraz ci je ....
7. Czy natrzesz mi plecy maścią?	→ Dobrze. Zaraz ci je ....
8. Czy wytrzesz te brudne buty?	→ Dobrze. Zaraz je ....
9. Czy zatrzesz ręce na wieść o mojej porażce?	→ Oczywiście, że je ....
10. Czy masz ochotę wspiąć się na to drzewo?	→ Tak. Zaraz ..... tam ....

ZADANIE 35

Copyright by S. Mędak

Proszę wpisać w miejsce kropek właściwe formy czasowników nieregularnych w czasie przeszłym rodzaju żeńskiego.

WZÓR

On się nadął na nią.	Ona też nadęła się na niego. *(pot.)*
1. On zapiął pasy przed startem samolotu.	Ona też .... pasy.
2. On wszczął awanturę wieczorem.	Ona .... awanturę następnego dnia.
3. On obciął kilku studentów z jej grupy. *(pot.)*	Ona też .... kilku studentów z jego grupy. *(pot.)*
4. On spiął konia i odjechał.	Ona też .... konia i pojechała za nim.
5. On odpoczął sobie na Wyspach Kanaryjskich.	Ona też .... sobie nad polskim Bałtykiem.
6. On uwziął się na nią.	Ona też .... na niego.

7. On odjął od ust kieliszek z wódką. | Ona też .... swój kieliszek.

8. On wpiął suszoną różę do marynarki. | Ona też .... różę we włosy.

9. On wspiął się na szczyt eukaliptusa. | Ona też .... na szczyt drzewa.

10. On ujął ją inteligencją. | Ona .... go prostotą.

3. CZASOWNIKI OSOBLIWE

3.1. Czasowniki zeromiejscowe i jednomiejscowe

ZADANIE 36

Copyright by S. Mędak

Proszę wpisać w miejsce kropek właściwe czasowniki zeromiejscowe lub jednomiejscowe.

Czasowniki: *brzydnąć (się) / obrzydnąć (się) / zbrzydnąć (się), marzyć (się) / pomarzyć (się) / wymarzyć (się), powodzić (się) / powieść (się), stać (się) / –, ubywać (się) / ubyć (się), udawać (się) / udać (się), układać (się) / ułożyć (się), zachciewać (się) / zachcieć (się), zależeć (się) / –, zanosić (się) / zanieść (się).*

WZÓR
Co mówimy, kiedy dzieci nie mają żadnego zajęcia.
Kiedy dzieci nie mają żadnego zajęcia, mówimy: → DZIECI SIĘ NUDZĄ.

1. Co mówimy, kiedy córka ciągle opowiada o tym, że chciałaby być aktorką. → MÓWIMY: .... jej ...... kariera aktorska.
2. Co mówimy, kiedy komuś układa się w pracy; kiedy ktoś zajmuje kilka eksponowanych stanowisk oraz jeździ służbowym samochodem i wyjeżdża kilkanaście razy w ciągu roku za granicę. → MÓWIMY: Jemu .... świetnie.
3. Co mówimy o człowieku, który może sobie kupić każdą rzecz. → MÓWIMY: Jego .... na wszystko.
4. Co mówimy o człowieku, który może zrobić najbardziej zaskakującą rzecz. → MÓWIMY: Jego .... na wszystko.
5. Co mówimy o człowieku, który spada zawsze na cztery łapy, jak kot. → MÓWIMY: Jemu .... wszystko.
6. Co mówimy o żonie, która ma ciągle nowe zachcianki. → MÓWIMY: Jej .... dziwnych rzeczy w podeszłym wieku.
7. Co mówimy, kiedy komuś brzydnie życie; staje się ono dla kogoś stopniowo uciążliwym, niemiłym. → MÓWIMY: Jej .... życie.
8. Co mówimy, kiedy w rodzinnym domu rodzice się nie odzywają i wyczekują na rozpoczęcie kłótni. → MÓWIMY: .... na niezłą awanturę.
9. Co mówi student, który bardzo chce otrzymać dyplom magistra uniwersytetu; silnie tego pragnie, traktuje studia jako sprawę niezwykle ważną. → MÓWIMY: Bardzo mu .... na studiach.
10. Co mówimy, kiedy ktoś ma coraz mniej włosów na głowie. → MÓWIMY: .... mu coraz więcej włosów na głowie.

ZADANIE 37

Copyright by S. Mędak

Proszę wpisać w miejsce kropek właściwe formy czasowników zeromiejscowych i jednomiejscowych w odpowiednim czasie i trybie.

WZÓR – jak w pierwszym oraz drugim zdaniu dialogu.

SŁAWA: *(1)* Pamiętasz, Adziu, kiedyś **było** inaczej.

ADZIA: *(2)* Tak, Sławo. Dwadzieścia lat temu nic mnie **nie bolało**. Ani serce, ani zęby. Inaczej ………………… (*pachnieć*) wiosną. Z daleka ……………… (*czuć*) zapach pierwiosnków i innych kwiatów. Pamiętasz, że wtedy wstawałyśmy o szóstej, bo wcześnie ………………… (*rozwidniać się*) i nie musiałyśmy świecić latarką w tej małej kuchni. W wilgotnej i zimnej kuchni szybko ………………… (*ocieplać się*) od dachowego okna, które absorbowało energię słoneczną.

SŁAWA: *(3)* Tak. Tak. To były czasy. Niczego nam nie ……………… (*brakować*): ani pieniędzy, ani jedzenia, ani sławy. ……………… (*żyć się*) nam, jak u Pana Boga za piecem. A teraz, cóż? Kiedy kwitnie jaśmin, ……………… (*mdlić*) mnie od niego. Mój organizm nie znosi tak intensywnego zapachu. Od kilku dni ……………… (*łzawić*) mi oczy i nie mogę czytać moich ulubionych *Wysokich obcasów*. Przez nieszczelne okno i drzwi ……………… (*dmuchać*) wiatr. Nie ……………… (*starczać*) nam emerytury do końca miesiąca. ……………… (*Wieść się*) nam kiepsko.

ADZIA: *(4)* Spójrz Sławo, nadciągają ciemne chmury. Niebo coraz bardziej ……………… (*chmurzyć się*). Zaraz będzie deszcz. Z dala ……………… (*słychać*) nadciągającą burzę. Trzeba wracać do naszej kawalerki. Zawsze ……………… (*udawać się*) nam umknąć przed deszczem i burzą. Zobacz, jak szybko ……………… (*robić się*) ciemno, chociaż jest dopiero południe. Nic nie widzę.

SŁAWA: *(5)* Poczekaj chwilę Adziu. Serce mnie ……………… (*kłuć*). ……………… (*Mieć się*) niedobrze. ……………… (*Zbraknąć*) mi tchu. ……………… (*Wydawać się*) mi ……, że za chwilę upadnę.

ADZIA: *(6)* Kobieto, ……………… (*niepodobna*), żebyś się przewróciła na oczach ludzi. Co oni o nas pomyślą?

SŁAWA: *(7)* Tak. Wiem, że nie ……………… (*wypadać*) się kompromitować. Ale ……………… (*chcieć się*) mi … płakać. Zaraz się rozpłaczę. Po raz pierwszy w życiu!

ADZIA: *(8)* Nie rób tego! Kobiecie nie ……………… (*przystoi*) płakać!

SŁAWA: *(9)* Nie ……………… (*warto*) wychodzić na ten spacer! Słyszysz sygnał karetki?

ADZIA: *(10)* Tak. Wyraźnie .... *(widać)* jakiś ambulans przed nami. Chyba nam .... *(poszczęścić)*.

LEKARZ *(11)* Część, jak się masz staruszko? A, jest was dwie! Co .... tutaj .... *(dziać się)*? Kto zamówił karetkę?

ADZIA: *(12)* To Sława. Panie doktorze, pojadę ze Sławą, bo mi .... *(zbierać się)* na płacz.

SŁAWA: *(13)* Adziu, siadaj blisko mnie! .... *(Zdawać się)* mi ......, że umieram.

ADZIA: *(14)* Pewnie .... ci .... *(żal)* umierać tak młodo. Widzisz, przestałaś marzyć, a kiedy człowiek nie marzy, umiera.

ZADANIE 38

Copyright by S. Mędak

Proszę wpisać w miejsce kropek właściwe czasowniki zeromiejscowe lub jednomiejscowe.

WZÓR
Kiedy na niebie ukazują się błyskawice, mówimy: BŁYSKA SIĘ.

1. Kiedy jest silny wiatr, mówimy: .... albo ....
2. Kiedy pada obfity deszcz mówimy: .... albo .... jak z cebra.
3. Kiedy pada bardzo drobny deszcz, mówimy .... albo ....
4. Kiedy temperatura odczuwalnie spada i jest mniej ciepło, mówimy: ....
....
5. Kiedy letnie słońce pojawia się na horyzoncie mówimy: .... albo
....
6. Kiedy wieczorem zapada zmrok i robi się ciemno, mówimy: ....
7. Kiedy podczas snu ukazują nam się postaci zmarłych mówimy: .... mi ..... zmarła babcia.
8. Kiedy na błękitnym niebie pojawiają się pierwsze czarne chmury, mówimy:
....
9. Kiedy z nieba rozlegają się donośne dźwięki spowodowane wyładowaniami atmosferycznymi, mówimy, że ....
10. Kiedy w połowie marca wieje ciepły wiatr, a ptaki zaczynają śpiewać, mówimy:
.... wiosną.

3.2. Nieosobowe formy czasowników

ZADANIE 39

Copyright by S. Mędak

Proszę przekształcić podane zdania na wypowiedzi z formami bezosobowymi trybu przypuszczającego zakończonymi na *–no* lub *–to*.

WZÓR
Koledzy podejrzewali Ewę o brak wiedzy. Ewa wystąpiła podczas konferencji i odniosła sukces.
→ **Gdyby Ewa nie wystąpiła podczas konferencji, dalej podejrzewano by ją o brak wiedzy.**

1. Służby sanitarne spaliły wszystkie kaczory na stosie. Niektóre kaczory były nosicielami niebezpiecznego wirusa. → Gdyby kaczory były zdrowe, nie .... ich na stosie.
2. Wszyscy bawili się świetnie na dyskotece. Nagle pojawiła się brygada policji obyczajowej. → Gdyby nie pojawiła się brygada policji obyczajowej, dalej .... świetnie na dyskotece.
3. Państwo polskie pobiera wysokie podatki od sprzedaży alkoholu. Sądzę, że właśnie z tego powodu nie zakazuje sprzedaży alkoholu nawet w weekendy. → Gdyby państwo polskie nie pobierało podatku akcyzowego za alkohol, sądzę, że od razu .... sprzedaży alkoholu w soboty i niedziele.
4. Poczta elektroniczna została wymyślona w 1965 roku, a jego pomysłodawcami byli Francuzi i Amerykanie. Od czasu wynalazku e–mail coraz rzadziej korzystamy z usług tradycyjnej poczty. → Gdyby nie wymyślono poczty elektronicznej, ... wyłącznie z usług tradycyjnej poczty.
5. Soki mają lepszy smak niż woda mineralna; dlatego też ludzie piją więcej soków niż wody mineralnej. → Gdyby woda mineralna miała smak soku, ... jej więcej.
6. Myśliwi zabijają niewinne zwierzęta. → Gdyby nie było myśliwych nie .... niewinnych zwierząt.
7. Wynaleziona w połowie XIX w. maszyna do szycia błyskawicznie stała się podstawowym narzędziem pracy kobiet. Uwolniła je od igły i nitki. → Gdyby w XIX wieku nie wymyślono maszyny do szycia, nie .... kobiet od igły i nitki.
8. Nie udało się opanować epidemii grypy. Decyzją władz miasta wszystkie szkoły w mieście zostały zamknięte. → Gdyby się udało opanować epidemię grypy, nie .... wszystkich szkół w mieście.
9. Działania wojenne zostały zakończone w tym kraju. Zdecydował o tym prezydent USA. → Gdyby nie decyzja prezydenta USA, do dziś nie .... działań wojennych w tym kraju.

10. Dzięki presji Unii Europejskiej parlamenty wielu krajów zmieniły przepisy prawne. → Gdyby nie presja Unii Europejskiej w wielu krajach Europy do dziś nie .... niektórych przepisów prawnych.

ZADANIE 40

Copyright by S. Mędak

Proszę wstawić w miejsce kropek formy bezosobowe trybu przypuszczającego czasowników znajdujących się w nawiasach.

WZÓR
Pracuję, bo tak chce ojciec. → Gdybym nie pracował, w rodzinie mówiono by (*mówić*) o mnie źle.

1. Rektor nie mógł podjąć innej decyzji. → Jeśli rektor podjąłby inną decyzję, ... (*oskarżyć*) go natychmiast o złą wolę.
2. Dobrze, że jest w sprzedaży woda mineralna. → Gdyby nie było wody mineralnej ...., (*pić*) wodę z kranu.
3. Ona ma imieniny. Wypada jej kupić jakiś prezent. → Tak. .... (*wypada*) kupić jej chociaż symboliczny prezent.
4. Od tygodni klatka schodowa nie była sprzątana. → .... (*należy*) posprzątać w końcu tę zaśmieconą klatkę!
5. Wczasy na Malcie nie są aż tak bardzo drogie. → .... (*można*) kiedyś tam pojechać.
6. Policja pilnowała stadionu. Stadion stoi w nienaruszonym stanie. → Gdyby nie obecność policji, ... (*zniszczyć*) stadion doszczętnie.
7. Nie da się umyć tych okien. Nie ma do nich dostępu. → Gdyby był dostęp do tych okien, na pewno .... (*umyć*) je.
8. Nie została miss, bo miała jeden krzywy ząb. Gdyby nie miała krzywego zęba .... (*wybrać*) ją do kolejnego konkursu.
9. Źle cię traktują? Bądź milszy! → Gdybyś był milszy, ... (*traktować*) cię lepiej!
10. Nie ma już papieru do drukarki. Nikt nie oszczędza teraz papieru. → Jeśli .... (*oszczędzać*) papier, mielibyśmy więcej drzew w lasach.

ZADANIE 41

Copyright by S. Mędak

Proszę wstawić w miejsce kropek właściwe formy bezosobowe trybu przypuszczającego czasowników znajdujących się w kolumnie po prawej stronie.

WZÓR
Gdyby prąd był tańszy, → **zużywano by** (*zużywać*) **go coraz więcej.**

1. Gdyby papierosy były bardzo tanie, → .... (*palić*) ich coraz więcej.

2. Gdyby mięso było tańsze, → .... (*jeść*) go coraz więcej.

3. Gdyby nie było policji, → .... (*bić*) przechodniów w biały dzień.

4. Gdyby nie było UE, → .... (*sprawdzać*) dalej każdy paszport na każdej granicy.

5. Gdyby nie było euro, → .... (*wymieniać*) jeszcze marki na złotówki.

6. Gdyby nie było komputerów, → .... (*pisać*) jeszcze na maszynach do pisania.

7. Gdyby nie było pralek, → .... (*prać*) ręcznie.

8. Gdyby nie było samochodów, → .... (*jeździć*) na rowerach.

9. Gdyby nie było klubów nocnych, → .... (*bawić się*) w domach.

10. Gdyby nie było prądu elektrycznego, → .... (*oświetlać*) mieszkania świecami.

4. ŁĄCZLIWOŚĆ SKŁADNIOWA CZASOWNIKÓW

4.1. Połączenia składniowe z czasownikami różnego typu

ZADANIE 42

Copyright by S. Mędak

Proszę wpisać w miejsce kropek właściwe połączenia składniowe do podkreślonych czasowników.

WZÓR
Jeśli masz kłopoty z wychowaniem dzieci, zwróć się do psychologa. (*psycholog*).

1. Z metalową puszką obchodził wszystkie .... (*stół*) w kawiarni i prosił o jałmużnę.
2. Boże Narodzenie obchodzę zawsze .... (*moja najbliższa rodzina*).
3. Dziennikarze dość szybko docierają .... (*miejsce*) każdej większej katastrofy.
4. Z różnych źródeł docierały .... (*my*) plotki o kolejnych podwyżkach w kraju.
5. Ponieważ dzieciom smakowała sałatka z marchewki, matka docierała .... (*marchewka*).
6. Od lat prowadziła .... (*księgowość*) w naszej szkole.
7. Tylko skuteczne postępowanie prowadzi .... (*sukces*).
8. Zawsze zmierzał .... (*cel*) bardzo radykalnym postępowaniem.
9. Siedzieli w autobusie, a on szeptał jej .... (*ucho*) czułe słowa.
10. Siedział na ławce w parku i wzdychał .... (*ukochana*) pracującej w Irlandii.

ZADANIE 43

Copyright by S. Mędak

Proszę wpisać w miejsce kropek właściwe połączenia składniowe do podkreślonych czasowników. Wzór – jak w ćwiczeniu 42.

1. Litowała się .... (*każdy bezdomny kot*) biegającym po podwórku posesji.
2. Nie cierpiała, kiedy koleżanki narzekały .... (*swoi, rodzice*).
3. Wszyscy szczerze ubolewali .... (*nieszczęście*), które dotknęło szefa.
4. Od lat księgarnie ubolewają .... (*złe funkcjonowanie*) dystrybucji książek.

5. Krzykiem i wrzaskiem zachęcali .... *(my)* do szybszej pracy.
6. Od lat namawiali .... *(ja)* do podjęcia decyzji wyjazdu z tego kraju.
7. Wreszcie nakłoniliśmy .... *(on)*, aby oddał nam pożyczone pieniądze.
8. Koleżanka z pracy podburzała nas .... *(bojkot)* decyzji szefa.
9. Kiedy ponagliliśmy go .... *(telegram)*, przyjechał do nas szybciej.
10. Nie wolno przyzwyczajać .... *(dziecko)* do lenistwa.

ZADANIE 44

Copyright by S. Mędak

Proszę wpisać w miejsce kropek właściwe połączenia składniowe do podkreślonych czasowników. Wzór – jak w ćwiczeniu 42.

1. Można tylko płakać .... *(stan)* niektórych kamienic w Krakowie.
2. Płakała .... *(rozpacz)*, że jej ukochany kot został rozjechany przez samochód.
3. Nie stosował się pan .... *(zalecenia)* banku, stąd te odsetki do zapłacenia.
4. W każdą sobotę zanosiła bieliznę .... *(pralnia)*.
5. Naprawdę chciałbym dożyć .... *(czasy)*, kiedy na świecie zapanuje rajskie życie.
6. Kochanie, dojedz .... *(koniec)* tę sałatę, bo potem muszę ją wyrzucić do kosza.
7. Nie mam pieniędzy, więc muszę donosić .... *(te stare buty)* do końca roku.
8. Czy panienka chciałaby coś dobrać .... *(ta wieczorowa suknia)*?
9. Dlaczego dosypujesz ciągle .... *(zupa)* jakieś dziwne przyprawy?
10. Rodzina powiększała się, a więc zdecydował się dobudować .... *(dom)* jedno piętro.

ZADANIE 45

Copyright by S. Mędak

Proszę wpisać w miejsce kropek właściwe połączenia składniowe do podkreślonych czasowników. Wzór – jak w ćwiczeniu 42.

1. Dlaczego pan ciągle uchyla się .... *(odpowiedzialność)*?
2. Wiem .... *(Kinga)*, że Józef miał na drugie imię Karol.
3. Chciał uchronić swojego syna .... *(alkoholizm)*.
4. Nie był w stanie opłacać czynszu, a więc zamieszkiwał kątem .... *(znajoma)*.

ZADANIA TESTOWE

5. Jakie piękne miasteczko leży .... *(podnóże)* tych gór!
6. Wyjęła .... *(swój, kredens)* najpiękniejszą zastawę dla gości.
7. Wyjmowała .... *(różne pudełka)* kolejne naszyjniki i nakładała je na szyję.
8. Dowiadywała się .... *(dziwne rzeczy)* z prywatnego propagandowego radia.
9. Wysokość składki ZUS zależy .... *(uzyskiwane dochody)*.
10. Od czasu do czasu szef drwił .... *(niektórzy współpracownicy)*.

ZADANIE 46
Copyright by S. Mędak

Proszę wpisać w miejsce kropek właściwe połączenia składniowe do podkreślonych czasowników. Wzór – jak w ćwiczeniu 42.

1. Posłowie przygotowywali się .... *(podjęcie)* rozmów z przedstawicielami Komisji Europejskiej.
2. Dobrał .... *(wątpliwy współpracownik)* do zespołu specjalistów.
3. Od lat dorabiał do swoich decyzji jakieś .... *(dziwna ideologia)*.
4. Stronił .... *(towarzystwo)* ludzi wrednych i nieszczerych.
5. Odchodził zawsze .... *(temat)*, kiedy pytano o jego osobę.
6. Próbujemy uchronić język polski .... *(zapożyczenia)* z języka angielskiego.
7. Dowiadywał się .... *(telefon)* o wszystkich plotkach krążących w instytucie.
8. Dostawał .... *(znajomi)* pieniądze na opłacenie adwokata.
9. Wyśmiewał się .... *(ci)*, którzy nie mają tytułu naukowego na uczelni.
10. Tego lata ludzie mdleli .... *(upały)*.

ZADANIE 47
Copyright by S. Mędak

Proszę wpisać w miejsce kropek właściwe połączenia składniowe do podkreślonych czasowników. Wzór – jak w ćwiczeniu 42.

1. Słońce powoli chyliło się .... (zachód).
2. Polityka rządu zmierza .... (ograniczenie) wolności słowa i wypowiedzi.
3. Została jego żoną .... i .... (własna / nieprzymuszona wola).
4. Często występowała .... (imię) poszkodowanych i pokrzywdzonych przez los.
5. Rząd opowiadał się .... (wprowadzenie) większej swobody seksualnej.
6. Głosowali zawsze .... (ci), którzy chcieli radykalnych zmian w kraju.
7. Czy zawsze musisz podejmować decyzje .... (zdrowy rozsądek)?
8. Przyrzekał .... (ja), że już nigdy więcej nie podniesie ręki na syna.
9. Wojska serbskie w zastraszającym tempie zdążały .... (stolica) sąsiedniej republiki.
10. Radni występowali .... (utworzenie) supermarketów w centrum miasta, twierdząc, że najlepszym miejscem dla nich są obrzeża miasta.

ZADANIE 48

Copyright by S. Mędak

Proszę wpisać w miejsce kropek właściwe połączenia składniowe do podkreślonych czasowników. Wzór – jak w ćwiczeniu 42.

1. Kiedy byłem bokserem, podczas walk dostawałem często ciosy prosto .... (nos).
2. Wsuwał szeleszczące banknoty europejskiej waluty .... (książki).
3. Wkładał zaprawę murarską .... (pękające mury) kamienicy.
4. Caritas rozdziela paczki .... (najbiedniejsi mieszkańcy) dzielnicy.
5. Dzielił swoje życie .... (praca), a .... (obowiązki rodzinne).
6. To, co miał zrobić dzisiaj, odkładał zawsze .... (następny dzień).
7. Docierał .... (spotkania) zwykle z kilkunastominutowym opóźnieniem.
8. Nakładał słuchawki .... (uszy) i słuchał muzyki techno.
9. Wybierała się .... (impreza) już od dwóch godzin.

10. Kiedy wyjeżdżamy na wakacje, zawsze zabieramy ze sobą .... *(nasz pies)*.

ZADANIE 49
Copyright by S. Mędak

Proszę wpisać w miejsce kropek właściwe połączenia składniowe do podkreślonych czasowników. Wzór – jak w ćwiczeniu 42.

1. Co tydzień zapraszali nas .... *(piknik)*.
2. Spakował walizki i ruszył .... *(podbój)* świata.
3. Nie mogę teraz iść do kawiarni, bo zostaję .... *(zajęcia)* z gramatyki.
4. Gniewał się od miesięcy .... *(ja)* i nie odzywał się do mnie.
5. Czasami narzekaliśmy .... *(warunki)* życia w tym kraju i brak tolerancji.
6. Złościłam się .... *(on)*, kiedy zaczynał ubolewać nad swoim losem.
7. Kot uwielbiał wskakiwać .... *(szafa)* i przyglądać się tykającemu zegarowi.
8. Wbiegła .... *(schody)* na półpiętro i stamtąd zaczęła krzyczeć jak oszalała.
9. Wyczekiwałem .... *(najlepszy moment)*, aby wyrazić swoje niezadowolenie.
10. Spoglądałem .... *(mój syn)* z nieukrywanym zachwytem.

ZADANIE 50
Copyright by S. Mędak

Proszę wpisać w miejsce kropek właściwe połączenia składniowe do podkreślonych czasowników. Wzór – jak w ćwiczeniu 42.

1. Nie lubiłem odpowiadać .... *(błędy)* popełnione przez innych.
2. Zawsze reagowałem z takim samym zaangażowaniem .... *(głupota)* ludzi.
3. Mój syn znowu zachorował .... *(ostra angina)*.
4. Od lat skarżyła się .... *(ból)* w kręgosłupie.
5. Od dłuższego czasu nadciągały .... *(miasto)* ciężkie, burzowe chmury.
6. Jak zwykle, również w tym roku, wybieramy się .... *(jeziora mazurskie)*.
7. Pokochałem .... *(język francuski)* nad wszystkie inne języki.

8. Od lat zabiegała .... *(nominacja)* na stanowisko wykładowcy.
9. Wszyscy podejrzewali go .... *(współpraca)* z policją kryminalną.
10. W opracowaniu tego zbioru ćwiczeń opierałem się .... *(doświadczenia)* wyniesionych z pracy z obcokrajowcami.

ZADANIE 51

Copyright by S. Mędak

Proszę wpisać w miejsce kropek właściwe połączenia składniowe do podkreślonych czasowników. Wzór – jak w ćwiczeniu 42.

1. Często sprzeczałam się z koleżanką .... *(nieistotne błahostki)*.
2. Kiedy zgłosiłem się .... *(wygrana)* w totolotka, urzędniczka przyjęła mnie z radością.
3. Wszystkie dzieci w tej rodzinie rozwinęły się .... *(swój wiek)*.
4. Filmy tego reżysera wykraczają .... *(krąg)* gangsterskiej mitologii.
5. Spóźniła się do pracy .... *(dziecko)*, które nie chciało iść do szkoły i cały czas płakało.
6. Zapuściliśmy się .... *(dżungla)*, w poszukiwaniu specjalnej odmiany węży.
7. Zbyt często wdajesz się .... *(kłótnia)* z kolegami ze szkoły.
8. Podczas karnawału uczestnicy przebierali się .... *(różne zwierzęta)*.
9. Umierał .... *(ojczyzna)* z uśmiechem na twarzy.
10. Latami walczyliśmy .... *(wolność)*, a teraz żyjemy w kraju nietolerancji.

ZADANIE 52

Copyright by S. Mędak

Proszę przekształcić podane zdania, wykorzystując do tego połączenia składniowe znajdujące się w kolumnie B.

A.	B.
chwalić się, że	*chwalić się kimś*
cieszyć się, że	*cieszyć się z czegoś / z powodu czegoś*
czytać, że	*czytać o czymś*
denerwować się, że	*denerwować się czymś*

ZADANIA TESTOWE

dowiadywać się, że	*dowiadywać się o czymś*
grozić komuś, że	*grozić komuś czymś*
informować kogoś, że	*informować kogoś o czymś*
przysięgać, że	*przysięgać komuś coś*
zazdrościć komuś, że	*zazdrościć komuś czegoś*
żałować, że	*żałować czegoś*

WZÓR

bać się, że | *bać się o coś*
Matka <u>bała się, że</u> dziecku może się coś stać. | → Matka <u>bała się o</u> dziecko.

1. <u>Chwalił się, że</u> ma piękną dziewczynę. → ....
2. <u>Cieszyła się, że</u> jej syn odnosi sukcesy. → ....
   → ....
3. <u>Czytałem</u> gdzieś, <u>że</u> Polacy są nietolerancyjni. → ....
4. <u>Denerwował się, że</u> syn ma złe oceny w szkole. → ....
5. <u>Dowiedzieliśmy się, że</u> rozpoczyna się akcja P. → ....
6. <u>Groził</u> nam, <u>że</u> nas wyrzuci ze szkoły. → ....
7. <u>Informował</u> rodziców, <u>że</u> się żeni. → ....
8. <u>Przysięgała, że</u> będzie wierna. → ....
9. <u>Zazdrościła, że</u> mam udane małżeństwo. → ....
10. <u>Żałowała, że</u> straciła czas. → ....

ZADANIE 53

Copyright by S. Mędak

Proszę przekształcić podane zdania, wykorzystując do tego połączenia składniowe znajdujące się w kolumnie B.

A.	**B.**
chcieć, żeby	*chcieć czegoś*
chować się, żeby	*chować się przed czymś*
dbać, żeby	*dbać o coś*
domagać się, żeby	*domagać się czegoś*
nalegać, żeby	*nalegać na coś*
namawiać kogoś, żeby	*namawiać kogoś do czegoś / na coś*
pragnąć, żeby	*pragnąć czegoś*
prosić, żeby	*prosić o coś*
zmuszać kogoś, żeby	*zmuszać kogoś do czegoś*
żądać, żeby	*żądać czegoś*

WZÓR

bronić się, żeby   *bronić się przed czymś*

Jak tylko mógł, bronił się, żeby nie dostać wysokiego wyroku w sądzie.
Jak tylko mógł, bronił się przed wysokim wyrokiem w sądzie.

A.	B.
1. Chciał, żeby córka była szczęśliwa.	→ ....
2. Chował się, żeby nie zostać aresztowanym.	→ ....
3. Dbał, żeby mieć dobry wizerunek w ich oczach.	→ ....
4. Domagał się, żeby syn powrócił do domu.	→ ....
5. Nalegał, żebym się z nim spotkał.	→ ....
6. Namawiał mnie, żebyśmy wspólnie wyjechali.	→ ....
7. Pragnę, żeby matka była szczęśliwa.	→ ....
8. Prosił, żebym mu pożyczył pieniędzy.	→ ....
9. Zmuszali nas, żebyśmy byli posłuszni.	→ ....
10. Żądał, żeby wszyscy byli lojalni.	→ ....

ZADANIE 54

Copyright by S. Mędak

Proszę przekształcić podane zdania, wykorzystując do tego połączenia składniowe znajdujące się w kolumnie B.

A.	B.
drwić z tego, że	drwić z czegoś
naśmiewać się z tego, że	naśmiewać się z czegoś
śmiać się z tego, że	śmiać się z czegoś
żartować z tego, że	żartować z czegoś
imponować komuś tym, że	imponować komuś czymś
kompromitować się tym, że	kompromitować się czymś
męczyć się tym, że	męczyć się czymś
przejmować się tym, że	przejmować się czymś
zamartwiać się tym, że	zamartwiać się czymś
zachwycać się tym, że	zachwycać się czymś

WZÓR

kpić (sobie) z tego, że	*kpić (sobie) z czegoś*
Od lat kpi (sobie) z tego, że my pracujemy.	→ Od lat kpi (sobie) z naszej pracy.

A.	B.
1. Drwiła z tego, że on pochodził ze wsi.	→ ....

ZADANIA TESTOWE

2. Naśmiewali się z tego, że byłem kaleką. → ....
3. Śmiali się z tego, że przegrałem. → ....
4. Żartowała z tego, że mam krzywe nogi. → ....
5. Imponowała mi tym, że zawsze była spokojna. → ....
6. Kompromitowała się tym, że popełniała błędy gramatyczne i składniowe. → ....
7. Męczyła się tym, że miała katar. → ....
8. Przejmowała się tym, że jej syn jest chory. → ....
9. Zamartwiała się tym, że mąż kłamie. → ....
10. Zachwycała się tym, że jej narzeczony był silny i odważny. → ....

ZADANIE 55
Copyright by S. Mędak

Proszę przekształcić podane zdania, wykorzystując do tego połączenia składniowe znajdujące się w kolumnie B.

A.	B.
marzyć, że	marzyć o czymś
narzekać, że	narzekać na coś
obawiać się, że	obawiać się czegoś
obiecywać komuś, że	obiecywać komuś coś
oskarżać kogoś, że	oskarżać kogoś o coś
ostrzegać kogoś, że	ostrzegać kogoś przed czymś a. o czymś
podejrzewać (kogoś), że	podejrzewać kogoś o coś
posądzać kogoś, że	posądzać kogoś o coś

WZÓR

martwić się, że	martwić się o coś
Martwiła się, że syn się nie rozwija.	→ **Martwiła się o rozwój syna.**

A.	B.
1. Marzyła, że wypocznie podczas wakacji.	→ ....
2. Narzekał, że boli go ciągle głowa.	→ ....
3. Obawialiśmy się, że nas ośmieszą.	→ ....
4. Obiecywał, że nam pomoże.	→ ....
5. Oskarżał mnie, że ukradłem rower.	→ ....
6. Ostrzegała mnie, że mogę przegrać.	→ ....
7. Ostrzegali nas, że będą powodzie.	→ ....
8. Podejrzewałem go, że kradnie.	→ ....

9. Podejrzewałem ją, że donosi do dyrektora. → ....
10. Posądzałem go, że współpracował z policją. → ....

ZADANIE 56

Copyright by S. Mędak

Proszę przekształcić podane zdania, wykorzystując do tego połączenia składniowe znajdujące się w kolumnie B.

A.
ratować się, żeby
troszczyć się, żeby
uciekać, żeby
ukrywać coś, żeby
upoważniać kogoś, żeby
wnosić, żeby
zabezpieczać coś, żeby
zachęcać kogoś, żeby
zasługiwać, żeby
zastrzegać się, żeby

B.
ratować się przed czymś
troszczyć się o coś
uciekać przed czymś
ukrywać coś przed kimś
upoważniać kogoś do czegoś
wnosić o coś
zabezpieczać coś przed kimś
zachęcać kogoś do czegoś
zasługiwać na coś
zastrzegać się przeciw(ko) czemuś

WZÓR
przyzwyczajać kogoś, żeby
Przyzwyczajała dzieci, **żeby** myły ręce przed każdym posiłkiem.

przyzwyczajać kogoś do czegoś
→ Przyzwyczajała dzieci **do mycia rąk** przed każdym posiłkiem.

A.
1. Ratowali się, żeby nie zatonąć.
2. Troszczyła się, żeby dzieci były zdrowe.
3. Uciekał, żeby nie czuć się samotnym.
4. Ukrywała wady, żeby podobać się narzeczonemu.
5. Upoważniał go, żeby podejmował jego rentę.
6. Wnoszę, żeby nadać tej ulicy imię świętego.
7. Zabezpieczaliśmy budowę, żeby złodzieje nie kradli materiałów budowlanych.
8. Zachęcała go, żeby skończył studia.
9. Zasługiwała, żeby ją surowo ukarać.
10. Zastrzegał się, żeby nie mieszano go w te sprawy.

B.
→ ....
→ ....
→ ....
→ ....
→ ....
→ ....
→ ....
→ ....
→ ....
→ ....

ZADANIA TESTOWE

ZADANIE 57
Copyright by S. Mędak

Proszę wstawić w miejsce kropek właściwe połączenia składniowe czasowników przemieszczania się. Czasowniki przemieszczania się: *biegać, brnąć, brodzić, ciągnąć (się), ciągać (się), iść, chodzić, jechać, lecieć, łazić.*

WZÓR
Od kilku minut mały kotek biegał bez przerwy za kłębkiem wełny.

1. Nie było go w domu. Biegałam .... nim przez cały wieczór po różnych pubach.
2. Najpierw szła młoda para, a .... nią szli wszyscy zaproszeni na ślub.
3. Od kilku godzin brnęliśmy .... piaski pustyni w kierunku najbliższej oazy.
4. Bociany od kilku godzin brodziły ...... mokradłach w poszukiwaniu pożywienia.
5. Od kilku tygodni ciągał się .... mieście z jakimiś podejrzanymi osobnikami. *(pot.)*
6. Puste przestrzenie ciągnęły się .... drogi, którą jechaliśmy już od kilku godzin.
7. Nieszczęścia chodzą zawsze .... parze. *(przysł.)*
8. Jechał ..... koniu i śpiewał.
9. Od kilku dni leci mi wszystko .... rąk.
10. Całymi dniami Karol łaził ..... łąkach jak bocian i łapał motyle.

ZADANIE 58
Copyright by S. Mędak

Proszę wstawić w miejsce kropek właściwe połączenia składniowe czasowników przemieszczania się.
Czasowniki przemieszczania się: *nosić, pełzać, płynąć, pływać, sunąć, toczyć (się), wieść, wodzić, wlec się, włóczyć się.*

WZÓR
Czterech przyjaciół niosło trumnę zmarłego na swych ramionach.

1. Babcia uwielbiała nosić ...... rękach najmłodszego wnuczka.
2. Zobacz, jak wielki wąż pełza ..... trawie.
3. Prawie wszystkie rzeki płyną .... źródła .... morza lub oceanu.
4. Drewno pływa ...... powierzchni wody.
5. Przerażające cienie sunęły .... lśniącej powierzchni rynku.
6. Przewrócona ciężarówka toczyła się .... zboczach gliniastego wzgórza.
7. Przewodnik od kilku godzin wiódł nas .... pola i lasy.
8. Zmęczone psy z trudem wlokły sanie ...... mokrym śniegu.
9. Wodził palcem ..... mapie, pokazując miejsca, których jeszcze nie zwiedził.
10. Od miesięcy włóczył się z kolegami ...... różnych niebezpiecznych miejscach.

ZADANIE 59

Copyright by S. Mędak

Proszę przekształcić podane zdania na wypowiedzi z formami bezokolicznika.

WZÓR
Nigdy nie jadł flaczków. → Brzydził się jeść flaczki.

A.

1. Nie pozwalał sobie na zamawianie taksówek.

2. Na lekcji nigdy nie zadawał pytań.

3. Nie przyszedł dzisiaj wieczorem.

4. Nie jeździł samochodem.

5. Nie chciał tego zrozumieć.

6. Nie myślał.
7. Kradł od kilku lat.
8. Nawet nie podziękował za gościnę.

9. Nie wychodził z domu.

10. Nie zmienił swego życia.

B.

→ Nie mógł .... sobie na zamawianie taksówek.

→ Obawiał się .... pytania na lekcji.

→ Nie obiecywał .... dziś wieczorem.

→ Nie potrafił .... samochodem.

→ Nawet nie próbował .... tego.

→ Nawet nie usiłował ....
→ Nie wstydził się ....
→ Wypada przecież .... za gościnę.

→ Nikt mu nie zabraniał .... z domu.

→ Nawet nie zamierzał .... swego życia.

ZADANIE 60

Copyright by S. Mędak

Proszę dokończyć rozpoczęte wypowiedzi, zamieniając rzeczowniki odczasownikowe na bezokoliczniki. Proszę uwzględnić – tam, gdzie to jest konieczne zmiany związane z dopełnieniami.

WZÓR
Wyraził zgodę na zrobienie tego. | Zgodził się zrobić to.

1. Zaznajamiał się z podstawami tańca. | Uczył się ....
2. Domagał się o jedzenie. | Wołał ....
3. Dziecko nabywa zdolności mówienia. | Dziecko zaczyna ....
4. On powoli nabywa umiejętności chodzenia. | Zaczął ....

ZADANIA TESTOWE

5. Przyzwolił na rozbudowę parkingu.	Zgodził się ....
6. Zaznajamiał się z obsługą komputera.	Uczył się ....
7. Udał mu się kolejny przemyt narkotyków.	Udało mu się ....
8. Przyzwyczajał się do wczesnego wstawania.	Przyzwyczaił się ....
9. Uwielbiał granie na fujarce.	Uwielbiał ....
10. Nauczył się logicznego myślenia.	Nauczył się ....

ZADANIE 61

Copyright by S. Mędak

Proszę odpowiedzieć na poniższe pytania afirmatywnie, wykorzystując w odpowiedziach następujące dopełnienia: *klimat tropikalny, niezwykła odwaga, Parnas, słownik etymologiczny, taniec, wyjazd, wyjątkowy temperament, wywar jarzynowo–mięsny, zapalenie oskrzeli, zepsuty ząb trzonowy.*

WZÓR
Korzystałeś z czegoś podczas opracowywania tego słownika?
→ **Tak. Korzystałem z innych słowników.**

1. Poszukiwałeś czegoś w bibliotece?	Tak. ....
2. Czy on odznaczył się w życiu czymś szczególnym?	Tak. ....
3. Czy przygotowałeś się już do czegoś?	Tak. ....
4. Czy przystosowałeś się już do czegoś?	Tak. ....
5. Czy ta zupa składa się z czegoś oprócz ziemniaków?	Tak. ....
6. Czy często zapadasz na jakąś chorobę?	Tak. ....
7. Czy umiesz coś prowadzić?	Tak. ....
8. Czy dentysta usunął panu coś z jamy ustnej?	Tak. ....
9. Czy chciałbyś wspiąć się na coś?	Tak. ....
10. Czy odznaczasz się czymś szczególnym?	Tak. ....

ZADANIE 62

Copyright by S. Mędak

Proszę przekształcić podane zdania, wykorzystując do tego połączenia składniowe znajdujące się w kolumnie B.

A.	B.
przekonywać kogoś, że	*przekonywać kogoś o czymś*
przekonywać się, że	*przekonywać się do czegoś*
przepraszać, że	*przepraszać za coś*
przypominać komuś, że	*przypominać komuś o czymś*
przyrzekać, że	*przyrzekać coś*
przyznawać się / przyznać się, że	*przyznawać się / przyznać się do czegoś*
ryzykować, że	*ryzykować coś*
słyszeć, że	*słyszeć o czymś*
spodziewać się, że	*spodziewać się czegoś*
śmiać się, że	*śmiać się z czegoś*

WZÓR

przeczuwać, że	*przeczuwać coś*
Babcia przeczuwała, że już niedługo umrze.	→ Babcia przeczuwała śmierć.

A.

1. Przekonywał mnie, że jest niewinny.

2. Przekonywał się, że należy jeść szpinak.

3. Przepraszał, że spóźnił się.

4. Przypominali mi, że mamy dziś zebranie.

5. Przyrzekał, że będzie wierny.

6. Przyznał się, że mordował z premedytacją.

7. Ryzykował, że spadnie, a jednak wspiął się tam.

8. Słyszał, że jego dziewczyna się żeni.

9. Spodziewała się, że wygra w totolotka.

B.

→ ....

→ ....

→ ....

→ ....

→ ....

→ ....

→ ....

→ ....

→ ....

ZADANIA TESTOWE

10. Śmiał się, że ktoś jest kaleką. → ....

ZADANIE 63
Copyright by S. Mędak

Proszę przekształcić podane zdania, wykorzystując do tego połączenia składniowe znajdujące się w kolumnie B.

A.	B.
karać kogoś za to, że	karać kogoś za coś
krytykować kogoś za to, że	krytykować kogoś za coś
mścić się za to, że	mścić się za coś
nagradzać za to, że	nagradzać za coś
odwdzięczać się za to, że	odwdzięczać się za coś
potępiać kogoś za to, że	potępiać kogoś za coś
przepraszać za to, że	przepraszać za coś
rewanżować się za to, że	rewanżować się za coś

WZÓR

dziękować (komuś) za to, że
Dziękowałem, im za to, że mnie tak wspaniale ugościli.

dziękować (komuś) za coś
→ **Dziękowałem im za wspaniałą gościnę.**

A.

1. Nie można karać kogoś za to, że popełnił drobny błąd.

2. Krytykowali mnie za to, że byłem prawdomówny.

3. Mścił się za to, że odbiłem mu dziewczynę.

4. Nagradzali go za to, że napisał powieść wieku.

5. Odwdzięczam ci za to, że wierzyłeś we mnie.

6. Potępiam tajnych współpracowników SB za to, że donosili na kolegów.

B.

→ ....

→ ....

→ ....

→ ....

→ ....

→ ....

7. Przepraszam za to, że się spóźniłem. → ....

8. Rewanżuję się za to, że mi pani pomogła. → ....

9. Rewanżuję się za to, że podlewałaś moje kwiaty. → ....

10. On rewanżuje się za to, że mu się przysłużyłem. → ....

ZADANIE 64

Copyright by S. Mędak

Proszę ustalić łączliwość składniową dla czasowników z kolumny A, a następnie wypełnić w kolumnie B otwarte przez czasowniki miejsca właściwymi formami podkreślonych wyrazów.

WZÓR

Wiewiórka lubiła zajadać orzeszki. Używała do tego swych łapek.	→ Zajadała orzeszki swymi łapkami.

A.
1. Lubił rysować. Używał do tego węgla.
2. Musiał zarabiać. Umiał tylko pisać.
3. Lubił dowodzić. Miał pod opieką cały pluton.
4. Codziennie karmił gołębie. Miał w torbie ziarno.
5. Musiała chronić twarz przed zimnem. Miała do tego specjalny krem.
6. Nabierała zupę. Miała wielką chochlę.
7. Odrywali metalowy dach. Mieli do tego kilka haków.
8. Poprawiała klasówki. Miała w ręku długopis.
9. Miała czworo dzieci. Musiała się nimi zajmować.
10. Zamykali wejście do rynku. Stawiali barierki.

B.
→ Rysował ....
→ Zarabiał ....
→ Dowodził ....
→ Karmił ....
....
→ Chroniła ....
→ Nabierała ....
→ Odrywali ....
....
→ Poprawiała ....
....
→ Zajmowała się ....
....
→ Zamykali ....
....

ZADANIE 65

Copyright by S. Mędak

Proszę ustalić łączliwość składniową dla czasowników, a następnie wypełnić otwarte przez czasowniki miejsca właściwymi formami podkreślonych wyrazów.

WZÓR
Aby rozprowadzić gaz, musimy mieć specjalne rury.
→ Gaz rozprowadzamy specjalnymi rurami.

1. Aby zmierzyć działkę, musimy mieć taśmę mierniczą.
   → Działkę mierzymy ....
2. Aby odkurzyć mieszkanie, musimy mieć odkurzacz.
   → Mieszkanie odkurzamy ....
3. Aby wykopać rów, musimy mieć łopatę.
   → Rów kopiemy ....
4. Aby zapłacić za usługę, musimy mieć gotówkę.
   → Za usługę płacimy ....
5. Aby porąbać drewno, musimy mieć siekierę.
   → Drewno rąbiemy ....
6. Aby przezwyciężyć chorobę, musimy mieć siłę woli.
   → Chorobę przezwyciężamy ....
7. Aby policja mogła bić, musimy mieć pałki.
   → Policja bije ....
8. Aby się uczesać, musimy mieć szczotkę do włosów.
   → Czeszemy się ....
9. Aby handlować, musimy mieć towar.
   → Handlujemy ....
10. Aby oddychać, musimy mieć płuca.
    → Oddychamy ....

ZADANIE 66

Copyright by S. Mędak

Proszę ustalić łączliwość składniową dla czasowników z kolumny A, a następnie wypełnić w kolumnie B otwarte przez czasowniki miejsca właściwymi formami podkreślonych wyrazów.

WZÓR
Ma wspaniałe dzieci i szczyci się nimi. | → Szczyci się wspaniałymi dziećmi.

A.	B.
1. Ma piękną narzeczoną i chwali się nią.	→ Chwali się ....
2. Urodziła śliczne niemowlę i wzrusza się nim.	→ Wzrusza się ....
3. Ma nową lalkę i bawi się nią.	→ Bawi się ....
4. Ma ładny samochód i zwiedza nim okolicę.	→ Zwiedza okolicę ....
5. Ma upośledzoną córkę i martwi się nią.	→ Martwi się ....
6. Ma męża pantoflarza i rządzi nim.	→ Rządzi ....
7. Ma słabych studentów i przejmuje się nimi.	→ Przejmuje się ....
8. Otrzymuje mały zasiłek, ale zadowala się nim.	→ Zadowala się ....
9. Ma ostry śrut i strzela nim do gołębi.	→ Strzela .... do gołębi.
10. Ma groźnego brata i straszy nim.	→ Straszy ....

ZADANIE 67

Copyright by S. Mędak

Proszę przekształcić podane zdania, wykorzystując do tego połączenia składniowe znajdujące się w kolumnie B.

A.	B.
umawiać się, że	*umawiać się na coś*
upominać się, że	*upominać się o coś*
wiedzieć, że	*wiedzieć o czymś*
wstydzić się, że	*wstydzić się czegoś*
wybaczać / wybaczyć komuś, że	*wybaczać / wybaczyć komuś coś*
wzruszać się, że	*wzruszać się czymś*
zapewniać kogoś, że	*zapewniać kogoś o czymś*
zapominać, że	*zapominać o czymś*
zapowiadać, że	*zapowiadać coś*

WZÓR

udawać, że	*udawać kogoś*
Odwiedzał staruszki i udawał, że jest pracownikiem ZUS-u *a. rzad.* **ZUS.**	→ **Odwiedzał staruszki i udawał pracownika ZUS-u** *a. rzad.* **ZUS.**

A.	B.
1. Umawiał się, że porozmawia z nami wieczorem.	→ ....
2. Upominał się, że nie dostał od roku podwyżki.	→ ....
3. Wiedziała, że syn ukradł ojcu pieniądze.	→ ....
4. Wstydził się, że ojciec pochodzi ze wsi.	→ ....
5. Wybaczam ci, że przegapiłeś tę okazję.	→ ....
6. Zawsze wzruszała się, że on o niej pamięta.	→ ....

7. Zapewniał mnie, że bardzo nas szanuje. → ....
8. Zapominał, że są rachunki do zapłacenia. → ....
9. Zapominała, że matka jeszcze istnieje na tym świecie. → ....
10. Zapowiadają, że pociąg odjeżdża. → ....

ZADANIE 68

Copyright by S. Mędak

Proszę przekształcić podane zdania, wykorzystując do tego połączenia składniowe znajdujące się w kolumnie po prawej stronie.

A.
kryć się z tym, że   *kryć się z czymś*
liczyć się z tym, że   *liczyć się z czymś*
męczyć się z tym, że   *męczyć się czymś*
oswajać się z tym, że   *oswajać się z czymś*
radzić sobie z tym, że   *radzić sobie z czymś*

B.
doprowadzać do tego, że   *doprowadzać do czegoś*
ograniczać się do tego, że   *ograniczać się do czegoś*
prowokować kogoś do tego, żeby   *prowokować kogoś do czegoś*

WZÓR
A. *godzić się z tym, że*   *godzić się z czymś*
B. *doprowadzać do tego, że*   *doprowadzać do czegoś*

A. Z trudem godził się z tym, że będzie kaleką.
→ **Z trudem godził się ze swym kalectwem.**
B. Rząd doprowadzał do tego, że gospodarka powoli upadała.
→ **Rząd doprowadzał do powolnego upadku gospodarki.**

1. Krył się z tym, że jest bogaty.
→ ....
2. Liczył się z tym, że mogą go zwolnić z pracy.
→ ....
3. Męczyła się z tym, że ciągle rozmyśla o śmierci.
→ ....
4. Oswajała się z tym, że on odejdzie.
→ ....
5. Radziła sobie z tym, że została sama.
→ ....

6. Doprowadzał ją zawsze do tego, że się śmiała.
→ ....

7. Mediator skutecznie doprowadzał do tego, że zwaśnione kraje zawierały porozumienia.
→ ....

8. Moja praca ogranicza się do tego, że przez cały dzień podnoszę słuchawkę telefonu.
→ ....

9. Prowokował do tego, żeby wszyscy dyskutowali.
→ ....

ZADANIE 69

Copyright by S. Mędak

Proszę wybrać właściwe wyrazy bliskoznaczne czasownika *pracować*, a następnie wpisać ich właściwe formy wraz z dopełnieniami.

Czasowniki bliskoznaczne: *dorabiać / dorobić, najmować się / nająć się, parać się / –, pełnić / –, praktykować / –, sprawować / –, trudnić się / –, uprawiać / –, utrzymywać się / utrzymać się, zajmować się / zająć się, zarabiać / zarobić, zatrudniać się / zatrudnić się.*
Skrót [v.] – czasownik.

WZÓR
Był znanym projektantem. → Dzięki temu mógł [v.] podjąć pracę w każdej firmie projektanckiej (*każda firma projektancka*).

1. Wysłano go jako mediatora do kraju, gdzie trwała wojna domowa. → Od momentu przyjazdu do stolicy tego kraju [v.] .... tam .... (*misja pokojowa*).

2. Syn uczył się zawodu. → Od roku [v.] .... (*piekarz*). Do dyplomu czeladnika pozostało mu jeszcze sześć miesięcy praktyki.

3. Był bezrobotny. → W czasie zbioru truskawek zatrudniał się czasowo u okolicznych rolników. W okresie zbioru truskawek *(on)* [v.] .... (*zbieranie*) truskawek.

4. Miała małą pensję, a duże wydatki. → Musiała [v.] .... (*tłumaczenia*) po godzinach pracy.

5. W mojej rodzinie pracował tylko ojciec, a pozostali członkowie rodziny byli bezrobotni. → Cała rodzina [v.] .... (*praca*) ojca.

6. Miał duszę artysty i nie miał ochoty pracować w urzędzie miasta. → Zdecydował, że wkrótce [v.] .... (*muzyka*), a zarobek z honorariów przeznaczy na studia podyplomowe.

7. Nikt nie chciał jej przyjąć do pracy. Zaczęła robić ludowe świątki we własnym lokalu. → Od kilku lat [v.] .... wyłącznie .... (*chałupnictwo*).

8. Od lat nie pracował, bo nie lubił wstawać wcześnie rano. → Czasami [v.] .... (*nielegalny handel*).

9. W niektórych krajach władza i rządy wciąż należą do wojskowych. → W niektórych krajach wojskowi wciąż [v.] .... (władza).

10. Za granicą Aleksandra nie znalazła żadnej stałej pracy. → Aby przeżyć najtrudniejszy okres [v.] .... (życie) sprzątaniem i prasowaniem u różnych rodzin.

ZADANIE 70

Copyright by S. Mędak

Proszę wybrać właściwe wyrazy bliskoznaczne czasownika *brać (się)*, a następnie wpisać w miejsce kropek pełne wypowiedzi. Czasowniki bliskoznaczne: *chwytać, korzystać, łapać, podejmować się, podnosić, przywłaszczać, sięgać, ujmować, używać, zabierać, zajmować.*

WZÓR
Bała się czegoś i bez przerwy brała go za rękę. → Bez przerwy chwytała go za rękę.

1. Brał w tajemnicy pieniądze ojca. → ....
2. Brał co chwilę jakieś książki z półek. → ....
3. Brał się do roli mediatora w konfliktach. → ....
4. Brali kolejnych zbiegów do furgonetki. → ....
5. Brał wszystkich pasażerów stojących na przystankach. → ....
6. On ciągle bierze moją szczoteczkę do zębów. → ....
7. Zwycięzcy brali kolejne wsie. → ....
8. Często brał mój samochód. → ....
9. Brali się za łopaty i ruszali do pracy. → ....
10. Brał dziecko do rąk i podciągał je ku górze. → ....

ZADANIE 71

Copyright by S. Mędak

Proszę wybrać właściwe wyrazy bliskoznaczne czasownika *robić (się)*, a następnie wpisać w miejsce kropek pełne wypowiedzi.
Czasowniki bliskoznaczne: *czynić / uczynić, dokonywać / dokonać, działać / –, podejmować się / podjąć się, produkować się / wyprodukować się, przedsiębrać / przedsięwziąć, przygotowywać / przygotować, wyrabiać / – , wyrządzać / wyrządzić.*

UWAGA: Konstrukcje z czasownikiem *robić* podane w zadaniach 1-10 są charakterystyczne dla polszczyzny mówionej.

WZÓR
Robili wszystko, żeby uratować ojca od śmierci.
→ **Czynili wszystko, aby go uratować.**

1. Robił wszystko w pojedynkę, w obawie przed dekonspiracją.
→ ....

2. Robiła pyszne naleśniki na kolację.
→ ....

3. Tutaj robimy tylko figurki z porcelany.
→ ....

4. Robisz mu przykrość, kiedy tak mówisz.
→ ....

5. Robili z nim w więzieniu, co chcieli.
→ ....

6. Robił różne cuda, aby dostać pracę.
→ ....

7. Słusznie pan robi, że dba pan o chorą żonę.
→ ....

8. Robił wszystko, aby zarobić trochę pieniędzy.
→ ....

9. W tej fabryce robi się maszyny rolnicze.
→ ....

10. Robię kolejny ryzykowny krok.
→ ....

5. ASPEKT

5.1. Kategoria aspektu. Gniazda słowotwórcze

ZADANIE 72
Copyright by S. Mędak

Proszę wpisać właściwe formy czasowników dystrybutywnych (tzw. perfectiva tantum) do poniżej podanych par aspektowych, pamiętając o tym, że wykładnikami dystrybutywności w języku polskim są przedrostki *po–*, *wy–*, *roz–* i *na–*, tworzące czasowniki dokonane od niedokonanych, a jednocześnie komunikujące (zwłaszcza w języku potocznym) pewien typ wielokrotności.

WZÓR
układać, ułożyć
Układam wszystkie książki w domowej biblioteczce. Ułożyłem wszystkie książki w domowej biblioteczce. Poukładałem też wszystkie stare gazety.

wyrzucać, wyrzucić
1. Teraz wyrzucam listy z szuflad. Do południa wyrzuciłem listy sprzed dziesięciu lat do kosza. W końcu .... wszystkie listy do kosza, aby opróżnić szuflady.

wywracać, wywrócić
2. Burze wywracają stare drzewa. Ostatnia burza wywróciła kilka starych drzew. Huragan .... wszystkie drzewa w naszym sadzie.

wczytywać, wczytać
3. Wczytuję dane na dyskietki. Wczytałem ostatnie dane na dyskietki. .... wszystkie dane na różne dyskietki.

obdzielać, obdzielić
4. Lubił obdzielać dzieci cukierkami. Obdzielił dzieci cukierkami. .... wszystkie dzieci cukierkami.

gubić, zgubić
5. Dziadek zawsze gubi swoje klucze. Dzisiaj też zgubił swoje klucze. .... wszystkie klucze, które dorobiliśmy specjalnie dla niego.

dokręcać, dokręcić
6. Hydraulik dokręca wszystkie krany. Hydraulik dokręcił krany. Hydraulik .... wszystkie krany w kuchni i w łazience.

zamykać, zamknąć
7. Zamykam wszystkie drzwi do fabryki. Po wyjściu robotników zamknąłem drzwi do fabryki. Potem .... wszystkie drzwi wewnętrzne w fabryce i oddałem klucze wartownikowi.

zawierać, zawrzeć
8. Zawiera znajomości z przypadkowymi ludźmi. Zawarł znajomość z dziwnym człowiekiem. .... znajomości z różnymi dziwnymi ludźmi.

wypełniać, wypełnić
9. Wypełnialiśmy deklaracje. Wypełniliśmy deklaracje. .... wszystkie deklaracje.

rozprowadzać, rozprowadzić
10. Rozprowadzam darmowe zaproszenia na koncert. Rozprowadziłam darmowe karnety na koncert. .... wszystkie karnety na koncert w ciągu kilku godzin.

gotować, ugotować
11. A teraz gotuję mięso wołowe – rzekł szef kuchni. Wcześniej ugotowałam wieprzowinę i cielęcinę – dodał. Nasz szef .... wiele smacznego jadła na cały tydzień.

truć, otruć
12. Niektórzy uważają, że lekarz Napoleona truł go przez kilka lat arszenikiem. Prawdopodobnie ten sam lekarz otruł kota Napoleona, podając mu końską dawkę trucizny. Badacze maltańscy odkryli, że ten sam lekarz .... wszystkie koty na Wyspie św. Heleny.

umierać, wymierać, umrzeć
13. Czy wiecie, że rocznie z powodu biernego palenia umiera 600 tysięcy osób? Czy nie przeraża was fakt, że w świecie zwierząt i roślin w ciągu jednego roku wymiera od 5 tysięcy do 500 tysięcy gatunków? Czy słyszeliście, że 50 milionów ludzi umarło w roku 1918 w wyniku pandemii grypy? Czy to prawda, że dinozaury .... na skutek zderzenia ogromnego meteorytu z Ziemią około 65 milionów lat temu?

łowić, złowić
14. Wybieram się z kolegami, aby łowić ryby. Mamy zamiar złowić przynajmniej kilka dużych ryb, gdyż wcześniej *(my)* .... setki małych rybek na przynętę.

gromadzić, zgromadzić
15. Cechą wiewiórek jest to, że gromadzą żywność w dziuplach. Zauważyłem, że jedna z zaprzyjaźnionych wiewiórek zgromadziła na zimę masę orzeszków, różne nasio-

na, pędy, grzyby, i owoce. Ta przewidująca wiewiórka samotnica .... tyle żywności, że mogłyby wyżywić całe stado innych wiewiórek.

ZADANIE 73

Copyright by S. Mędak

Proszę wstawić w miejsce kropek dowolne czasowniki z gniazda słowotwórczego czasownika *kryć (się)*.

WZÓR
Nie umiała kryć urazy w sercu do nikogo.

1. Podczas II wojny światowej Polacy .... prześladowanych w swoich domach.
2. Potrafił .... każdą tajemnicę swoich dzieci.
3. Po wejściu Polski do EU przed młodymi ludźmi .... nowe możliwości pracy.
4. Kiedy .... do stołu, poprosiła wszystkich gości, aby przeszli do jadalni.
5. Od kilku dni zbieg .... przed policją.
6. Wszyscy turyści .... oczy rękoma podczas burzy piaskowej.
7. Gęsty dym z kominów fabryki .... cały widok na słoneczne niebo.
8. Ponieważ była zimna noc, wszystkie dzieci .... dodatkowymi kocami.
9. Niektóre kobiety .... twarz przed wścibskimi fotografami.
10. Dopiero po skończeniu pięćdziesiątki *(on)* ...., co to jest prawdziwa miłość.

ZADANIE 74

Copyright by S. Mędak

Proszę wstawić w miejsce kropek dowolne czasowniki z gniazda słowotwórczego czasownika *kroić (się)*.

WZÓR
W nowej pracy kroi mi się niezła posada.

1. Moja krawcowa świetnie wreszcie .... mi spodnie tak, jak sobie życzyłem.

2. Pyszne ciasto zjedliśmy w mig. Babcia .... nam jeszcze parę kawałków.
3. Kupiłem duży bochen chleba. Musiałem go .... na dwie równe części.
4. Z tego małego kawałka materiału żadna krawcowa nie .... dwu rękawów.
5. Wchodził codziennie do spiżarni i .... po kawałku wędzonej szynki.
6. Ostrym nożem .... każdy gatunek sera i oddawał próbki laborantce do analizy.
7. Dzieci były głodne, więc babcia .... każdemu wnuczkowi po kawałku kiełbasy i kromce chleba.
8. Jabłka były już trochę nadpsute. Kucharka .... je ze wszystkich stron, a potem wrzucała je do garnka na kompot.
9. Z roku na rok rząd .... świadczenia społeczne dla najbiedniejszych.
10. Po odśpiewaniu *Stu lat*, pani domu .... tort na dwadzieścia równych kawałków.

ZADANIE 75

Copyright by S. Mędak

Proszę wstawić w miejsce kropek dowolne czasowniki z gniazda słowotwórczego czasownika *pisać (się)*.

WZÓR
Grając ostatni mecz, spisali się na medal.

1. Podczas każdej inwentaryzacji komisje .... wszystkie towary w magazynie. Podczas ostatniej inwentaryzacji komisja .... wyłącznie towary wybrakowane.
2. Za każdym razem ojciec .... mi wszystkie najgorsze rzeczy, które działy się w naszym domu. Tym razem .... mi kradzież pieniędzy.
3. Na pierwszej próbie reżyser .... tekst na role. Zawsze .... każdy tekst na role tak, aby aktorzy, których nie lubi nie otrzymali żadnej roli.
4. W ciągu tygodnia syn .... aż dwa długopisy. Twierdzi, że te długopisy marki *Carpe diem* .... szybko.
5. Babcia ma chorobę Alzheimera, więc uważa, że wszystko powinna .... w notatniku. Ostatnio .... w notatniku, że ofiaruje majątek nieżyjącej siostrze.
6. Karol .... zawsze pełnym imieniem i nazwiskiem. Tym razem ze względu na pośpiech .... nieczytelnie.

ZADANIA TESTOWE

7. Państwo Burakowie .... jednego syna na lekcje muzyki, drugiego na angielski, a córkę na lekcje tańca towarzyskiego. W tym roku .... wszystkie swoje dzieci na dodatkowe zajęcia.
8. Na wcześniej przygotowanych listach przydziału mieszkań urzędniczka .... długopisem po jednym nazwisku. Na tego rodzaju dokumentach nie wolno niczego .... długopisem.
9. Nie mam już żadnego długopisu, którym można .... Wszystkie długopisy mi ....
10. Jestem szczęściarzem i zawsze .... mi szczęście, ale tym razem mi nie ....

ZADANIE 76
Copyright by S. Mędak

Proszę wstawić w miejsce kropek dowolne czasowniki z gniazda słowotwórczego czasownika *brać (się)*.

WZÓR
Po wiosennych roztopach górska rzeka gwałtownie przybrała.

1. Zawsze potrafił .... sobie ludzi do współpracy. Tym razem .... sobie fatalną ekipę.
2. Dzieci lubią .... do łakoci. Nie potrafią natomiast .... do sejfu.
3. Długo *(oni)* .... wodę z uszkodzonej łodzi. Kiedy .... wodę z łodzi, rozpoczęli łatanie dziury.
4. Drodzy sąsiedzi, ... do nas z wizytą już od roku. Może byście .... z nami na dyskotekę?
5. Od świtu *(my)* .... grzyby w lesie. W ciągu trzech godzin .... dwa koszyki grzybów.
6. Padał ulewny deszcz i rzeka wciąż .... W ciągu jednego popołudnia .... na tyle, że władze miasta ogłosiły stan alarmowy.
7. Niech pani nie .... najpiękniejszych jabłek ze straganu! Ta pani, która kupowała przed panią .... ze straganu wszystkie okazowe gruszki!
8. On systematycznie .... swoje cenniejsze rzeczy z domu i w końcu pewnego dnia odjechał samochodem w nieznanym kierunku. .... nawet swoje stare skarpetki, które leżały w koszu.
9. Karolu, nie możesz ciągle .... prezentów, które mi dałeś na imieniny. Wolałabym, żebyś raczej .... dziś wieczorem dzieci z przedszkola.
10. Agato, zbyt często .... mi czas na czcze rozmowy. Byłoby lepiej, byś .... do czytania lektur szkolnych.

5.2. Czasowniki dwuaspektowe

ZADANIE 77

Copyright by S. Mędak

Proszę wpisać w miejsce kropek właściwe formy czasu przeszłego czasowników dwuaspektowych.

WZÓR
Adoptujesz tych dwoje bliźniąt? → Już dawno je adoptowałem / zaadoptowałem.

1. Adaptujesz strych na mieszkanie? → Już dawno go .... / ....

2. Co, aresztują sąsiada? → Już dawno go .... / ....

3. Darują mu tę karę? → Już dawno mu ją .... / ....

4. I co, dziadkowie emigrują na Zachód? → Moi dziadkowie .... / .... dawno temu.

5. I co, emitują znaczki z papieżem? → Już dawno je .... / ....

6. I co, inaugurują działalność fundacji? → Już dawno ją .... / ....

7. Słyszałem, że inscenizujesz *Hamleta*?! → Już dawno go .... / ....

8. Dopiero teraz izolujesz okna? → Już dawno je .... / ....

9. Ofiarujesz synowi *Alfa Romeo*? → Już dawno mu .... / ....

10. Podobno debiutujesz w telewizji? → Już dawno .... / .... w TV.

11. Dopiero teraz deklarujesz podatek? → Już dawno go .... / ....

12. On dopiero teraz dymisjonuje? → Już dawno .... / ....

13. Eksmitują ją z tego mieszkania? → Już dawno ją .... / ....

ZADANIA TESTOWE

14. <u>Importujecie</u> jeszcze zboże? → Całą dostawę już ....
/ ....

15. <u>Refundujecie</u> jeszcze wczasy? → Ostatnie wczasy ....
/ .... w 1999 r.

16. <u>Rehabilitujecie</u> pokrzywdzonych? → Już wszystkich ....
/ ....

17. <u>Reprywatyzujecie</u> majątki ziemskie? → Wszystkie majątki już ....
/ ....

ZADANIE 78

Copyright by S. Mędak

Proszę wpisać w miejsce kropek formy czasu przyszłego prostego lub złożonego podkreślonych czasowników.

WZÓR

Teraz <u>anuluję</u> bilety *LOT–u*. → **Jutro już nie będą anulować / nie <u>anuluję</u> żadnego biletu.**

Teraz <u>izoluję</u> drzwi. → **Jutro <u>izoluję</u> / będę izolować okna.**

1. Teraz on <u>każe</u> mi iść do pracy. → Jutro też .... mi iść do pracy.

2. Teraz <u>zionie</u> zimnem z korytarza. → Jutro też .... zimnem.

3. Teraz <u>rewizytuję</u> ministra. → Za dwa dni .... ambasadora USA.

4. Teraz <u>inscenizujemy</u> bajkę. → Jutro .... legendę.

5. Na razie nie <u>potrafię</u> tego zrobić. → Może jutro .... to zrobić.

6. Dzisiaj <u>dymisjonuję</u> trzech ministrów. → Za tydzień .... cały rząd.

7. Dzisiaj <u>refinansujemy</u> wczasy. → Za tydzień .... kursy szkoleniowe.

8. Teraz <u>podobam się</u> wszystkim. → Za rok też .... wszystkim.

9. Teraz ktoś <u>jawi się</u> jak człowiek honoru. → Ten sam człowiek za rok .... jako zdrajca narodu.

10. Teraz <u>awansuję</u> raz na rok. → W przyszłym roku .... szybciej.

ZADANIE 79

Copyright by S. Mędak

Proszę wpisać w miejsce kropek formy czasu przeszłego podkreślonych czasowników.

WZÓR
Anulujemy wszystkie wycieczki do Egiptu. → Anulowaliśmy wszystkie wycieczki do Egiptu.

1. Adaptujemy strychy w zabytkowych kamienicach. → .... wszystkie strychy we wszystkich zabytkowych kamienicach w mieście.
2. Na pewno braknie mu sił w tym pojedynku. → Okazało się, że mu .... sił już po pierwszej rundzie.
3. Może dopada w nocy trochę śniegu. → Rzeczywiście, w nocy .... dużo śniegu.
4. Eksploduje pierwsza bomba, potem druga. → Rzeczywiście, obie bomby ....
5. Ekshumujemy zwłoki ze starego cmentarza. → .... wszystkie zwłoki z tego cmentarza.
6. Ranisz mnie kolejnymi kłamstwami. → – Cieszę się, że cię wreszcie czymś ....
7. Czy nominują cię na profesora? → Już mnie .... rok temu.
8. Dzisiaj pasują go na rycerza. → Mnie też .... na rycerza rok temu.
9. Restytuujemy urząd wojewody. Nie tak dawno władze miasta .... urząd starosty.
10. Kanonizują naszego biskupa. → A naszego biskupa .... rok temu.

ZADANIE 80

Copyright by S. Mędak

Proszę połączyć każdy z poniższych czasowników z właściwą mu definicją.

WZÓR

0. zwiastować	0. *'uroczyście ogłaszać/ ogłosić coś'*
1. abdykować	1. *'doprowadzać / doprowadzić do formalnego uznania cudzego dziecka za własne'*
2. adaptować	2. *'nadawać / nadać program w radiu lub telewizji'*

3. adoptować	3. 'obejmować / objąć wyższe stanowisko'
4. awansować	4. 'ofiarowywać / ofiarować komuś coś z dziedziny sztuki'
5. debiutować	5. 'przedstawiać / przedstawić oficjalne oświadczenie czemuś / komuś'
6. dedykować	6. 'usuwać / usunąć kogoś z zajmowanego pomieszczenia'
7. deklarować	7. 'zrzekać się / zrzec się władzy monarszej'
8. dymisjonować	8. 'zwalniać / zwolnić kogoś z zajmowanego stanowiska'
9. eksmitować	9. 'przystosowywać / przystosować coś do różnych celów'
10. emitować	10. 'robić / zrobić coś po raz pierwszy'

ZADANIE 81

Copyright by S. Mędak

Proszę połączyć każdy z poniższych czasowników z właściwą mu definicją.

WZÓR
jak w ćwiczeniu 80

1. inscenizować	1. 'aresztować kogoś i osadzić w miejscu odosobnienia'
2. internować	2. 'odzyskiwać / odzyskać na drodze sądowej swoje mienie'
3. nobilitować	3. 'podnosić / podnieść czyjś prestiż, rangę'
4. nostryfikować	4. 'przygotowywać / przygotować i wystawić na scenie jakąś sztukę'
5. okupować	5. 'streszczać / streścić coś w zwięzły sposób'
6. reasumować	6. 'uznawać / uznać zagraniczny dyplom lub tytuł'
7. reprywatyzować	7. 'wydawać / wydać pieniądze na coś'
8. rewindykować	8. 'zajmować / zająć terytorium obcego państwa'
9. subskrybować	9. 'zobowiązywać się / zobowiązać się do wykupienia czegoś, co zostanie wydrukowane'
10. wydatkować	10. 'zwracać / zwrócić własność prywatną zabraną przez państwo'

5.3. Czasowniki prefiksalne

ZADANIE 82

Copyright by S. Mędak

Proszę wpisać w miejsce kropek właściwe odpowiedniki do podkreślonych czasowników, które: a) wyrażają wysoki stopień intensywności akcji, b) wyrażają osiągnięcie celu mimo trudności, c) są typowe dla języka potocznego.

WZÓR
Kiedy studiowałem filmoznawstwo, chodziłem na projekcje filmowe dwa razy dziennie. Czasami oglądałem trzy filmy dziennie. Przez cztery lata wystarczająco naoglądałem się ambitnych filmów. *(pot.)*

1. Dzwoniłem do niej już cztery razy. Telefon był ciągle zajęty. Trudno się do niej ....
2. Dwa razy prałam spodnie mojego syna. Są takie brudne, że nie można ich ....
3. Karmisz tego psa trzy razy dziennie. Jest gruby jak beczka, ponieważ go ....
4. Byłem dwa razy z psem na spacerze. Biegał przez dwie godziny. Myślę, że wreszcie ....
5. Mój mąż wciąż cierpi. To już drugi zabieg w szpitalu. Przez dwa lata dużo ....
6. Czekam na przyjazd mojego chłopca od godziny. Już nie mogę .... jego przyjazdu.
7. Kłamała, bo lubiła kłamać. Dzisiaj znowu .... rodzicom.
8. Kiedy smażyłem schabowego, wyłączono prąd. Nie mogłem .... swojego kotleta.
9. Siedział nad morzem i słuchał szumu morza. Widać było, że .... w tę monotonną, aczkolwiek pobudzającą chęć do życia muzykę morskich fal.
10. Mało spałem przez cały tydzień. W sobotę mam ochotę .... do woli.

ZADANIE 83

Copyright by S. Mędak

Proszę wpisać w miejsce kropek właściwe odpowiedniki do podkreślonych czasowników, które: a) wyrażają wysoki stopień intensywności akcji, b) wyrażają osiągnięcie celu mimo trudności.

WZÓR
Uwielbiała tańczyć, ale nigdy nie miała czasu, aby iść na dyskotekę. Wyjechała do Rio i tam spędziła trzy dni podczas karnawału. Wreszcie natańczyła się za wszystkie czasy.

1. Bawiła się na weselu całą noc. .... z różnymi weselnikami do woli.
2. Z początkiem wiosny rzeki i potoki zaczęły przybierać. Nawet małe strumyki gwałtownie .... i wszyscy obawiali się kolejnej powodzi.
3. Gwiazdy na niebie błyskały co jakiś czas. Z każdej strony gwiazdy .... przerywanym światłem.
4. Kiedy wróciła do swej wioski, opowiadano jej, kto ostatnio umarł. Okazało się, że .... już wszystkie staruszki, które pamiętała jeszcze z czasów młodości.
5. Każdą z pięciu córek wydał za mąż. W ciągu pięciu lat .... wszystkie córki za mąż.
6. Od godziny babcia łuskała dla wnuczki orzeszki i pistacje. .... cały woreczek tych smacznych owoców.
7. Czyścił od kilka minut swoje zabłocone buty i nie mógł się ich ....
8. Dowódca zarządził, żeby pluton czołgał się na dystansie 200 metrów. Tylko jeden żołnierz z całego plutonu .... do wyznaczonej mety.
9. Przestań całować tego noworodka! .... go na śmierć!
10. Nudził swoimi opowieściami już od godziny. .... wszystkich swoją paplaniną.

ZADANIE 84
Copyright by S. Mędak

Proszę wpisać w miejsce kropek właściwe odpowiedniki do podkreślonych czasowników, które: a) wyrażają wysoki stopień intensywności akcji, b) wyrażają osiągnięcie celu mimo trudności.

WZÓR
Chciała umyć okna na Wielkanoc. Były takie brudne, że nie mogła ich domyć.

1. Chciał przeczytać ostatnie trzy strony zajmującej powieści. Nie mógł jej ...., bo bez przerwy ktoś dzwonił.
2. Chciał wypić całą puszkę śmietany. Nie mógł jej ...., ponieważ śmietana zgęstniała na spodzie kubka.

3. Kilku uczestników maratonu biegło ostatnimi siłami. Widać było, że nie zdołają .... do mety.

4. To spotkanie trwa już 4 godziny. Nie wiem, czy .... do końca tego spotkania.

5. Czy soliłaś tę zupę, mamo? – Jeśli nie jest dość słona, możesz sobie ją ....!

6. Wszyscy ofiarują pogorzelcom jakąś pomoc. Czy ja też mógłbym coś .... ?

7. Zdałaś już wszystkie egzaminy? – Tak. .... wszystkie egzaminy jeszcze przed rozpoczęciem sesji letniej.

8. Zdjęli już flagi z wszystkich kamienic na rynku. Do jutra muszą .... wszystkie flagi w mieście.

9. Wiercimy studnię głębinową już od tygodnia. Wreszcie .... do źródła wody.

10. Płaciłem za energię elektryczną co miesiąc. Na koniec okresu rozliczeniowego musiałem .... kilkaset złotych.

ZADANIE 85

Copyright by S. Mędak

Proszę wpisać w miejsce kropek odpowiednie czasowniki prefiksalne. Prefiksy do wyboru: *do–*, *na–*.

WZÓR
Patrzę i patrzę na ukochanego wnuczka i nie mogę się napatrzeć na niego.

1. Pytam i pytam o drogę do Mszany Dolnej i nie mogę .... o dojazd do tego miasta.

2. Jedziesz i jedziesz tym swoim starym fiatem. Mam wrażenie, że nigdy nie .... do celu.

3. Czytasz i czytasz tę książkę. Mam wrażenie, że jej nigdy nie .... do końca.

4. Gotuję i gotuję ten kawałek wołowiny. Chyba jej nigdy nie ....

5. Czasami go lubię, czasami nie. Nie wiem, czy uda mi się go kiedykolwiek ....

6. Te świeże ogórki kisną od tygodnia. Chyba nigdy nie ....

7. Załatwiasz te dwie sprawy od miesiąca. Chyba tych swoich spraw nigdy nie ....

8. Żegnamy się już od godziny. Chyba nigdy .... nie ....

9. Ustawiasz i ustawiasz te meble i końca nie widać. Mam wrażenie, że nigdy ich nie ....

10. Sąsiadka zazdrościła mi, że mam tak mądrego syna. Druga sąsiadka zazdrościła mi, że mam wspaniała córkę. Nie dziwię się im, gdyż takich wspaniałych dzieci można mi ....

ZADANIE 86

Copyright by S. Mędak

Proszę wpisać w miejsce kropek odpowiednie czasowniki prefiksalne. **Prefiksy do wyboru:** *na–, po–, u–.*

WZÓR

| Lubię bardzo dyskutować. | Chciałbym podyskutować chwilę z tym człowiekiem. |

1. Jada codziennie dużo słodyczy. — .... słodyczami i coraz bardziej tyje.

2. Pija mocne trunki w dużych ilościach. — .... mocnymi trunkami.

3. Stałem w dwóch kolejkach po bilety. — ...., aż mnie bolą nogi.

4. Nie miałem dziś ochoty pracować. — .... przez chwilę i poszedłem spać.

5. Rozdawał swoje książki znajomym. — .... najlepsze książki znajomym.

6. Policja zaczęła rozganiać demonstrantów. — Policja .... wszystkich demonstrantów na cztery wiatry.

7. Dlaczego rozlewasz oliwę po podłodze? — .... oliwę wszędzie: w pokoju, w kuchni i w łazience.

8. Kolejno rozbierała do snu swoje dzieci. — .... wszystkie dzieci do snu.

9. Dzieci lubiły bałaganić na podwórku. — Tym razem .... tak, że dozorczyni zamknęła bramę raz na zawsze.

10. Gotowała przez cały dzień gołąbki. — .... gołąbków na cały tydzień.

ZADANIE 87

Copyright by S. Mędak

Proszę wpisać w miejsce kropek właściwe formy czasowników z gniazda słowotwórczego leksemu *wieźć* zgodnie z poniżej załączonym wzorem. Proszę użyć czasowników w czasie gramatycznym wynikającym z sensu poszczególnych wypowiedzi i sytuacji.

WZÓR

zwieźć   zwozić   pozwozić

Cały dzień *(my)* zwoziliśmy cegłę na budowę domu.
W ciągu dwóch godzin *(my)* zwieźliśmy siano do stodoły.
(my) Pozwoziliśmy wszystkie zepsute maszyny do magazynów.

POLSKI C2. MEGATEST

1.

dowieźć   *dowozić*   *podowozić*

Od godziny 7.00 do godz. 7.30 kierowcy .... codziennie dzieci do szkoły.
Dziś *(my)* .... zamówiony towar do klientów bardzo szybko, w ciągu trzech godzin.
Bez problemu *(my)* .... wszystkich pasażerów do właściwych terminali lotniska *Orly*.

2.

nawieźć   *nawozić*   *ponawozić*

Nasz bogaty wujek zawsze .... wiele podarunków.
Na ostatnie święta Bożego Narodzenia wujek .... dzieciom kilogramy słodyczy.
Co wam wujek teraz nawiózł? – A, ... wiele luksusowych rzeczy. *(pot.)*

3.

obwieźć   *obwozić*   *poobwozić*

Przez tydzień *(ja)* .... wujka po rodzinie mieszkającej w kilku różnych miejscowościach.
(ja) .... wujka z Ameryki po naszej posiadłości, a potem pojechaliśmy do restauracji.
(ja) Potem .... wujka z USA po wszystkich kościołach w powiecie.

4.

odwieźć   *odwozić*   *poodwozić*

Po przyjęciu kierowca zawsze .... po kolei gości do ich domów.
Musimy dzisiaj .... Jankowi pożyczone przez nas stoły i krzesła.
Kierowca .... wszystkich gości do domów w ciągu dwóch godzin.

5.

podwieźć   *podwozić*   *popodwozić**

Codziennie Marcin .... mnie swoim samochodem pod dom.
Dzisiaj .... mnie ktoś inny, bo Marcin się rozchorował.
Ktoś w końcu będzie musiał .... wszystkich nietrzeźwych do ich domostw.

6.

przewieźć   *przewozić*   *poprzewozić*

Od dwóch dni *(my)* .... meble ze starego mieszkania do nowego.
Muszę też .... komputer ze starego mieszkania do nowego.
(ja, m. os.) .... wszystkie zepsute maszyny do magazynów.

---

* W użyciu – rzadko.

W starym mieszkaniu jest już pusto, bo *(my, m. os.)* .... wszystko do nowego.

7.
przywieźć   przywozić   poprzywozić

Cały tydzień hurtownik .... do księgarni nowe publikacje.
Wczoraj hurtownik .... nam zamówione przez kierownika księgarni albumy.
Idę na spotkanie z Majką, która .... wszystkie najnowsze plotki ze stolicy.

8.
rozwieźć   rozwozić   porozwozić

Codziennie *(on)* .... świeże ciasteczka do wszystkich cukierni w mieście.
Mamy dodatkowe zamówienia. Musisz .... po południu dodatkowe serniki i makowce.
Czas na odpoczynek. *(ja)* .... już wszystkie zamówione serniki i makowce.

9.
wwieźć   wwozić   powwozić*

Codziennie wiele ciężarówek .... towar z zagranicy do kraju.
Winda .... nas na wysokość dziesiątego piętra i nagle się zatrzymała.
Robotnicy po zakończeniu dnia pracy .... sprzęt do magazynów.

10.
zawieźć   zawozić   pozawozić*

Co rano ojciec .... swego syna do szkoły.
Kierowca .... państwa młodych na ich ślub cywilny białym mercedesem.
W końcu sanitariusz .... wszystkich pacjentów na badania do różnych gabinetów.

ZADANIE 88
Copyright by S. Mędak

Proszę wstawić w miejsce kropek prefiksalne czasowniki dokonane charakterystyczne dla języka potocznego. Prefiksy do wyboru: po–, wy–.

WZÓR
Ciągle przestawia książki. → Znowu przestawił książki. → Poprzestawiał wszystkie książki.

---

* W użyciu – rzadko.

1. Ciągle przesuwa meble. → Znowu .... meble. → .... wszystkie meble.

2. Ciągle wynosi jakiś obraz z dom. → Znowu .... kolejny obraz. → .... wszystkie cenniejsze obrazy z domu.

3. Teraz ustawiają krzesła w sali koncertowej. → Jeszcze nie .... wszystkich krzeseł w sali. → Wreszcie .... wszystkie krzesła w sali koncertowej.

4. Ona wyrzuca stare fotokopie. → Ona .... stare fotokopie dopiero z jednego biurka. → W ciągu jednego dnia (ona) .... wszystkie stare fotokopie z wszystkich biurek.

5. Raz na miesiąc babcia pierze wszystkie firanki, a potem je zawiesza. → Pomogłem jej .... trzy firanki w salonie. → W pozostałych oknach babcia .... sama resztę wypranych firanek.

6. Zabijali kaczki w gospodarstwie, w którym wystąpił pierwszy przypadek ptasiej grypy. → Potem zdecydowano, że trzeba .... wszystkie kury i gęsi. → W ciągu kilku godzin .... całe ptactwo domowe.

7. Wyrzucał z pracy ludzi, którzy mu się nie podobali. → Ostatnio .... swojego ulubionego asystenta. .... wszystkich, którzy go krytykowali.

8. Choć babcia nie lubiła sprzątać, to wczoraj .... wszystko, co należało .... w pokoju wnuczka. → Potem ...., jak nigdy całe mieszkanie synowej.

9. Karolu, dlaczego zawsze wystrzępiasz wszystkie spodnie na nogawkach? → Zobacz, już .... dżinsy, które ci kupiłam tydzień temu! Już wszystkie spodnie ....!

10. Nie było deszczu od kilku miesięcy. Zaczynają wysychać nawet pokrzywy. → W ogródku .... nam już sadzonki drzew. → Tego lata .... nam chyba wszystkie rośliny; nawet te, które są odporne na suszę.

6. SŁOWOTWÓRSTWO CZASOWNIKÓW

6.1. Słowotwórstwo czasowników. Polisemia czasowników

ZADANIE 89

Copyright by S. Mędak

Proszę wpisać w miejsce kropek:
    a) właściwe formy wskazanego czasu gramatycznego niedokonanych czasowników podstawowych oraz
    b) właściwe formy prefiksalnych czasowników odczasownikowych w czasie gramatycznym wynikającym z sensu wypowiedzi.

WZÓR
stać / postać

0. *(cz. przeszły)* **Stał** przed witryną i przyglądał się albumom. **Postał** przed witryną kilka minut, a potem poszedł dalej.

żyć / przeżyć
1. Ranny jeszcze *(cz. przeszły)* ...., kiedy przywieziono go do szpitala. Lekarze byli zdania, że ranny nie .... szoku po wypadku drogowym.

czekać / przeczekać
2. Turyści *(cz. przeszły)* ...., aż burza się skończy. Spokojnie .... nawałnicę w górskim schronisku.

siedzieć / wysiedzieć
3. Pisarz *(cz. przeszły)* .... przy biurku od kilku godzin i pisał. W końcu wyszedł na spacer, bo nie mógł już dłużej .... przy biurku nad zakończeniem swojej ostatniej książki.

trwać / wytrwać
4. Od tygodnia Karol *(cz. przeszły)* .... w postanowieniu, że nie weźmie do ust ani jednego papierosa. Miał nadzieję, że .... w walce z tym nałogiem.

chodzić / dochodzić
5. Janko Muzykant *(cz. przeszły)* .... w tych samych sandałach od pierwszego dnia lata. Jego matka miała nadzieję, że ubogie dziecko ....w tych sandałach do końca lata.

kwitnąć / przekwitnąć
6. Lipy w tym roku *(cz. teraź.)* .... jak oszalałe. Za miesiąc wszystkie lipy .... i nie będziemy mogli wąchać wspaniałego zapachu ich kwiatów.

truć / wytruć
7. Od miesiąca dozorca kamienicy *(cz. przeszły)* .... szczury panoszące się w piwnicy. Dopiero po dwóch miesiącach udało mu się .... wszystkie szczury.

jechać / ujechać
8. Wczoraj moja żona i teściowa *(cz. przeszły)* .... nowym samochodem na pierwszą wycieczkę z dziećmi za miasto. Zaledwie .... dwa kilometry, samochód się zepsuł.

badać / przebadać
9. Lekarz szkolny raz na miesiąc *(cz. teraź.)* .... wszystkich uczniów. W ciągu dwóch dni .... wszystkich pierwszoklasistów.

solić / przesolić
10. Dlaczego ta nowa kucharka *(cz. teraź.)* .... dwa razy te same ziemniaki? Nie wiem dlaczego, ona musi zawsze .... wszystko to, co ugotuje!

ZADANIE 90

Copyright by S. Mędak

Proszę wybrać, a potem wpisać w miejsce kropek właściwe <u>formy czasu przeszłego</u> derywatów motywowanych przez czasowniki oznaczające zjawiska akustyczne.

WZÓR
beczeć, beknąć, zabeczeć

Nigdy nie słyszałem, jak <u>beczą</u> owce.	Nagle <u>zabeczała</u> jakaś zagubiona owca.

ćwierkać, ćwierknąć, zaćwierkać

1. Nigdy nie słyszałem, jak <u>ćwierkają</u> wróble.	Nagle .... jakiś wróbel.

grzmieć, grzmotnąć, zagrzmieć

2. Nigdy nie słyszałem nieba, które <u>grzmi</u> zimą.	Nagle niebo .... od strony zachodniej.

ZADANIA TESTOWE

kaszleć, kasłać, kaszlnąć, zakasłać
3. Nigdy nie słyszałem, jak król <u>kaszle</u>.

Nagle król .... znacząco.

klaskać, klasnąć, zaklaskać
4. Nigdy nie widziałem studentów, którzy <u>klaszczą</u> pod wykładzie.

Dzisiaj po moim wykładzie .... kilku studentów.

klekotać, zaklekotać, rozklekotać się
5. Nigdy nie słyszałem, jak <u>klekocze</u> bocian.

Nagle .... jeden bocian na łące.

płakać, zapłakać, wypłakać się
6. Nigdy nie widziałem, jak mój ojciec <u>płacze</u>.

Na pogrzebie mamy ojciec .... chyba po raz pierwszy w swoim dorosłym życiu.

szczekać, szczeknąć, zaszczekać
7. Nigdy nie słyszałem, żeby mój seter <u>szczekał</u>.

Nagle mój seter .... na kota.

tupać, tupnąć, zatupać
8. Ona nigdy nie <u>tupała</u> ze złości.

Po raz pierwszy .... na mnie ze złości.

mruczeć, mruknąć, zamruczeć
9. Mój kot nie <u>mruczał</u>, bo pił mleko.

Nagle pod drzwiami .... jakiś obcy kot.

bzykać, bzyknąć, zabzykać
10. Koło głowy <u>bzyka</u> mi jakaś mała osa.

Nagle .... mi przed nosem duży trzmiel.

ZADANIE 91

Copyright by S. Mędak

Proszę wpisać w miejsce kropek właściwe czasowniki dokonane do polisemicznych czasowników niedokonanych.

WZÓR
A. Jeśli ktoś <u>pieczętuje</u> dokumenty, świadectwa szkolne, podania, wnioski, to opatruje je pieczęcią. Jeśli ktoś zakończył czynność pieczętowania, mówimy: → *Ktoś <u>opieczętował</u> wszystkie dokumenty.*

B. Jeśli ktoś pieczętuje tajną kancelarię, listy, przesyłki, to przykłada na nich pieczęć. Jeśli ktoś zakończył czynność pieczętowania, mówimy: → *Ktoś zapieczętował wszystkie dokumenty.*

1.
A. Jeśli ktoś ulega naciskom, presji, przymusowi, łamie się mówimy: → *Ktoś złamał się po licznych namowach i groźbach.*
B. Jeśli ktoś łamie się czymś z kimś, np. opłatkiem wigilijnym, zwykle w symbolicznym geście wyrażającym poczucie wspólnoty, mówimy: → *Ktoś .... z nami opłatkiem wigilijnym albo chlebem.*

2.
A. Jeśli lis pozbawia swoją ofiarę oddechu i dławi ją, mówimy: → *Lis zadławił moją najpiękniejszą kurę.*
B. Jeśli policja próbuje likwidować strajk, tłumić go, dławi go, mówimy: → *Policja .... strajk jeszcze w zarodku.*

3.
A. Jeśli ktoś płaci komuś za poczęstunek w restauracji lub funduje bilet do kina, teatru lub na mecz, mówimy: → *Ktoś fundnął mi a. zafundował mi drogi obiad w restauracji i bilet do kina.*
B. Jeśli ktoś przeznacza swoje środki materialne na jakiś cel społeczny, np. funduje stypendia dla dobrze uczących się dzieci z niezamożnych rodzin, mówimy: → *Ktoś .... mi roczne stypendium naukowe w najlepszym polskim uniwersytecie.*

4.
A. Jeśli zakładamy blokadę na kierownicę i blokujemy dźwignię zmiany biegów, mówimy: → *Zablokowaliśmy samochód przed złodziejami.*
B. Jeśli układający harmonogram blokuje wszystkie zajęcia w godzinach przedpołudniowych, mówimy: → *Układający rozkład zajęć .... wszystkie zajęcia w godzinach przedpołudniowych.*

5.
A. Jeśli ktoś lubi okazywać swoje niezadowolenie, smutek, marszcząc brwi, ściągając usta, chmurząc się z gniewu, mówimy: → *Znowu się nachmurzył.*
B. Jeśli niebo zaczyna być pokrywane czarnymi chmurami i chmurzy się coraz bardziej, mówimy: → *Zobacz, jak szybko niebo ....*

6.
A. Jeśli po każdej wypłacie ktoś chowa pieniądze, np. między książkami, a tym razem ten ktoś zapomniał o swoim przyzwyczajeniu, mówimy: → *O, zapominał schować pieniędzy!*
B. Jeśli rodzina chowa ciało zmarłego w Alei Zasłużonych, mówimy: → *.......................... go na Cmentarzu Rakowickim w Alei Zasłużonych.*

7.
A. Jeśli rząd dopuszcza się bezprawia i świadomie gwałci normy, zasady i przepisy, mówimy: → *Rząd rażąco pogwałcił międzynarodowe przepisy.*

ZADANIA TESTOWE

B. Jeśli pluton żołnierzy gwałci bezbronne kobiety w zdobytych miejscowościach, mówimy: → *Żołnierze .... setki kobiet w zdobytych miejscowościach.*

8.
A. Jeśli koleżanka namawia cię do zrezygnowania z małżeństwa, odradza ci szybsze wyjście za mąż, mówimy: → *Koleżanka odradzała ci małżeństwo, bo uważała, że jesteś za młoda.*
B. Kiedy ktoś czuje, że coś, np. uczucie miłości odradza go szybciej niż leki psychotropowe, może powiedzieć: → *To miłość, a nie lekarstwa powoli .... we mnie chęć do życia.*

9.
A. Jeśli rodzina zmarłego nie wyraża zgody na tradycyjny pochówek zmarłego, to pali jego zwłoki. Mówimy wtedy: → *Spaliliśmy zwłoki nieboszczyka.*
B. Jeśli kucharka pali mąkę na patelni, aby przygotować tradycyjną zasmażkę, mówimy: → *Kucharka .... garstkę mąki na zasmażkę.*

10.
A. Jeśli kobiety zgodnie z rytuałem etnicznym jęczą nad grobem zmarłego, zawodzą w głos; płaczliwie, w niebogłosy, mówimy (pot.): → *Kobiety pozawodziły chwilę, a potem ucichły.*
B. Jeśli twój narzeczony Karol sprawia ci ciągłe zawody; zawodzi cię i postępuje wbrew temu, na co liczysz, mówisz: → *Kiedy Karol był moim narzeczonym, często mnie ....*

ZADANIE 92
Copyright by S. Mędak

W miejsce kropek proszę wpisać właściwe derywaty czasowników z grupy czasowników o formacji szeregowo–kompletywnej.

WZÓR
liczyć; przeliczać – przeliczyć
Nauczyła się liczyć sama, ponieważ nie chodziła do szkoły. Codziennie przeliczała schowane przed domownikami w kredensie banknoty. Za każdym razem, kiedy przeliczyła wszystkie banknoty schowane w kredensie, wkładała je z powrotem do cukierniczki.

1.
ważyć; / przeważać – przeważyć
Karol codziennie .... na wadze setki kilogramów cukru. Potem .... każdy kilogram cukru jeszcze raz na innej wadze. Kiedy .... jakąś torebkę cukru o kilka dekagramów, musiał z niej odsypać nadwyżkę tego produktu.

2.
płacić; przepłacać – przepłacić
Lubił .... czekiem za zakupy w supermarketach. Kupował samochody okazyjne i zawsze za nie .... Koniecznie chciał wejść do ka-

mienicy, w której mieszkała jego ukochana, więc tym razem .... nocnego stróża.

3.
płukać; przepłukiwać – przepłukać
Karol codziennie *(cz. przeszły)* .... gardło ziołami przygotowanymi przez babcię. Babcia kazała mu .... gardło dwa razy dziennie. Wczoraj zapomniał .... gardło zgodnie z zaleceniami babci.

4.
pytać; przepytywać – przepytać
Dziecko lubi .... o wszystko. Nauczyciele lubią .... uczniów przed końcem semestru. Policja musi .... każdego podejrzanego.

5.
rosnąć; przerastać – przerosnąć
Kwiat *(cz. teraź.)* .... szybko w nasłonecznionych miejscach. Topole często *(cz. teraź.)* .... domy. Byliśmy zdumieni tym, jak uczeń szybko *(cz. przeszły)* .... mistrza.

6.
rzucać; przerzucać – przerzucić
Kiedy był nad zalewem lubił .... kamienie w wodę. Zawsze .... swój plecak przez ramię i wychodził dziarskim krokiem z domu. Kierowca .... bieg z dwójki na trójkę i wreszcie mogliśmy jechać trochę szybciej.

7.
skoczyć; przeskakiwać – przeskoczyć
Zawodnik po raz pierwszy *(cz. przeszły)* .... w dal ponad ustalony limit. Płomienie *(cz. przeszły)* .... z wiatrem na sąsiednie domostwa. Po chwili ogień *(cz. przeszły)* .... na nasz dom.

8.
słuchać; przesłuchiwać – przesłuchać
Lubił .... muzyki Góreckiego. Każdą nową płytę kompaktową *(cz. przeszły)* .... kilka razy. Najnowszą płytę Góreckiego *(cz. przeszły)* .... do końca w sklepie, ale jej nie kupił.

9.
spać; przesypiać – przespać
Uwielbiał .... przy otwartym oknie. W czasie ostrej zimy *(cz. przeszły)* .... czasami pół nocy przy otwartym oknie. Wczoraj *(cz. przeszły)* .... całą noc przy zamkniętym oknie.

10.
stroić; przestrajać – przestroić
Ten człowiek znakomicie *(cz. teraź.)* .... wszystkie marki fortepianów. W ciągu jednego dnia *(cz. teraź.)* .... nie więcej niż jeden fortepian. Wczoraj .... mój fortepian, który wydobywał z siebie przerażająco fałszywe dźwięki.

ZADANIE 93

Copyright by S. Mędak

Proszę wpisać w miejsce kropek właściwe formy derywatów postfiksalnych czasowników czynnościowych, których wykładnikiem derywacji jest *się*.

WZÓR
pakować > derywat postfiksalny: *spakować się*
Pakowała od dwu dni wszystkie swoje walizki przed wyjazdem za granicę.
Dwie godziny przed wyjazdem na lotnisko oświadczyła: Wreszcie się spakowałam.

1. Zapinał wszystkie pasy przed uruchomieniem samochodu wyścigowego. Pięć minut przed startem mógł powiedzieć: Wreszcie .... i teraz czuję się bezpiecznie.
2. Odwracał głowę za każdą zgrabną dziewczyną. Po kilku chwilach jego żona krzyknęła: Nie .... za każdą przechodzącą dziewczyną!
3. Czuł, że serce bije mu coraz głośniej. Ze tego powodu przestał .... z kolegą. *(pot.)*
4. Reklamował swój podręcznik wszędzie. Sam .... też ....
5. Spotykał swoich znajomych w klubach. .... ze swoimi znajomymi w różnych klubach.
6. Prawie zawsze kaleczył palce, kiedy tarł bułkę do kotletów. Tym razem, też ....
7. Był za wysoki i ciągle uderzał głową o futrynę drzwi. Tym razem też ....
8. On nigdy nie chciał wychodzić na spacery. Nigdy mu ..... nie .... wychodzić z domu.
9. Nigdy nie chylił czoła przed znajomymi. Dopiero przed papieżem ...., jak należy.
10. Nigdy nie decydował o swoim losie. W końcu .... na ślub z starszą panią.

7. PRZYMIOTNIKI

7.1. Łączliwość składniowa przymiotników

ZADANIE 94

Copyright by S. Mędak

Proszę wpisać w miejsce kropek odpowiedniki żeńskie podkreślonych przymiotników.

WZÓR
On był ciekaw wszystkiego w życiu.   0. Ona też była ciekawa świata.

On był godzien najwyższego szacunku.

1. Ona też była .... uznania.

On był gotów do najwyższych poświęceń.

2. Ona też była .... do wielu wyrzeczeń.

Był rad z każdego dnia i małych radości.

3. Ona była .... z takiego męża.

On był świadom swoich skłonności.

4. Ona była .... skłonności męża.

On był wart tej wyjątkowej kobiety.

5. Ona też była .... tego mężczyzny.

On był wesół, kiedy coś mu się powiodło.

6. Ona była ...., kiedy mąż odnosił sukcesy.

On był zdrów, jak jego dziadkowie.
On był żądny sukcesów.

7. Ona była ...., jak jej mama.
8. Ona była .... pochwał.

On był winien żonie przeprosiny.

9. Ona też była mu .... wyjaśnienia.

On był pewien swojej żony.

10. Ona też była .... swego męża.

ZADANIE 95

Copyright by S. Mędak

Proszę odpowiedzieć na pytania według poniżej załączonego wzoru.

WZÓR
Wobec kogo on jest bezczelny? | On jest bezczelny wobec mnie (*ja*).

ZADANIA TESTOWE

1. Na co ona jest chciwa?	Ona jest chciwa .... (pieniądze).
2. Za co jesteś mi wdzięczny?	Jestem ci wdzięczny .... (pamięć).
3. Do czego on jest zdolny?	On jest zdolny .... (wszystko).
4. O co jesteś spokojny?	Jestem spokojny .... (moja przyszłość).
5. Od kogo jesteś zależny?	Jestem zależny .... (rodzice).
6. Do kogo on jest podobny?	On jest podobny .... (James Bond).
7. W czym on jest rozmiłowany?	On jest rozmiłowany .... (muzyka).
8. Wobec kogo ona jest wymagająca?	Ona jest wymagająca .... (dzieci).
9. O czym on jest przeświadczony?	On jest przeświadczony .... (swoje posłannictwo).
10. Dla kogo to jest niewykonalne?	To jest niewykonalne .... (ja).

ZADANIE 96

Copyright by S. Mędak

Proszę wpisać w miejsce kropek właściwe połączenia dla przymiotników lub wyrazów pełniących funkcje przymiotnika.

WZÓR

On jest chciwy?	**Tak. On jest chciwy zwłaszcza na kobiety. (kobiety)**
1. On jest żądny?	Tak. On jest żądny zwłaszcza .... (wiedza).
2. Ten człowiek jest wrogi?	Tak. On jest wrogi zwłaszcza .... (obcokrajowcy).
3. On jest zadowolony?	Tak. On jest zadowolony zwłaszcza .... (ja).
4. Ten zawodnik jest dobry?	Tak. On jest dobry zwłaszcza .... (atak).
5. To jest odpowiednie?	Tak. To jest odpowiednie zwłaszcza .... (ty).
6. To jest sprzeczne?	Tak. To jest sprzeczne zwłaszcza .... (etyka) lekarza.

7. On jest <u>otwarty</u>?	Tak. On jest otwarty zwłaszcza .... (*nowe propozycje*).
8. Ona jest <u>wrażliwa</u>?	Tak. Ona jest wrażliwa zwłaszcza .... (*zmiana*) pogody.
9. On jest <u>szczery</u>?	Tak. On jest szczery zwłaszcza .... (*inni*).
10. On jest <u>zaślepiony</u>?	Tak. On jest zaślepiony zwłaszcza .... (*swoje przekonania polityczne*).

ZADANIE 97

Copyright by S. Mędak

Proszę skonstruować tytuły do kilku kolumn gazety codziennej zgodnie z poniżej podanym wzorem.

WZÓR
przymiotniki:
adekwatne

słownictwo:
planowanie, współczesna ekonomia
→ Planowanie <u>*adekwatne do*</u> współczesnej ekonomii.

1. analogiczne	morderstwo, poprzednie morderstwa
	....
2. bezwzględny	stosunek, współpracownicy SB
	....
3. bogaty	obszar, ruda miedzi
	....
4. brzemienny	moment, skutki
	....
5. charakterystyczny	obyczaj, kultura narodów słowiańskich
	....
6. dogodny	teren, uprawianie sportów zimowych
	....
7. doświadczony	lektor, praca z obcokrajowcami
	....
8. dumny	swoje sukcesy, praca z niepełnosprawnymi
	....
9. gniewny	wyrządzona, on, krzywda
	....
10. gorliwy	nauka, języki obce
	....

ZADANIE 98

Copyright by S. Mędak

Proszę skonstruować tytuły do kilku kolumn gazety codziennej zgodnie z poniżej podanym wzorem.

WZÓR

przymiotniki:
identyczna

słownictwo:
suknia, poprzednia suknia
→ Suknia *identyczna do* poprzedniej sukni.

1. łakomy	stanowiska, ministerstwo
2. niedosięgły	my, wzór
3. niewspółmierny	zarobek, wkład pracy
4. niezbędne	sale informatyczne, uczniowie
5. niezdolny	prawdziwa miłość
6. obce	my, wartości oraz obyczaje
7. obojętny	ludzka krzywda
8. odporny	niskie temperatury, nowy gatunek sałaty
9. odpowiedzialny	prezydent, państwo i naród
10. podatny	wpływ, otoczenie

8. LICZEBNIKI

8.1. Składnia liczebników

ZADANIE 99

Copyright by S. Mędak

Proszę wstawić w miejsce kropek właściwe formy wyrazów łączących się z liczebnikiem *jeden*.

WZÓR
Skończyły się jedne <u>zajęcia</u> (*zajęcia*), a już zaczynają się drugie.

1. Do tej wieży można wejść wyłącznie przez jedne .... (*drzwi*).
2. Ile owiec można ostrzyc jednymi .... (*nożyce*)?
3. Jedna .... (*noc*) jest ciemna, druga jest gwiaździsta.
4. Jedne .... (*kwiat*) pięknie kwitną, inne usychają.
5. Jedni .... (*państwo*) rozmawiali bardzo długo z moją mamą.
6. Jedno .... (*dziecko*) płakało, drugie grzecznie siedziało w wózku.
7. Mam tylko jednych .... (*rodzice*), których bardzo kocham.
8. Powinieneś coś zrobić z tymi jednymi .... (*drzwiczki*), które ciągle skrzypią.
9. Przez cały sezon chodzę w jednych .... (*buty*).
10. Zgłosili się dopiero jedni .... (*rodzice*) po odbiór zasiłku.

ZADANIE 100

Copyright by S. Mędak

Proszę wstawić w miejsce kropek właściwe formy wyrazu / wyrazów łączących się z liczebnikami *dwa, trzy, cztery*.

WZÓR
Czy wszystkie te drobiazgi są w cenie dwóch / dwu <u>złotych</u>? (*złoty*)

1. Dwa .... (*bocian*) stały na bagnistej łące.
2. Jest przysłowie, które mówi, że głupi dwa .... (*raz*) traci.
3. Jest również przysłowie, które mówi, że kij zawsze ma dwa .... (*koniec*).
4. Lubił biegać ze swoimi trzema .... (*seter*) po łąkach.
5. Mam jeden duży salon z trzema .... (*duże okno*).
6. Moi kuzyni mieszkali w trzech .... (*różne, miasto*) Stanów Zjednoczonych.
7. Spędzę tutaj trzy .... (*długi rok*).
8. Trzy .... (*zwierzę*) spokojnie stały w klatce.
9. Trzy konie swobodnie .... (*poruszać się*) na nowym wybiegu.
10. W tym pokoju od wczoraj .... (*mieszkać*) dwie urocze Chinki.

ZADANIE 101

Copyright by S. Mędak

Proszę wstawić w miejsce kropek właściwe formy wyrazu / wyrazów łączących się z liczebnikami *dwaj, trzej, czterej*.

WZÓR

A. (*przyjść*) — Wczoraj do naprawy uszkodzonego piecyka gazowego <u>przyszli</u> dwaj panowie.

B. (*pacjent*) — Trzem <u>pacjentom</u> uratowano życie.

(*trzymać*) 1. Czterech żołnierzy (*cz. teraź.*) .... wartę przed budynkiem sejmu.

(*zabawny chłopiec*) 2. Czterej .... grali w tym filmie role złodziejaszków.

(*najlepszy uczeń*) 3. Daliśmy nagrody dwom / dwu .... w szkole.

(*rodzice*) 4. Dwaj .... [*jeden ojciec i drugi ojciec*] dyskutowali ze sobą.

(*ksiądz*) 5. Dwaj .... prowadzili kondukt żałobny.

(*rodzice*) 6. Dwóch .... [*jeden ojciec i drugi ojciec*] rozmawiało ze sobą.

(*chodzić*) 7. Po ulicy (*cz. teraź.*) .... od kilku godzin dwaj policjanci.

(*przyjść*) 8. Przed chwilą .... do dyrektora jeszcze trzej nowi petenci.

(brat)	9. Trzej .... opuścili już nasz dom rodziny.
(mężczyzna)	10. Trzy kobiety i trzej .... uwijają się przy budowie autostrady.

ZADANIE 102

Copyright by S. Mędak

Proszę wstawić w miejsce kropek właściwe formy wyrazów łączących się z liczebnikami *dwaj, trzej, czterej*.

WZÓR
A. Tylko nas dwóch | dwu kolegów (*kolega*) wspomogło chorą koleżankę.
B. Tylko nas trzech kolonistów odwiedziło (*odwiedzić*) chorą wychowawczynię.

(*wymienić*)	1. Dwóch odwiecznych wrogów (*cz. przeszły*) .... uściski dłoni.
(*bezrobotny*)	2. Przed tydzień odwiedziło wystawę tylko czterech ....
(*wyczekiwać*)	3. Trzech studentów (*cz. teraź.*) .... na dziekana przed dziekanatem.
(*słuchacz*)	4. Tylko trzech .... nie podeszło do egzaminów w sesji zimowej.
(*zatrzymany*)	5. W areszcie tymczasowym znajdowało się trzech ....
(*zmęczony robotnik*)	6. W autobusie siedziało tylko czterech ....
(*zdolny badacz*)	7. W naszej ekipie było czterech ....
(*młody debiutant*)	8. W tej grupie jest dwóch ....
(*największy znawca*)	9. W tej konferencji bierze udział czterech .... dusz.
(*żyć*)	10. W moim ogrodzie (*cz. przeszły*) .... sobie trzech krasnali.

ZADANIE 103

Copyright by S. Mędak

Proszę wstawić w miejsce kropek właściwe formy czasowników łączących się z liczebnikami *dwaj, trzej, czterej*.

WZÓR
(*zacząć*)	Dwóch	Dwu akrobatów (*cz. przeszły*) **zaczęło** swój numer popisowy.

ZADANIA TESTOWE

(wizytować)	**1.** Naszą firmę *(cz. przeszły)* .... trzech stażystów.
(prowadzić)	**2.** Dwóch duchownych *(cz. przyszły)* .... kondukt żałobny.
(dyskutować)	**3.** Dwóch ludzi [*mężczyzna i mężczyzna*] *(cz. teraź.)* .... głośno.
(spacerować)	**4.** Dwóch staruszków *(cz. teraź.)* .... po bulwarze.
(zostać)	**5.** Dwóch profesorów *(cz. przyszły)* .... członkami PAN–u.
(rozmawiać)	**6.** Dwóch rodziców [*jeden i drugi ojciec*] *(cz. przeszły)* .... ze sobą.
(przybyć)	**7.** Na rozmowy ze manifestującymi *(cz. przyszły)* .... tylko minister.
(uczestniczyć)	**8.** Na spotkaniu z poetą *(cz. przeszły)* .... tylko czterech dziennikarzy.
(skakać)	**9.** Trzech płetwonurków *(cz. teraź.)* .... do wody z burty statku.
(znajdować się)	**10.** W areszcie śledczym *(cz. teraź.)* .... tylko trzech zatrzymanych.

ZADANIE 104

Copyright by S. Mędak

Proszę wstawić w miejsce kropek właściwe formy deklinacyjne następujących leksemów: *oba (obydwa); obaj (obydwaj); obie (obydwie); oboje (obydwoje).*

WZÓR
Do samochodu wsiadała najpierw pani młoda, a za nią pan młody.
→ **Oboje / Obydwoje** [*każde z dwojga, on i ona*] **państwo młodzi wsiedli do samochodu.**

1. W tej instrukcji jest wiele nieścisłości. W drugiej instrukcji jest jeszcze więcej nieścisłości. → W .... / .... / a. .... instrukcjach jest wiele nieścisłości.
2. Jeden kot i drugi kot były dzikimi kotami. → .... / .... koty były dzikie.
3. Jeden chłopiec patrzył na dziewczynę, która siedziała przy sąsiednim stoliku. Jego sąsiad z lewej też na nią patrzył. → .... / .... chłopcy patrzyli na tę piękną panienkę.
4. Biorę ten kawałek udźca i tamten też biorę. → Biorę .... / .... kawałki udźca.

5. Dwie handlarki kłóciły się głośno i głośno krzyczały. → .... / ....
handlarki głośno krzyczały.
6. Państwo młodzi wyszli z domu weselnego w towarzystwie drużbów. → Drużbowie szli za .... [każde z dwojga, on i ona] państwa młodych.
7. Przygotowano pokoje dla pana ambasadora i jego żony. → .... / .... [każde z dwojga, on i ona] ambasadorostwo mieli już przygotowane pokoje.
8. Ta mandarynka, którą mi dałaś jest bardzo kwaśna. To druga też jest kwaśna. → .... / .... mandarynki są kwaśne.
9. Wikary dał święte obrazki małej dziewczynce i małemu chłopcu. → Wikary dał obrazki .... [każde z dwojga, on i ona] dzieciom.
10. Przed dyrektorem szkoły stał jeden i drugi zwycięzca w mistrzostwach szkół średnich. → Dyrektor gratulował tak wielkiego sukcesu .... / .... zwycięzcom.

ZADANIE 105

Copyright by S. Mędak

Proszę wstawić w miejsce kropek właściwe formy deklinacyjne następujących leksemów: *oba (obydwa); obaj (obydwaj); obie (obydwie); oboje (obydwoje).*

WZÓR
Jedno niemowlę zaczęło głośno płakać. Po chwili zaczęło wtórować mu kolejne niemowlę.
→ **Oboje / Obydwoje** [*każde z dwojga, to i to*] **niemowląt zaczęło bardzo głośno płakać.**

1. Chłopiec strzelił z procy w jedno i w drugie okno. → Chłopiec strzelił ostrymi kamykami w .... / .... okna domu.
2. Jeden mężczyzna szedł powolnym krokiem. Drugi też z trudem odrywał stopy od ziemi. → .... / .... mężczyźni szli, jakby byli bardzo zmęczeni.
3. Jedna sąsiadka pomagała jej od lat. Druga też była zawsze chętna do pomocy. → .... / .... sąsiadki zawsze chętnie jej pomagały.
4. Wychowawca wezwał zarówno matkę, jak i ojca jednego z uczniów. → Na wezwanie wychowawcy przyszło .... [każde z dwojga, on i ona] rodziców.
5. Dyrektor długo rozmawiał ze swoim współpracownikiem i swoją współpracownicą. → Dyrektor rozmawiał z .... [każde z dwojga, on i ona] współpracowników.
6. Miał dwie kuzynki. Utrzymywał z nimi zupełnie poprawne stosunki. → Z .... / .... / .... kuzynkami utrzymywał zupełnie poprawne stosunki.
7. Karol i jego młodsza siostra Maria stracili rodziców. → Władze miasta przyznały zapomogi .... [każde z dwojga, on i ona] rodzeństwa.

8. Najpierw zasłoniła swoją twarz lewą ręką. Potem zasłoniła ją drugą ręką. → Zasłoniła swoją twarz .... / .... rękami.

9. Bury kot siedział na kanapie. Potem dołączył do niego biały kot. → .... / .... koty siedziały na kanapie.

10. Miał dwóch braci. Utrzymywał z nimi dobre stosunki. → Z .... / .... / .... / .... braćmi utrzymywał dobre stosunki.

ZADANIE 106
Copyright by S. Mędak

Proszę wstawić w miejsce kropek właściwe formy wyrazów łączących się z liczebnikami *oba (obydwa); obaj (obydwaj); obie (obydwie); oboje (obydwoje)*.

WZÓR
Jeden kandydat na ministra przedstawił swój program uzdrowienia gospodarki. Drugi też przestawił swój program. → Obydwaj <u>kandydaci</u> (*kandydat*) przedstawili swoje programy działania.

1. Jedna kamienica była zniszczona. Sąsiednia kamienica też była zniszczona. → Obydwie .... (*kamienica*) nadawały się do remontu.

2. Oskarżony opuścił sąd w towarzystwie jednego policjanta z prawej strony i drugiego z lewej strony. → Oskarżony opuścił salę rozpraw z dwoma .... (*policjant*).

3. Matka jednego z uczniów dyskutowała przed wywiadówką z ojcem innego ucznia. → Oboje rodziców .... (*dyskutować*) ze sobą na korytarzu przed rozpoczęciem wywiadówki.

4. Jedna para nowożeńców nosi nazwisko Burak. Druga para też nosi nazwisko Burak. → Zaproszeni goście szli przy obojgu .... (*jedni państwo Burakowie + drudzy państwo Burakowie*).

5. Do tej sprawy opłaciliśmy pana adwokata i panią adwokat. → Zaangażowaliśmy do tej sprawy obojga .... (*dobrzy adwokaci*).

6. I jeden i drugi zapaśnik byli w świetnej formie fizycznej. → Obaj .... (*zapaśnik*) byli w świetnej formie.

7. Wczoraj oboje rodzeństwa .... (*przyjechać*) na święta Bożego Narodzenia.

8. Jeden zatrzymany odpowiadał na pytania zadawane przez policjanta. Drugi podejrzany też musiał odpowiadać. → Obaj .... (*zatrzymany*) musieli odpowiadać na pytania policjanta.

9. Przed chwilą było dwie pary nożyczek. Okazuje się, że w tej chwili nie ma ani jednej pary. → W jaki sposób .... (*przepaść*) oboje nożyczek.

10. Kuzyn został Małopolaninem roku 2006. Kuzynka otrzymała doktorat honoris causa prestiżowego uniwersytetu. Gratulowaliśmy nagrody obojgu .... (*kuzynostwo*).

ZADANIE 107

Copyright by S. Mędak

Proszę wstawić w miejsce kropek właściwe formy wyrazów łączących się z liczebnikami od pięciu wzwyż.

WZÓR
Wręczyliśmy prezenty pięciu najzdolniejszym dziewczynkom (*najzdolniejsza dziewczynka*).
Piętnaście uczennic zrezygnowało (*zrezygnować*) **z zajęć fakultatywnych.**

1. Dałem nowy, reklamowany w telewizji pokarm pięciu .... (*mój kot*).
2. Pięć .... (*młoda pacjentka*) czekało na zabiegi w klinice.
3. Wszyscy zatruci wyzdrowieli, jedynie pięciu pacjentów nie .... (*dojść*) do siebie.
4. Wszyscy chcieli pojechać na spływ, jedynie sześciu chłopców nie .... (*chcieć*).
5. Siedmiu pasażerów .... (*zostać*) rannych w wypadku, który się wydarzył na autostradzie.
6. Pięciu .... (*zabawny chłopiec*) grało w tym filmie role komików.
7. Sześciu .... (*uzbrojony policjant*) oczekiwało na niego przed bramą kamienicy.
8. Spotkałem się z pięcioma .... (*ambitny kandydat*) na jedno stanowisko dyrektora.
9. Wszyscy się uratowali, ale aż ośmiu ratowników .... (*stracić*) życie.
10. Wszyscy dostali się na studia, tylko siedmiu absolwentów .... nie .... (*dostać się*).

ZADANIE 108

Copyright by S. Mędak

Proszę wstawić w miejsce kropek właściwe formy wyrazów łączących się z leksemem *tysiąc* lub *milion*.

ZADANIA TESTOWE

WZÓR
A. Pierwsze tysiąc <u>uciekinierów</u> (*uciekinier*) wróciło do domów po zakończeniu wojny.

1. Przygotowano schronienia dla tysiąca .... (*uciekinier*).
2. Tysiące .... (*gwiazda*) migocze na niebie.
3. Wydawała tysiące .... (*złoty*) na zakup biżuterii.
4. On wydaje na gry hazardowe tysiące .... (*euro*).
5. Tysiąc .... (*zdyscyplinowany żołnierz*) maszeruje w kierunku poligonu.
6. Całe tysiące .... (*niewinny cywil*) zginęło podczas ataku.
7. Ponad milion .... (*osoba*) przyszło na spotkanie z papieżem na krakowskie Błonia.
8. Pesymisto, miliony .... (*niespodzianka*) czeka wciąż na ciebie.
9. To miasto nie ma jeszcze miliona .... (*mieszkaniec*).
10. Miliony .... (*człowiek*) protestowały w Europie przeciwko wojnie.

8.2. Liczebniki zbiorowe

ZADANIE 109

Copyright by S. Mędak

Proszę wstawić w miejsce kropek właściwe formy liczebników zbiorowych *dwoje, troje, czworo, pięcioro* **itd.**

WZÓR
Starsza kobieta i starszy mężczyzna rozmawiali na ulicy. → <u>Dwoje</u> (2) **starszych ludzi rozmawiało na ulicy.**

1. Znana aktorka grała rolę megiery u boku bardzo popularnego aktora. → .... (2) znanych aktorów grało główne role w tym śmiesznym filmie.
2. Jedno niemowlę zaczęło płakać. Po chwili zaczęło płakać drugie niemowlę. → .... (2) niemowląt płakało bardzo głośno.
3. Miałem trzy siostry i dwóch braci. → Dałem piękne prezenty .... (5) rodzeństwa.
4. Na korytarzu szpitala zobaczyliśmy dwoje dzieci, które były podobne do siebie jak kropla wody. → Przywieziono do szpitala dziecięcego .... (2) bliźniąt, które miały objawy wskazujące na groźną chorobę wirusową.
5. W sali chorych pojawili się Janek, Magda i Zosia. → .... (3) wnucząt przyjechało do ukochanego dziadka leżącego w klinice.
6. Przy misce z mlekiem stały kotki. → .... (2) puszystych i pięknych kociąt piło mleko z jednej miski.
7. Cztery małe pieski leżały w koszyku. → .... (4) małych szczeniąt leżało i smacznie spało w koszyku.
8. Wszystkie dzieci sąsiada chodzą do prywatnej szkoły. → Do najlepszej szkoły w mieście chodzi .... (3) dzieci mojego sąsiada.
9. Mamy jeszcze dość materiału obiciowego. → Tego materiału wystarczy jeszcze na .... (2) drzwi w garażu.
10. Usłyszałem piękny dźwięk skrzypiec. Po chwili .... (4) innych skrzypiec dołączyło do tego wzruszającego adadżio.

ZADANIE 110

Copyright by S. Mędak

Proszę wstawić w miejsce kropek właściwe formy liczebników zbiorowych *dwoje, troje, czworo, pięcioro* **itd.**

ZADANIA TESTOWE

WZÓR

Byłem na wycieczce w górach. Były też tam siostra z koleżanką. → Było nas tam troje (3).

1. Na pogrzebie dziadka była tylko babcia, byłem ja, moja żona i nasz najmłodszy syn. → Było nas .... (4) na pogrzebie dziadka.
2. Oprócz mnie, w naszej rodzinie jest jeszcze pięciu braci i jedna siostra. → W sumie jest nas .... (7).
3. Spędziłem urlop z moją żoną w dzikich partiach gór. → Spędziliśmy cały urlop tylko we .... (2).
4. Wczoraj dotarła do mnie wiadomość o śmierci brata i siostry podczas tsunami. → Wiadomość o śmierci .... (2) rodzeństwa dotarła do mnie dopiero wczoraj.
5. Oskarżony o współpracę z SB zaangażował do procesu dobrego adwokata i znaną panią adwokat. → Domniemany TW zaangażował do obrony .... (2) dobrych adwokatów.
6. Miał młodszego braciszka i starszą siostrę. → Uwielbiał późną jesienią chodzić na grzyby z .... (2) rodzeństwa.
7. Człowiek musi jeść, patrzeć i słyszeć. → Dlatego człowiek ma .... (2) rąk, ... (2) oczu i .... (2) uszu.
8. Na placu zabaw bawiło się dwoje dzieci. → Jakiś podejrzany mężczyzna przyglądał się z dużym zainteresowaniem .... (2) bawiącym się dzieciom.
9. Ktoś krzyknął: *Jedziemy na kulig!* Po chwili zaprzężono do .... (3) sań piękne, kare konie i cała rodzina wyjechała na zimową wycieczkę do lasu.
10. Czy wiesz, ilu uczniów jest w twojej szkole? → W naszej szkole jest dokładnie tysiąc trzysta pięćdziesięcioro .... (2) uczniów – odpowiedział dyrektor.

ZADANIE 111

Copyright by S. Mędak

Proszę wstawić w miejsce kropek właściwe formy liczebników zbiorowych *dwoje, troje, czworo, pięcioro* itd.

WZÓR

Myślę ciągle o trojgu (3) dzieciach spotkanych w domu dziecka.

1. Z sześciu jajek wylęgło się .... (3) kurcząt.
2. Jedno dziecko już spało, a .... (3) innych nie chciało spać.
3. Od kilku tygodni poszukujemy opiekunki do .... (4) dzieci.
4. To bardzo kochające się małżeństwo. Chodzą na zakupy zawsze we .... (2).
5. Po rozwodzie została sama z .... (2) małych dzieci.

6. Rasowa suka wydała na świat .... (6) pięknych szczeniąt.
7. Zdenerwowana matka czekała z .... (2) dzieci na przyjście lekarza.
8. .... (2) ludzi całowało się na ławce w parku.
9. Krystyna i Janek, ... (2) naszych, starych przyjaciół odwiedziło nas dzisiaj.
10. W naszym Centrum Języka tylko .... (2) studentów [*on* i *ona*] nie zdało egzaminu.

ZADANIE 112

Copyright by S. Mędak

Proszę wstawić w miejsce kropek właściwe formy wyrazów łączących się z liczebnikami *dwoje, troje, czworo, pięcioro* itd.

WZÓR
Kobieta i mężczyzna rozmawiali na ulicy. → Dwoje ludzi rozmawiało na ulicy (*ludzie*).

1. Ojciec jednego z uczniów dyskutował przed wywiadówką z matką innego ucznia. → Dwoje .... (*rodzice*) dyskutowało ze sobą na korytarzu przed wywiadówką.
2. Jedno niemowlę zaczęło płakać. Po chwili zaczęło płakać drugie niemowlę. → Dwoje .... (*niemowlęta*) płakało bardzo głośno pod nieobecność matek.
3. Za kilka dni przyjedzie dwóch Estończyków i jedna Estonka. → Niedługo będziemy mieli troje .... (*gość*) z Estonii.
4. Najpierw weszły dwie studentki. Po chwili pojawiło się dwóch studentów. → Czworo .... (*studentki* i *studenci*) oczekiwało na rozpoczęcie testu językowego.
5. Z prawej strony szła jedna para ambasadorstwa, z lewej druga. → Książę Monaco kroczył przy dwojgu .... (*ambasadorstwo*).
6. Państwo młodzi wyszli z cerkwi po zakończeniu ceremonii ślubu. → Drużbowie szli przy dwojgu .... (*państwo młodzi*) z bukietami niezapominajek.
7. Dyrektor długo rozmawiał ze swoim współpracownikiem i swoją współpracownicą. → Dyrektor rozmawiał z dwojgiem .... (*zbuntowany współpracownik*).
8. Wychowawczyni rozmawiała najpierw z jednym dzieckiem, a potem z drugim dzieckiem. → Wychowawczyni rozmawiała z dwojgiem .... (*dziecko*) z tej samej klasy.
9. Lokalna gwiazda teatralna grała rolę Emilii Plater u boku bardzo popularnego aktora. → Dwoje .... (*znany aktor*) grało główne role w dramacie Le Pèra.
10. Jedna sprzątaczka złożyła wypowiedzenie. Dwaj inni sprzątający również złożyli wypowiedzenie. Troje .... (*sprzątający*) złożyło wypowiedzenia w tym samym czasie.

ZADANIE 113

Copyright by S. Mędak

Proszę wstawić w miejsce kropek właściwe formy czasowników (w czasie teraźniejszym, przyszłym lub przeszłym) łączących się z liczebnikami *dwoje, troje, czworo, pięcioro* itd.

WZÓR
Kobieta i mężczyzna rozmawiali na ulicy. → **Dwoje ludzi rozmawiało na ulicy** (*rozmawiać*).

1. Jedno niemowlę płakało. Drugie też płakało. → Dwoje niemowląt .... (*zacząć*) płakać w tym samym czasie.
2. Najpierw weszły dwie kandydatki. Po chwili pojawiło się dwóch kandydatów. → Czworo kandydatów .... (*oczekiwać*) na rozpoczęcie *castingu* do nowego filmu.
3. W tej agencji pracują trzy młode Bułgarki i jeden przystojny Bułgar. → W tej agencji .... (*pracować*) czworo Bułgarów.
4. On była nieudacznikiem. Ona też był nieudacznikiem. → Dwoje nieudaczników .... (*zajmować się*) wychowaniem trojga małych dzieci.
5. Odwiedził nas sąsiad mieszkający na parterze. Potem przyszła do nas najlepsza sąsiadka. → Dwoje sąsiadów .... (*odwiedzić*) nas w ciągu jednego wieczoru.
6. Najpierw zaczął pić mleko szary kotek. Potem dołączył do niego drugi kotek. → Dwoje kociąt .... (*pić*) mleko z jednej miski.
7. Zobaczyłem najpierw jedno źrebię biegnące do wodopoju. Potem drugie i trzecie. → Troje źrebiąt .... (*biec* a. *biegnąć*) do wodopoju.
8. Matka jednego z uczniów dyskutowała przed wywiadówką z ojcem innego ucznia. → Dwoje rodziców .... (*dyskutować*) ze sobą na korytarzu przed wywiadówką.
9. Najpierw ruszyły pierwsze sanie. Potem kolejne. → Dziesięcioro sań .... (*ruszyć*) w tym samym czasie do tradycyjnego kuligu.
10. Najpierw wyjechało na kolonie jedenaścioro dzieci. Potem dołączyła do nich grupa 40 dzieci. → W sumie na kolonie .... (*wyjechać*) pięćdziesięcioro jeden dzieci.

8.3. Liczebniki w ciągach liczebnikowych

ZADANIE 114

Copyright by S. Mędak

Proszę wstawić w miejsce kropek właściwe formy liczebników wielowyrazowych.

WZÓR
Najnowszą stronę internetową Centrum Języka Polskiego dla Obcokrajowców odwiedziło w ciągu tygodnia <u>tysiąc pięćset dwudziestu czterech</u> (1524) użytkowników.

1. Zasiłki socjalne zostały już przyznane (**327**) .... mieszkańcom regionu małopolskiego.
2. Obiecano wszystkim (**3759**) .... pracownikom wypłacenie zaległych pensji.
3. Od (**149**) .... lat nie było w tym rejonie tak wielkiej powodzi.
4. Pierwsze wstrząsy wulkanu dały o sobie znać przed (**99**) .... laty.
5. W tym roku do Komisji Pojednawczej wpłynęło (**3399**) .... skarg.
6. Komisja uniwersytecka rozpatrzyła (**1354**) .... podania o stypendia.
7. Naszą nową uczelnię opuściło już (**2700**) .... absolwentów.
8. W regionie małopolskim brakuje miejsc w przedszkolach dla (**2579**) .... dzieci.
9. W tym roku już (**1245**) .... niemowląt zachorowało na niebezpieczną grypę.
10. Stan liczbowy żołnierzy w dywizji może sięgać (**13000**) .... żołnierzy.

ZADANIE 115

Copyright by S. Mędak

Proszę wstawić w miejsce kropek właściwe formy wyrazów łączących się z liczebnikami wielowyrazowymi.

ZADANIA TESTOWE

WZÓR
Do konkursu przystąpiło tysiąc trzysta sześćdziesiąt osiem osób *(osoba)*.

1. Uwielbiałem odwiedzać sklep z tysiącem jeden .... (*drobiazg*).
2. W mojej kolekcji miałem już trzydzieści jeden .... (*znaczek*) z Andory.
3. W ciągu roku na różnych konferencjach wystąpiło trzystu pięćdziesięciu czterech .... (*pracownik naukowy*) polskich uniwersytetów.
4. Zespoły ornitologów zajmują się pięcioma tysiącami .... (*różny, ptak*).
5. Zbiory muzealne liczyły tysiąc pięćdziesiąt .... (*cenny eksponat*).
6. Dwa tysiące pięćset .... (*rosyjska ikona*) wisi w tej wspaniałej galerii prywatnej.
7. Spółka LIPA zarządza dwoma tysiącami osiemdziesięcioma .... (*mieszkanie lokatorskie*).
8. Komisja przesłuchała już dwustu dwudziestu trzech .... (*kandydat*) do konkursu.
9. W tym uniwersytecie tajniki wiedzy przekazuje stu trzydziestu jeden .... (*profesor*).
10. Przeprowadzono spis powszechny w trzech tysiącach pięciuset .... (*gmina*).

8.4. Liczebniki ułamkowe

ZADANIE 116

Copyright by S. Mędak

Proszę wstawić w miejsce kropek właściwe formy liczebników ułamkowych.

WZÓR
[7(¼)] <u>Siedem i jedna czwarta</u> całości zasobu magazynu zostało już sprzedanych.

1. Upłynęło już [2½] .... miesiąca od czasu twojego wyjazdu.
2. Przygotowano dyplomy dopiero dla [¼] .... absolwentów wydziału.
3. Nie było dzisiaj [½] .... grupy na zajęciach z gramatyki.
4. Przesłuchaliśmy dopiero [¼] .... wszystkich kandydatów.
5. Podwyżki przyznano tylko [¼] .... wszystkich pracowników.
6. Wrócił zza granicy przed [1½] .... miesiąca.
7. Spotkaliśmy się pierwszy raz przed [2½] .... roku.
8. Wystarczyło picia tylko dla [¼] .... wszystkich zgromadzonych.
9. Jeśli do [¾] .... dodamy jedną czwartą – to otrzymamy całość.
10. Jeśli od całości odejmiemy (¾) .... – to otrzymamy jedną czwartą.

ZADANIE 117

Copyright by S. Mędak

Proszę wstawić w miejsce kropek właściwe formy liczebników ułamkowych.

WZÓR
Jeśli od ośmiu odejmiemy [2½] <u>dwie całe i jedną drugą</u> a. <u>dwie całe i pół</u> – to otrzymamy pięć całych i jedną drugą a. pięć całych i pół.

ZADANIA TESTOWE

1. Ile bochenków chleba można zrobić z [¾] .... kilograma mąki?
2. Do tego ciasta musisz dodać [2½] .... razy więcej śmietany.
3. Dobry sos do tej ryby należy przygotować z [¾] .... butelki białego wina.
4. Za [2 ¼] .... hektara ziemi zapłaciliśmy klika tysięcy euro.
5. Przed [1½] .... tygodnia mieliśmy ostatnie zebranie.
6. Przez [5 ½] .... roku byłem bezrobotnym obywatelem tego kraju.
7. Test końcowy napisałem na [99 ½] .... punktu.
8. Do urn wyborczych nie zgłosiła się ponad [¼] .... obywateli kraju.
9. [4¾] .... stopy dyskontowej to nowa propozycja Banku Centralnego.
10. Jeśli odejmiemy [¼] .... od [¾] .... to otrzymamy ....

ZADANIE 118
Copyright by S. Mędak

Proszę wstawić w miejsce kropek właściwe formy wyrazów łączących się z liczebnikami ułamkowymi.

WZÓR
A. Kupiłem dwa i pół <u>metra</u> (*metr*) pięknego materiału na ubranie.
B. Na jutro zostało (*zostać*) mi do poprawy prawie trzy czwarte wypracowań szkolnych.

1. Wlałem jedną ćwierć .... (*litr*) śmietany do tej zupy, aby była lepsza.
2. Z tego nudnego filmu wyszła ponad połowa .... (*zebrany, widz*).
3. Dwie trzecie .... (*droga*) w Polsce nadaje się do remontu.
4. Straciłem na zakupy prawie całe pół .... (*dzień*).
5. Ćwierć litra benzyny .... (*wylać się*) przed chwilą ze zbiornika.

6. Dwie trzecie mieszkańców zagrożonego regionu .... (*opuścić*) wczoraj swe domy.
7. Muszę kupić do kominka cztery i dwie trzecie kubika .... (*drewno*).
8. Musi pani wlać do tej szklanki jedną dziesiątą .... (*flakonik*) tej trucizny.
9. Pięć setnych .... (*wzrost*) PKB w ciągu roku oznacza zastój w gospodarce kraju.
10. Tylko jedna setna .... (*mieszaniec*) tego kraju ma zapewnioną opiekę lekarską.

8.5. Liczebniki i wyrazy wykazujące związek z liczbą

ZADANIE 119

Copyright by S. Mędak

Proszę wstawić w miejsce kropek właściwe formy następujących liczebników: *oba (obydwa); obaj (obydwaj); obie (obydwie); oboje (obydwoje).*

WZÓR
I jeden i drugi bokser byli w świetnej formie fizycznej. → Obaj / Obydwaj bokserzy byli w świetnej formie.

1. Jedno mieszkanie jest do wynajęcia. Drugie mieszkanie też jest do wynajęcia. → .... mieszkania są przeznaczone do wynajęcia.
2. Jedno i drugie okno w pokoju są brudne. → .... okna w pokoju są brudne.
3. Biorę ten podręcznik i tamten też biorę. → Biorę .... podręczniki.
4. Jeden pies już choruje, a drugi zaczyna chorować. → .... psy będą znowu chore.
5. Oskarżony opuścił sąd. Za nim podążyli dwaj adwokaci. → Oskarżony opuścił sąd razem z .... adwokatami.
6. Jeden żołnierz szedł miarowym krokiem. Drugi też. → .... żołnierze szli miarowym krokiem.
7. Najpierw zasłonił swoje oko lewą ręką. Potem zasłonił drugie oko prawą ręką. → Zasłonił swoje oczy .... rękoma *a.* rękami.
8. Jedna koleżanka pomagała mi od dawna. Druga też była zawsze chętna do pomocy. → .... koleżanki zawsze chętnie mi pomagały.
9. Robię ciasto na pierogi i nie mogę podnieść teraz słuchawki telefonu. Mam zajętą i jedną i drugą rękę. → Powtarzam jeszcze raz: mam teraz zajęte .... ręce.
10. Najstarsza córka jest na trzecim roku, a najmłodsza na drugim roku studiów. → .... moje córki studiują.

ZADANIE 120

Copyright by S. Mędak

Proszę dokończyć rozpoczęte wypowiedzi, wpisując w miejsce kropek właściwe formy wyrazów *oboje / obydwoje* **wraz z rzeczownikami zamieszczonymi w kolumnie A.**

WZÓR
0. *uczniowie*   Nie ma Piotra. Nie ma Marii. → Brakuje obojga uczniów.

A.	B.
1. *aktorzy*	Lubię tę aktorkę i tego aktora. → Lubię ....
2. *bracia*	Boję się jednego i drugiego brata. → Boję się ....
3. *kuzyni*	Patrzę na kuzyna i na kuzynkę. → Przyglądam się ....
4. *mężowie*	Babcia wspominała najpierw o pierwszym mężu, potem wspominała o drugim. → Babcia wspominała o ....
5. *synowie*	Rządzi zarówno jednym synem, jak i drugim. → Rządzi ....
6. *Kowalscy*	Najpierw nauczyciel rozmawiał z panią Kowalską, a potem z jej mężem Maurycym Kowalskim. → Nauczyciel rozmawiał z ....
7. *nasi rodzice*	Nie ma tutaj naszego taty ani naszej mamy. → Chyba .... już stąd wyszli.
8. *państwo młodzi*	Pan młody jest tutaj. Pani młoda też przyszła. → Przyszli ....
9. *państwo młodzi*	Pana młoda budziła zainteresowanie. Pan młody również. → Interesowano się ....
10. *wujostwo*	Nie ma już ani wuja, ani wujenki. → Wyjechali ....

ZADANIE 121

Copyright by S. Mędak

Proszę wstawić w miejsce kropek właściwe formy czasowników (w czasie przeszłym) i rzeczowników łączących się z liczebnikami *oba (obydwa); obaj (obydwaj); obie (obydwie); oboje (obydwoje)*.

WZÓR
przepaść | *nożyczki*
Przed chwilą były tutaj jedne nożyczki. Na sąsiednim stole były drugie. → Pod moją nieobecność przepadło gdzieś oboje / obydwoje [*każde z dwojga, to i to*] nożyczek.

dziękować | *rozbitek*
1. On był rozbitkiem z tonącego statku. Ona też była rozbitkiem. → Oboje / Obydwoje .... [*każde z dwojga, on i ona*] .... mieszkańcom wyspy za pomoc.
pracować | *rodzeństwo*
2. Janek pracował w firmie *Biedronka* i jego siostra też tam pracowała. Oboje / Obydwoje .... [*każde z dwojga, on i ona*] .... w tej samej firmie.

ZADANIA TESTOWE

zachorować | *pacjent*

3. W sali 69 leżała kobieta chora na płuca i leżał mężczyzna, który miał to samo schorzenie. Oboje / Obydwoje .... [*każde z dwojga, on i ona*] z sali 96 .... w szpitalu na żółtaczkę.

uczestniczyć | *stażysta*

4. Stażystka Zofia otrzymała zaproszenie na seminarium do Paryża. Jej kolega z pracy otrzymał również zaproszenie z paryskiego uniwersytetu. W paryskim seminarium naukowym .... oboje / obydwoje .... [*każde z dwojga, on i ona*].

siedzieć | *zakochany*

5. Maria była zakochana w Józefie, a Józef był zakochany w Marii. Oboje / Obydwoje .... [*każde z dwojga, on i ona*] .... na jednej huśtawce.

przyjechać | *kuzynostwo*

6. Kochałam mojego kuzyna i moją kuzynkę. Oboje / Obydwoje .... [*każde z dwojga, on i ona*] .... do nas na Święta Bożego Narodzenia.

zdać | *naukowiec*

7. Znany naukowiec Kowalski i jego koleżanka z pracy doktor habilitowana przystąpili do egzaminu z prawa jazdy. Oboje / Obydwoje .... [*każde z dwojga, on i ona*] nie .... tego egzaminu.

mieć | *adwokat*

8. W kamienicy nr 7 na Rynku w Krakowie pracował adwokat Pieniążek. Tam miała również swój gabinet pani Pieniążek. Oboje / Obydwoje .... [*każde z dwojga, on i ona*] o tym samym nazwisku .... swoje gabinety prywatne w tej luksusowej kamienicy.

przygotowywać się | *kandydat*

9. W czytelni miejskiej siedział chłopiec i dziewczyna, którzy wertowali różne publikacje, by przygotować się dobrze do egzaminów. W czytelni do egzaminów .... (*przygotowywać się*) oboje / obydwoje .... [*każde z dwojga, on i ona*] na studia.

odwiedzić | *przyjaciel*

10. Odwiedził mnie jeden przyjaciel z najlepsza moją przyjaciółką. Oboje / Obydwoje .... [*każde z dwojga, on i ona*] .... mnie zupełnie niespodziewanie.

ZADANIE 122

Copyright by S. Mędak

Proszę wpisać w miejsce kropek właściwe formy wyrazów wykazujących związek z liczbą takich, jak: *dużo, setki, ile / ilu, kilka / kilku, niejeden, niejedna / niejedni, parę / paru, wiele / wielu.*

WZÓR
Ta piękna i inteligentna dziewczyna podoba się wielu chłopcom.

1. On pomógł .... ludziom podczas II wojny światowej.
2. Czeka na nas dużo trudnych chwil. Musimy sobie poradzić z .... trudnymi chwilami, które na nas czekają.
3. Dzięki dodatkowej i niespodziewanej premii odłożyłem .... pieniędzy.
4. Nie dziesiątki, a .... tysięcy żołnierzy ginęło podczas zwycięskich bitew.
5. Wszyscy chłopcy, ... ich było w klasie milkli, gdy wchodził dyrektor szkoły.
6. Z .... klientami umówiłaś się na jutro? Pamiętaj, że pracujemy tylko do dwunastej.
7. Mamy tylko .... chętnych do pracy, a potrzebowaliśmy przynajmniej dziesięciu.
8. .... mężczyzna marzył o tej pięknej i inteligentnej kobiecie.
9. .... państwo młodzi odebrali dzisiaj akt ślubu w naszym urzędzie.
10. Ten obieżyświat z .... pieca musiał jeść chleb.

ZADANIE 123

Copyright by S. Mędak

Proszę wpisać w miejsce kropek właściwe formy wyrazów wykazujących związek z liczbą takich, jak: *dużo, setki, kilka / kilku, niejeden, niejedne, parę / paru, wiele / wielu.*

WZÓR
Na takie zakupy, moja droga, musimy się wybrać z <u>kilkoma</u> tysiącami złotych.

1. Śpieszę się. Nie mam dzisiaj .... czasu na dyskusje.
2. Czeka nas zakup .... rzeczy do nowego mieszkania.
3. Prowadził świetne wykłady z gramatyki. Jego wykłady podobały się .... studentom.
4. To bardzo żmudna praca, na .... długich godzin.
5. Tylko .... najbliższych przyjaciół wiedziało o jego tajnej działalności w SB.
6. Tego rodzaju postępowaniem można się narazić na .... zarzutów ze strony najbardziej zagorzałych przeciwników.
7. Te górskie szlaki przemierzyłem w .... butach!
8. Pracował od lat w dyplomacji, a więc znał się z .... ambasadorem.

ZADANIA TESTOWE

9. Zaskoczyły nas .... bezdomnych w tak bogatym mieście, jakim jest Paryż!
10. Dobrą grochówkę można przygotować na .... kawałkach dobrego boczku.

ZADANIE 124
Copyright by S. Mędak

Proszę wpisać w miejsce kropek właściwe formy wyrazów wykazujących związek z liczbą takich, jak: *ile / ilu, kilka / kilku, niejeden, wiele / wielu*.

WZÓR
Dziesiątki problemów pojawia się codziennie w naszym zakładzie pracy, który powoli bankrutuje.

1. Muszę porozumieć się z klientami, którzy wykupili bilety na ten lot. Do tego momentu zdążyłam się porozumieć dopiero z .... klientami.
2. .... minister marzy o stanowisku premiera.
3. .... ministrów starało się o fotel premiera rządu.
4. .... ministrów złożyło już oświadczenie lustracyjne?
5. Z .... ministrami premier nie mógł dojść do porozumienia w ważnych sprawach.
6. Po zdecydowanej rozmowie moja żona zachowuje się o .... rozsądniej niż przedtem.
7. Doszliśmy wspólnie do .... ciekawych i ważnych wniosków.
8. .... mieszkańców liczy teraz Kraków?
9. O .... ludziach nie można powiedzieć tyle dobrego, co o nim.
10. .... by miał pieniędzy i tak zawsze mu mało.

ZADANIE 125
Copyright by S. Mędak

Proszę wpisać w miejsce kropek właściwe formy wyrazów wykazujących związek z liczbą takich, jak: *ile / ilu, kilka / kilku, niejeden, parę / paru, wiele / wielu*.

WZÓR
W tym biurze dużo / wiele / parę kobiet zrezygnowało z pracy na rzecz wychowania dzieci.

1. Mamy .... chętnych do jednej roli w nowym filmie o Ludwiku Waryńskim.
2. Tylko .... znajomych przyszło pożegnać go przed wyjazdem na emigrację.
3. Możemy iść na obiad. Zostało nam .... czasu do odjazdu pociągu.

4. Widziałem na tym festiwalu .... znakomitych filmów, które nie zostały nagrodzone.
5. .... profesor uniwersytetu donosił na kolegów w gabinetach SB.
6. Na tym spotkaniu było tylko .... osób na krzyż.
7. Na weselu było tyle jedzenia i picia, ... dusza zapragnie.
8. .... razy go o cokolwiek proszę, tyle razy otrzymuję negatywną odpowiedź.
9. Z .... sławnymi ludźmi już się spotkałeś?
10. Tylko o .... moich kolegach mogę powiedzieć, że są przyjaciółmi.

ZADANIE 126
Copyright by S. Mędak

Proszę wpisać w miejsce kropek właściwe formy wyrazów zamieszczonych w kolumnie A, które łączą się z podkreślonymi wyrazami wykazującymi związek z liczbą.

WZÓR
kibic   Tylko kilku kibiców przyszło dziś na stadion.

A.	B.
1. woda	Dużo .... upłynie, zanim syty zrozumie głodnego.
2. tysiąc	W tym samym czasie, kiedy dziesiątki .... ludzi przestaje płakać, pojawiają się miliony innych, którym zbiera się na płacz.
3. raz	Ile .... trzeba zdradzić, by dojrzeć smak wierności?
4. ateista	Ilu .... przypada na jednego wiernego?
5. chwila	Ważnych jest kilka ...., na które całe życie czekamy.
6. bumerang	Niejeden .... nie wraca, bo wybiera wolność.
7. owca	Niejedna .... ma wilczy apetyt.
8. kropla	Do chwili zachwytu wystarczy parę .... deszczu na szybie.
9. bezrobotny	Setki .... wzięło udział w turnieju o puchar szczęściarza.
10. człowiek	Wielu .... widzi pustkę, a nie widzi beznadziejności życia.

ZADANIE 127
Copyright by S. Mędak

Proszę wpisać w miejsce kropek właściwe formy czasu przeszłego czasowników zamieszczonych w kolumnie A.

WZÓR
(osiągnąć)   Kilka powieści tego autora osiągnęło olbrzymie nakłady.

ZADANIA TESTOWE

A.	B.
(spacerować)	1. Setki ludzi .... po parku w pierwszy słoneczny dzień wiosny.
(wiedzieć)	2. Wielu przyjaciół nie .... o jego poważnej chorobie.
(pozostać)	3. Byliśmy zmęczeni, a .... nam jeszcze dużo rzeczy do zrobienia.
(wpaść)	4. Kilku najgroźniejszych złodziei .... w ręce policji.
(poprzeć)	5. Ilu ludzi nie................ kandydatury tego człowieka na urząd prezydenta?
(mieć)	6. Niejedno odkrycie .... wpływ na szybki rozwój techniki.
(brać)	7. Niejedno małżeństwo .... ślub w tym kościele.
(stać)	8. Parę butelek piwa .... na stole.
(zachorować)	9. W czasie mroźnej zimy 2013 r. w tej szkole .... tylko parę dzieci.
(przyznać)	10. Tylko paru pracownikom .... nagrody pieniężne.

ZADANIE 128

Copyright by S. Mędak

Proszę wpisać w miejsce kropek właściwe formy czasu teraźniejszego czasowników zamieszczonych w kolumnie A.

WZÓR

(odnosić)	W ostatnich latach wielu polskich ślusarzy <u>odnosi</u> zadziwiające sukcesy w krajach europejskich.

A.	B.
(atakować)	1. Podoba mi się ten obraz, na którym kilka kaczek .... myśliwego.
(być)	2. Proszę się częstować, bo .... jeszcze kilka ciastek do zjedzenia.
(ginąć)	3. Setki kierowców i pasażerów .... na drogach z własnej winy.
(gościć)	4. Ilu znanych ludzi .... teraz w twojej rezydencji, Karolu?
(koczować)	5. Dziesiątki biednych ludzi .... w okolicach dworca.

(leżeć)	**6.** Parę dorodnych kaczych jaj .... w wiklinowym koszyku.
(pomagać)	**7.** Kilku murarzy .... mi przy budowie domu.
(wylegać)	**8.** W ciepłe dni setki mieszkańców nadmorskiego kurortu .... na plażę.
(zapisywać się)	**9.** Słyszałem, że niedużo uczniów .... na zajęcia z rosyjskiego.
(zostawać)	**10.** Pracujesz tak dużo, a więc ile czasu .... ci na sen?

Zadania testowe 99–128 opracowano na podstawie:
Mędak S. *Liczebnik też się liczy!*, op. cit.

9. ZAIMKI

9.1. Zaimki: *każdy* i *żaden* – odmiana i składnia

ZADANIE 129

Copyright by S. Mędak

Proszę wybrać właściwe leksemy i wpisać ich formy w miejsce kropek.
LEKSEMY DO WYBORU: *każdy, każda, każde; żaden, żadna, żadne; nikt, wszyscy.*

WZÓR
To zrobił jakiś inny chłopiec. → **Żaden** z nas nie mógł tego zrobić.

1. Ani jeden student nie pojawił się na spotkaniu. → .... student nie pojawił się na spotkaniu.
2. Wykluczył z rozmów każdy kompromis. → Nie zgadzał się na .... kompromis.
3. Ty przegrałeś, ja też przegrałem. → .... nie wygrał.
4. Przymierzał osiem par spodni. → W końcu nie kupił .... pary spodni.
5. Niczym nie przyczyniła się do sukcesu. → Jej udział w tym sukcesie był ....
6. Nie mógł tego zrozumieć, chociaż próbował zrozumieć to na kilka sposobów. → Nie mógł tego zrozumieć w .... sposób.
7. Zdecydował, że nigdy nie sprzeda tego obrazu. → Wiem, że nie sprzeda go za .... cenę.
8. Nie potrafił tego zrobić. → Nie potrafił tego zrobić .... sposobem.
9. Prosiłem kolegów o małą pożyczkę. → .... nie chciał mi pożyczyć pieniędzy.
10. Wszystkie drzewa są już bez liści. → Na .... drzewie nie było już ani jednego listka.

ZADANIE 130

Copyright by S. Mędak

Polecenie i wzór – jak w zadaniu numer 129.

WZÓR
Żaden kolega nie powiedział mi dzień dobry. → **Wszyscy koledzy** odsunęli się ode mnie.

1. Przy nim nie można powiedzieć żadnego słowa.
2. Policja obserwowała go prawie bezustannie.
3. Strajki mogą wybuchnąć nagle.
4. Wszyscy ludzie się starzeją.
5. Każdy człowiek jest śmiertelny.
6. Po operacji nie mógł się ruszać.
7. Ty to zrobisz, ty też to zrobisz i on też to zrobi!
8. Rozmawiałem z tobą, z nią i z nim.
9. Każdy student mógł przystąpić do egzaminu.
10. Wszyscy studenci zdali egzamin.

→ Przy nim trzeba się liczyć z .... słowem.
→ Śledzili .... jego krok.
→ Strajki mogą wybuchnąć w .... chwili.
→ .... starzeje się inaczej.
→ .... ludzie są śmiertelni.
→ .... ruch wymagał olbrzymiego wysiłku.
→ .... to zrobi!
→ Z .... już rozmawiałem.
→ .... mogli zdawać egzamin.
→ .... student nie otrzymał oceny niedostatecznej.

ZADANIE 131

Copyright by S. Mędak

Polecenie i wzór – jak w zadaniu numer 129.

WZÓR
Do biura wpływały kolejne skargi. → **Każda skarga musiała być rozpatrzona.**

1. Ludzie pchali się do pociągu, bo zawsze na tej trasie brakowało miejsc siedzących.
2. Ja żyję nadzieją, inni też.
3. On jej pomagał, sąsiedzi też jej pomagali.
4. Przeczytałam wszystkie twoje wiersze.
5. Każdy mówił o nim dobrze.
6. Każdy Polak ma swoje zdanie.

→ Ludzie pchali się, bo w pociągach nie wystarcza miejsc siedzących dla ....
→ .... człowiek żyje nadzieją.
→ ...., kto mógł, pomagał jej.
→ .... twój wiersz przeczytałam z uwagą.
→ .... nie miał pretensji do niego.
→ .... Polacy są indywidualistami.

ZADANIA TESTOWE

7. Mógł mieszkać w Afryce, na Syberii; wszędzie.	→ Do .... warunków potrafił się przystosować.
8. Te jabłka nie nadają się do ciasta!	→ Nie z .... jabłek można upiec jabłecznik.
9. Nigdy się nie spóźniał na spotkania.	→ Przychodził punktualnie na .... spotkanie.
10. Dzieci skarżą się na złe jedzenie w szkole.	→ Zapytajmy więc o to .... dziecko!

ZADANIE 132

Copyright by S. Mędak

Proszę wstawić w miejsce kropek właściwe formy leksemów *każdy, żaden, nikt*.

WZÓR

Z tych winogron nie zrobicie szampana!	→ **My dobrze wiemy, że nie z <u>każdych</u> winogron robi się szampana.**
1. Lekarz nie może uśmiercić człowieka.	→ .... lekarz nie ma do tego prawa!
2. To nie jest twoja wina!	→ Do .... winy się nie poczuwaj!
3. Pomóż mi, jesteś przecież specjalistą!	→ Ja nie jestem .... specjalistą!
4. Ta mąka nie nadaje się do wypieku chleba!	→ Nie z .... mąki będzie chleb.
5. Wszyscy absolwenci wspominali ten bal.	→ .... z absolwentów wspominał ten bal.
6. Nikt z uczennic nie wyraził sprzeciwu.	→ .... z uczennic wyraziła zgodę.
7. Wszyscy mieliśmy jakieś przezwiska.	→ .... z nas miał jakieś przezwisko.
8. Każdy z nas to potrafi zrobić!	→ .... z nas nie potrafi tego zrobić!
9. Przyjeżdżał na każde ferie do rodziców.	→ .... ferie spędzał u rodziców.
10. Wszystkie lubimy grać w koszykówkę.	→ .... z nas lubi grać w koszykówkę.

ZADANIE 133

Copyright by S. Mędak

Proszę wstawić w miejsce kropek właściwe formy leksemów *każdy, żaden, wszyscy*.

WZÓR

O wszystkich kolegach mówił źle. → O **żadnym** koledze nie powiedział ani jednego dobrego słowa.

1. Każdy Polak chce być indywidualistą. → To niemożliwe. .... Polacy nie mogą być indywidualistami.

2. Czy widział pan tutaj czarnego psa? → Nie widziałem tutaj .... czarnego psa.

3. Czy spotkał się pan z którymś z ministrów? → Nie spotkałem się z .... ministrem.

4. Czy każdemu kierowcy należy się premia? → .... kierowcy nie należy się premia.

5. Czy wszyscy ci studenci są Polakami? → .... student tutaj nie jest Polakiem.

6. Czy wszystkie dzieci wybierają się na kolonie? → .... dziecko nie wybiera się na kolonie.

7. Czy wszyscy Grecy znają angielski? → Prawie .... Grek mówi po angielsku.

8. Żadna z was nie jest optymistką? → .... jesteśmy pesymistkami.

9. Każdy mężczyzna lubi komplementy. → A mówi się, że .... mężczyzna nie lubi komplementów.

10. Żaden chłopiec nie kocha tak, jak on! → .... chłopiec kocha po swojemu.

10. IMIESŁOWY

10.1. Imiesłowy przymiotnikowe

ZADANIE 134

Copyright by S. Mędak

Proszę przekształcić zdania według załączonego wzoru.

WZÓR
Wszyscy przyjaciele mnie opuścili.	→ Czułem się opuszczony przez przyjaciół.
1. Użyli gazu łzawiącego, aby nas obezwładnić.	→ Zostaliśmy ....
2. Ktoś ukradł rower. Sąsiedzi obwinili mnie.	→ Zostałem ....
3. Koledzy oczernili mnie pod moją nieobecność.	→ Zostałem ....
4. Posądzili ją, że ma złe intencje.	→ Została ....
5. Miłość go odmieniła.	→ Czuł się ....
6. Ogołocili mieszkanie. Nie było w nim ani jednego obrazu.	→ Mieszkanie zostało ....
7. Od kilku dni śledziła go policja.	→ Czuł się ....
8. Koleżanka znieważyła go. Powiedziała, że był szpiegiem.	→ Czuł się ....
9. Ona obraziła mnie już dwa razy.	→ Zostałem ....
10. Babcia rozpieściła wnuczka.	→ Wnuczek został ....

ZADANIE 135

Copyright by S. Mędak

Proszę wpisać w miejsce kropek odpowiednie formy wyrazów znajdujących się w nawiasach wraz z właściwymi im połączeniami składniowymi.

WZÓR

Byłeś przerażony?	→ Tak. Byłem przerażony <u>obrazem zniszczeń</u>. (*obraz zniszczeń*).
Czujesz się opuszczony?	→ Tak. Czuję się opuszczony <u>przez wszystkich</u>. (*wszyscy*).

1. Jesteś oczyszczona? → Tak. Jestem oczyszczona .... (*niesłuszne zarzuty*).

2. Jesteś zmęczona? → Tak. Jestem zmęczona .... (*codzienne kłopoty*).

3. On jest spoufalony? → Tak. On jest spoufalony .... (*premier*).

4. Ona jest wycieńczona? → Tak. Ona jest wycieńczona .... (*choroby*).

5. On jest wtajemniczony? → Tak. On jest wtajemniczony .... (*życie*) naszej rodziny.

6. Ona jest zgnębiona? → Tak. Ona jest zgnębiona .... (*proces sądowy*).

7. On jest zniesmaczony? → Tak. On jest zniesmaczony .... (*twoje zachowanie*).

8. On jest zwaśniony? → Tak. On jest zwaśniony .... (*cała rodzina*).

9. On jest zniechęcony? → Tak. On jest zniechęcony .... (*polska polityka*).

10. On jest znudzony? → Tak. On jest znudzony .... (*życie*).

ZADANIE 136

Copyright by S. Mędak

Polecenie i wzór – jak w zadaniu testowym numer 135.

1. On jest przerażony? → Tak. On jest przerażony .... (*egzaminy*).

ZADANIA TESTOWE

2. On jest obruszony? → Tak. On jest obruszony .... (*niesprawiedliwe traktowanie*).

3. On jest napalony? (*pot.*) → Tak. On jest zawsze napalony .... (*kobiety*).

4. Jesteś osłabiony? → Tak. Jestem osłabiony .... (*lekarstwa*).

5. Jesteś poróżniona? → Tak. Jestem poróżniona .... (*wszyscy sąsiedzi*).

6. Jesteś przygaszony? → Tak. Jestem przygaszony .... (*choroba*).

7. On jest rozzuchwalony? → Tak. On jest rozzuchwalony .... (*chwilowe sukcesy*).

8. On jest rozgoryczony? → Tak. On jest rozgoryczony .... (*niepowodzenia*).

9. Jesteś pogodzony? → Tak. Jestem pogodzony .... (*żona*).

10. Jesteś omamiony? → Tak. Jestem omamiony jej .... (*uroda*).

ZADANIE 137

Copyright by S. Mędak

Proszę połączyć każdy z poniższych imiesłowów z właściwą definicją, a następnie wpisać w miejsce kropek [......] właściwe połączenie składniowe współgrające z definicją.

WZÓR
0 nacechowany [czymś]   0. '*naznaczony czymś, wyróżniający się czymś; jakimś rysem*'

1. opuszczony [..........]   1. '*pozbawiony pewności siebie*'
2. rozwścieczony [..........]   2. '*zaznajomiony dokładnie z czymś, dopuszczony do jakiejś tajemnicy*'
3. urzeczony [.................]   3. '*poznany i zrozumiany*'
4. wyczulony [................]   4. '*wrażliwy*'
5. wypłoszony [...............]   5. '*powołany przez kogoś na coś*'
6. wymieniony [..............]   6. '*wyszczególniony*'
7. wyznaczony [..............]   7. '*zaniedbany, zdewastowany, bezpański*'
8. rozgryziony [...............]   8. '*zmuszony do odejścia, ucieczki; zwykle dotyczy ptaków, zwierząt*'
9. wtajemniczony [.........]   9. '*oczarowany przez kogoś / przez coś, zachwycony kimś / czymś*'
10. zgaszony; *pot.* [..........]   10. '*znamionujący wściekłość*'

ZADANIE 138

Copyright by S. Mędak

Proszę połączyć każdy z poniższych imiesłowów z właściwą definicją, a następnie wpisać w miejsce kropek [......] właściwe połączenie składniowe współgrające z definicją.

WZÓR

0. zatrwożony [czymś]   0 'znamionujący strach, przerażenie, grozę, niepokój'

1. zawstydzony [...............]
2. uzależniony [................]

3. wtajemniczony [...........]
4. ukojony [......................]
5. wyświęcony [.................]

6. wyszkolony [.................]
7. zapalony [......................]

8. zaślepiony [...................]
9. zdumiony [....................]
10. zadomowiony [.............]

1. 'czujący się gdzieś swobodnie, swojsko'
2. 'posiadający wiedzę zdobytą na krótkoterminowych kursach'
3. 'taki, któremu udzielono święceń kapłańskich'
4. 'onieśmielony, skrępowany, zmieszany'
5. 'posiadający wiedzę o rzeczach, sprawach trudno dostępnych'
6. 'znamionujący stan błogości po uśmierzeniu bólu'
7. 'robiący coś z dużym zapałem, entuzjazmem; zagorzały'
8. 'zdziwiony, wyrażający zdziwienie, zdumienie'
9. 'znamionujący jakiś nałóg, nawyk'
10. 'pozbawiony krytycyzmu w stosunku do kogoś / czegoś; niezdolny do właściwego widzenia i oceny faktów'

11. MODULANTY

ZADANIE 139

Copyright by S. Mędak

Proszę wstawić w miejsce kropek następujące modulanty: *co, jak, jaki, same, skąd, sobie, tak, to, tym samym.*

WZORY
Jak tam twoja żona? Słyszałem, że czuje się coraz lepiej.
Ostatnio spotkałem go chyba dziesięć lat temu. → Nie widziałem go od paru ładnych lat.

1. .... on arogancki! Trudno z nim rozmawiać.
2. Zrobił .... nie dla sławy, ale z wewnętrznej potrzeby.
3. W francuskich kioskach „*La presse*" są .... gazety. U nas są zupełnie inne kioski.
4. .... mu się wziął ten straszny pomysł?! Nigdy nie miał tak dziwnych pomysłów!
5. Chodził po ulicach taki dziwny człowiek i nosił przy sobie ......: stare torby, różnokolorowe flagi, procę, kije i jakieś rysunki.
6. Nie odpowiedział na moje zaproszenie; .... zlekceważył mnie.
7. Angażował do pracy .... ładniejsze lektorki, bo był kobieciarzem.
8. Niczym się nie wyróżniał, był .... przeciętnym, zwykłym szarym człowieczkiem.
9. Ten film .... mnie przygnębił, że nie mam ochoty na ten temat dyskutować.
10. Wszyscy o nim mówią źle, a ja mam o nim .... najlepszą opinię.

ZADANIE 140

Copyright by S. Mędak

Proszę wstawić w miejsce kropek następujące modulanty: *blisko, co najmniej, dalej, jeszcze, lepiej, najwyżej, pewnie, widać, właściwie, wprost.*

WZÓR – jak w zadaniu numer 139.

1. Pamiętaj, że .... bez celu iść naprzód niż bez celu stać w miejscu.
2. Tajemniczość jest .... tym, czego najbardziej pożądam w ludziach.

3. Karolu, nie bój się przyjaciół – oni mogą .... cię zdradzić.
4. To prawda, że od ciężkiej pracy .... nikt nie umarł.
5. Jeśli nie rozumiesz przyjaźni, ... nie masz przyjaciół.
6. Oddaj się życiu ...., bez kompleksów, bez strachu, by przekonać się, że żyć warto.
7. Powiedziała .... za dużo, bo ugryzła się w język tak mocno, że polała się krew.
8. Podatki, opłaty za gaz, energię elektryczną i za telefon pochłaniają .... połowę pensji.
9. Hasło w Internecie musi zawierać .... sześć znaków, czyli nie mniej niż sześć znaków.
10. Choćby nasz świat legł w gruzach, życie musi toczyć się .... i nic na to nie poradzimy.

ZADANIE 141

Copyright by S. Mędak

Proszę wstawić w miejsce kropek następujące modulanty: *mniej więcej, nawet, oczywiście, po prostu, przecież, rzeczywiście, też, tylko, właśnie, w ogóle.*

WZÓR – jak w zadaniu numer 139.

1. Ja mam 187 cm wzrostu. On chyba też. → On jest .... mojego wzrostu.
2. O, dobrze, że pan przyszedł! .... rozmawiamy o panu od kilku minut.
3. Mój pies lubi wszystko, co je człowiek. Jabłka, marchewkę, ... kiszone ogórki!
4. Ten twój model samolotu chyba nie będzie latać!? – ...., że będzie latał!
5. Nikt mi nie chciał pomóc. – Pomogła ci Ewa. – Tak. .... ona mi pomogła; nikt inny.
6. We Włoszech, w Hiszpanii, ... w krajach południowej Europy żyje się o wiele łatwiej.
7. Jest mi zimno. – A, co? Myślisz, że ja jestem Eskimosem? Mnie .... jest zimno!
8. Karolu, ... to wiadomo od stuleci, że nie wszystko złoto, co się świeci.
9. Nie licytujmy się, która religia jest lepsza, ... wierzmy w kogoś lub w coś.
10. Śniło mi się, że gdybyśmy .... byli chrześcijanami, nie byłoby żadnych pogan.

ZADANIE 142

Copyright by S. Mędak

Proszę wstawić w miejsce kropek następujące modulanty: *bynajmniej, dopiero, i tak, nade wszystko, niechby, ponadto, prawie, przeważnie, przynajmniej, szczególnie.*

WZÓR – jak w zadaniu numer 139.

1. Nigdy nie miałem parasolki, bo w Kalifornii .... nigdy nie pada deszcz.
2. Nie lubił innych gatunków literackich, tylko powieść kryminalną. Czytał .... kryminały, a od czasu do czasu powracał do melodramatów.
3. Wyjechał i nie pożegnał się z nikim! Mógł .... do nas zadzwonić!
4. W Maroku jest gorąco, ... między godziną dwunastą a drugą.
5. Ona jest piękna, młoda, inteligentna, ... niezwykle utalentowana.
6. Tłumaczowi, ... nawet najlepszemu, za nic nie oddałbym swoich wierszy do przekładu.
7. Kochał języki słowiańskie, a najbardziej język polski. Wszyscy wiedzieli, że .... ukochał język polski.
8. Matka wydawała setki euro na korepetycje dla syna. Chłopiec .... miał same oceny niedostateczne.
9. Jest to projekt trudny do zrealizowania. Przy odrobinie wysiłku możemy go zrealizować w ciągu roku. Jest to projekt trudny, ... nie nierealny.
10. Starość przychodzi .... wtedy, gdy zaczynamy mieć więcej wspomnień niż marzeń.

ZADANIE 143

Copyright by S. Mędak

Proszę wstawić w miejsce kropek następujące modulanty: *głównie, jedynie, między innymi, niespełna, tym bardziej, w zasadzie, wprawdzie, wyłącznie, zresztą, zwłaszcza.*

WZÓR – jak w zadaniu numer 139.

1. Powiedziała, że się ze mną rozwiedzie. – Powiedziała mi to .... nie po raz pierwszy.
2. Nie potrzebowali nowych pracowników. Szef jednak dał mi małą nadzieję na otrzymanie wkrótce jakiejś pracy. → .... nie przyjmowali do pracy nowych pracowników, ale miałem wrażenie, że szef postara się o jakieś miejsce dla mnie.
3. Ten podręcznik jest dobrze opracowany graficznie. Zawiera jednak zbyt wiele nieścisłości i błędów. → Ten podręcznik .... został ładnie wydany, ale zawiera kompromitujące błędy.

4. Wstęp do centrali nuklearnej jest zabroniony. W centrali nie mogą przebywać postronni. → Ponieważ centrala nuklearna to miejsce strategiczne, na jej terytorium mogą przebywać .... pracownicy posiadający specjalne zezwolenie.

5. Lubię wszystkie gatunki piwa. Najbardziej smakuje mi polski *Żywiec*. → Lubię wszystkie gatunki piwa, ... piwo *Żywiec*.

6. Na urodziny przyszli starzy bywalcy uroczystości. Pojawili się też wyjątkowi goście. → W tym roku na imieninach doktora Karola pojawili się .... tancerze z opery, śpiewaczka operowa, habilitowani doktorzy.

7. Cały dzień słyszała hałas przejeżdżających tramwajów. .... nocą było trochę ciszej.

8. Zginął na tydzień przed swoimi urodzinami. Miał .... dwadzieścia lat.

9. Obydwaj byli niepełnosprawni. Pomagali sobie wzajemnie. → Ponieważ zarówno jeden jak i drugi byli niepełnosprawni, więc .... zależało im na prawdziwej współpracy.

10. Czytała wszystkie gazety. Najczęściej *Przyjaciółkę* i *Cogito*. Czytała wszystkie gazety, ... *Przyjaciółkę* i *Cogito*.

12. TRYBY

12.1. Tryb rozkazujący w połączeniu z wołaczem

ZADANIE 144

Copyright by S. Mędak

Proszę wydać polecenie lub rozkaz, zakazać komuś robienia czegoś, poprosić kogoś o coś, zlecić komuś wykonanie czegoś, przedstawić swoje żądanie lub życzenie, zaapelować o coś do kogoś.

WZÓR
jeść → syneczek
Jeśli dziecko przyszło ze szkoły głodne, musisz użyć polecenia:
→ **Syneczku, jedz obiad!**

brać → braciszek
1. Kiedy braciszek prosi cię motocykl, a nie ma prawa jazdy, powinieneś mu zakazać:
→ ....!

być → człowiek → spokojny
2. Kiedy jakiś człowiek krzyczy na ciebie bez powodu, powinieneś go ostrzec:
→ ....!

podciąć → kolega
3. Kiedy twój kolega podcina niestarannie żywopłot, wyraź swoje życzenie:
→ ....!

powiedzieć coś → kierowca
4. Jeśli kierowca taksówki po upływie kwadransa nie odezwał się do ciebie ani słowem, poproś go:
→ ....!

miąć → Romeo
5. Jeśli Romeo mnie nowy garnitur, zwróć mu uwagę:
→ ....!

zemleć → mama
6. Jeśli brakuje w kuchni kawy mielonej, poproś o to swoją mamę:
→ ....!

obciąć → syn
7. Jeśli gałęzie drzew zakrywają całe okno w kuchni, zwróć się z poleceniem do syna:
→ ....!

nabyć → Janek
8. Jeśli Janek chce nabyć nowy samochód, ale ociąga się z zakupem, doradź mu:
→ ....!

ochrzcić → burgrabia
9. Jeśli twój przyjaciel burgrabia nie chce ochrzcić swojego syna, namów go do zmiany decyzji:
→ ....!

jeździć → Casanova
10. Jeśli twój kolega zwany Casanova / Casanovą jeździ nieostrożnie po mieście, doradź mu:
→ ....!

ZADANIE 145
Copyright by S. Mędak

Proszę skonstruować zdania w trybie rozkazującym z użyciem odpowiednich form wołacza.

WZÓR

A. Zaapeluj do kolegi o rozsądek. *(apel w liczbie pojedynczej)*	*drogi kolega, przestać, oskarżać, niewinny* → <u>Drogi kolego, przestań oskarżać niewinnego!</u>
B. Napisz roszczenie do jakiejś osoby, dotyczące określonego zachowania się. *(roszczenie w liczbie mnogiej)*	*drogi poseł, nie ośmieszać, kraj, nie drzeć włosy z głowy* → <u>Drodzy posłowie, nie ośmieszajcie kraju, nie drzyjcie włosów z głowy!</u>
1. Wystąp z kategorycznym żądaniem do ogółu ludzi o rozsądek. *(żądanie w liczbie mnogiej)*	*drogi członek, zespół, zaprzestać, walka z wiatrakami* → ....!
2. Napisz żądanie skierowane pod czyimś adresem. *(żądanie w liczbie pojedynczej)*	*szanowna koleżanka, uznać, swój błąd* → ....!

ZADANIA TESTOWE

3. Napisz postulat strajkujących w sprawie płac.
(postulat w liczbie mnogiej)

(wy), podnieść, (my) wynagrodzenie, nasza praca

→ .... !

4. Napisz w swoim imieniu ostrą prośbę o dymisję ministra.
(prośba w liczbie mnogiej)

poseł, wystąpić, dymisja, ministra

→ .... !

5. Wydaj ostre polecenie wychowankowi domu dziecka, który ma na imię Jerzy.
(polecenie w liczbie pojedynczej)

Jerzy, zaprzestać, palenie, papierosy

→ .... !

6. Sformułuj rozkaz dowódcy do podwładnych.
(rozkaz w liczbie mnogiej)

żołnierz, sposobić się, walka

→ .... !

7. Wydaj odgórny zakaz robienia czegoś przez mieszkańców osiedla.
(zakaz w liczbie mnogiej)

miły mieszkaniec, nie wrzucać, śmieć, sedes

→ .... !

8. Wydaj zlecenie na transport mebli do domu klienta.
(zlecenie w liczbie mnogiej)

transportowiec, dostarczyć, zamówiony mebel, wskazany adres

→ .... !

9. Złóż zwyczajowe życzenie rodziców skierowane do dzieci.
(życzenie w liczbie mnogiej)

drogie dziecko, nie bałaganić, nie niszczyć mebli, nie nastawiać, głośna muzyka, nie hałasować

→ ....

10. Zostaw rozporządzenie na okres twojej nieobecności w pracy.
(życzenie w liczbie mnogiej)

drogi pracownik, nie trudnić się, nielegalny handel, nie łaknąć, złudne pochwały, pamiętaj, klient

→ .... !

ZADANIE 146

Copyright by S. Mędak

Proszę skonstruować zdania w trybie rozkazującym z użyciem właściwych form wołacza.

WZÓR
strzyc → Władek

Jeśli nie masz czasu, a musisz się dzisiaj ostrzyc, poproś Władka o przyśpieszenie czynności fryzjera:
→ **Władku, strzyż mnie szybciej!**

posłać → *Ewa*

1. Jeśli chcesz się skontaktować ze swoim zastępcą, który jest poza biurem, poproś panią Ewę:

→ ....!

posłać → *Jurek*

2. Jeśli chcesz przypomnieć Jurkowi, że należy rano słać łóżka w twoim schronisku, powiedz mu to zdecydowanym głosem:

→ ....!

najeść się → *dzieci*

3. Jeśli twoje dzieci wybierają się na długą wycieczkę, doradź im solidny posiłek przed wyjściem z domu:

→ ....!

wypocząć → *drogi mąż*

4. Jeśli widzisz, że twój mąż wraca z pracy zmęczony, zaproponuj mu wypoczynek:

→ ....!

nie zrywać → *turysta*

5. Jeśli chcesz uchronić górskie rośliny przed zniszczeniem, napisz informację:

→ ....!

piec → *kochana Jola*

6. Jeśli podajesz przepis na udziec barani swojej koleżance Joli, doradź jej również jak długo musi ona piec ten udziec:

→ ....!

odnieść → *Staszek*

7. Jeśli twój współlokator Staszek nigdy nie odnosi talerzy do kuchni, poproś go, aby zrobił to chociaż jeden raz:

→ ....!

nie pluć → *przechodzień*

8. Jeśli przechodnie plują na chodnik przed twoim domem, napisz ogłoszenie, aby tego nie robili:

→ ....!

dowiedzieć się → *Ola*

9. Jeśli twoja córka Ola nic nie wie o czekających ją egzaminach, poproś, aby się dowiedziała czegoś na ten temat w szkole:

→ ....!

załagodzić → *dziadek*

10. Jeśli nikt z członków rodziny nie jest w stanie załagodzić rodzinnego sporu, zwróć się z prośbą do dziadka:

→ ....!

ZADANIE 147

Copyright by S. Mędak

Proszę wydać polecenia członkom twojej rodziny – zgodnie z poniżej podanym wzorem:

WZÓR

babcia → *nakarmić* → *Piotruś*

Babciu, nakarm Piotrusia!

syn Darek → *wyjść punktualnie* → *dom*

Darku, wyjdź punktualnie z domu!

1. *dziadek* → *przypilnować* → *Agata*
.... !

2. *Iwonka* → *wypić* → *mleko*
.... !

3. *Bartek* → *włożyć* → *książki* → *plecak*
.... !

4. *Ania* → *włożyć* → *ciepłe skarpetki*
.... !

5. *Marylka* → *wyłączyć* → *gaz*
.... !

6. *Kotek** → *odgrzać* → *wczorajsze danie*
.... !

7. *Mareczek* → *nie płakać* → *za* → *mama*
.... !

8. *Boguś* → *nie gwizdać* → *przerwy w szkole*
.... !

9. *Maja* → *zawieźć* → *Agata* → *szkoła*
.... !

10. *Filip* → *nie drażnić* → *pies Burek*
.... !

ZADANIE 148

Copyright by S. Mędak

Proszę wyrazić swój apel, postulat, rozkaz, zakaz || swoje polecenie, roszczenie, zlecenie, żądanie, życzenie || swoją prośbę i skierować je do grupy osób.

---

* Spieszczenie skierowane np. do męża.

WZÓR
wygasić, wszystkie światła
nie wygaszać, jeszcze, zapalone ogniska

(Wy) → *Wygaście wszystkie światła!*
(Wy) → *Nie wygaszajcie jeszcze zapalonych ognisk!*

1. zapoznać się, bieżące informacje (Wy) → ………………………………… !
2. nie zapoznawać się, podejrzani mężczyźni (Wy) → ………………………………… !
3. nie wydawać, pieniądze, alkohol (Wy) → ………………………………… !
4. nie dodawać, majeranek, do, wszystko (Wy) → ………………………………… !
5. zaznać, prawdziwa miłość (Wy) → ………………………………… !
6. nie rozstawać się, ci ludzie (Wy) → ………………………………… !
7. nie golić się, tępe żyletki (Wy) → ………………………………… !
8. nie rozwodzić się długo, ten temat (Wy) → ………………………………… !
9. nie grodzić, kawałek, błotnisty teren (Wy) → ………………………………… !
10. dowieźć, dzisiaj, chleb, wszystkie piekarnie (Wy) → ………………………………… !

ZADANIE 149

Copyright by S. Mędak

Proszę skonstruować zdania w trybie rozkazującym (z użyciem wołacza imion).

WZÓR
[Janek / (nie) grozić]   → **Janku, nie groź mi palcem!**
(pogrozić)   → **Pogroź palcem komu innemu!**

1. [Małgosia / (nie) roznosić] ……………………………… plotek po wszystkich pokojach!
→ (roznieść) ……………………………… raczej korespondencję do wszystkich biur!
2. [Marta / (nie) godzić się] → ……………………………… na tę propozycję!
→ (zgodzić się) ………………………………, ale na coś innego!
3. [Edgar / (nie) kąpać się] → ……………………………… w tej rzece!
→ (wykąpać się) ……………………………… raczej w swojej łazience!
4. [Edmund / (nie) łazić] → ……………………………… ciągle po kuchni!
→ (połazić) ……………………………… sobie raczej po tarasie, a potem posprzątaj swój gabinet!
5. [Edwin / (nie) golić się] → ……………………………… nad zlewozmywakiem!
→ (ogolić się) ……………………………… w łazience, która jest wolna już od godziny!
6. [Eliasz / (nie) klękać] → ……………………………… przede mną!
→ (uklęknąć) ……………………………… raczej w miejscu, w którym klęczą grzesznicy!

7. [Jerzy / (nie) obgryzać] → .... paznokci!
→ (obgryźć) .... raczej mięso z żeberek!
8. [Donat / (nie) płukać] → ....tej bielizny w brudnej wodzie!
→ (wypłukać) .... bieliznę raczej w specjalnym płynie!
9. [August / (nie) kazać] → .... mi tego robić!
→ (kazać) .... to raczej zrobić komu innemu!
10. [Zygmunt / (nie) przywozić] → .... mi więcej tanich prezentów!
→ (przywieźć) .... mi jeden prezent na rok, ale trochę droższy!

ZADANIE 150
Copyright by S. Mędak

Proszę wpisać:
    a. właściwe formy wołacza wyrazów zawartych w nawiasach (kolumna A),
    b. właściwe odpowiedzi z formami trybu rozkazującego podkreślonych czasowników (kolumna B).

WZÓR

| (*mama*) Mamo, czy mogę sobie poskakać na polu? | Dobrze, poskacz sobie na polu! |

A.

B.

1. (*tata*) ...., czy mogę zasłać twoje łóżko?   Dobrze, ... !

2. (*wujek*) ...., czy mogę podwieźć cię do domu?   Dobrze, ... !

3. (*ciocia*) ...., czy mogę pobawić się z Jankiem?   Dobrze, ... !

4. (*siostrzyczka*) ...., czy mogę iść spać?   Dobrze, ... !

5. (*braciszek*) ...., czy mogę wziąć twój rower?   Dobrze, ... !

6. (*szwagier*) ...., czy spełnimy strzemiennego?   Dobrze, ... !

7. (*pan profesor*) ...., czy mogę podejść do tablicy?   Dobrze, ... !

8. (*córcia*) ...., czy dać ci pieniądze na obiad?   Dobrze, ... !

9. (*pani profesor*) ...., czy mogę rozdać testy?   Dobrze, ... !

10. (*szef*) .... czy możemy wyjść wcześniej z pracy?   Dobrze, ... !

ZADANIE 151

Copyright by S. Mędak

Proszę zamienić czasowniki w trybie oznajmującym na czasowniki w 2. osobie liczby pojedynczej trybu rozkazującego.

WZÓR
Ja <u>czytam</u> książkę.	Ty też <u>czytaj</u> książkę!
1. On <u>zachowuje</u> się cicho.	Ty też .... !
2. Ja <u>zmierzę</u> długość tej działki krokami.	Ty też .... !
3. Ja <u>pisuję</u> teksty do muzyki.	Ty też .... !
4. Ja <u>kopię</u> fundamenty pod dom.	Ty też .... !
5. Ona <u>podsłuchuje</u> pod drzwiami sąsiadki.	Ty nie .... !
6. Ja <u>doznaję</u> bolesnych rozczarowań.	Ty też .... !
7. Oni <u>błądzą</u> uliczkami starego miasta.	Ty też .... !
8. Ona <u>barwi</u> powieki na niebiesko.	Ty też .... !
9. Ja <u>ciągnę</u> za sobą swój wózek.	Ty też .... !
10. Oni <u>leżą</u> na plaży.	Ty też .... !

ZADANIE 152

Copyright by S. Mędak

Proszę zamienić czasowniki w trybie oznajmującym na czasowniki w 2. osobie liczby mnogiej trybu rozkazującego.

WZÓR
Ja <u>myślę</u> o przyszłości.	Wy też <u>myślcie</u> o przyszłości!
1. Ja <u>robię</u> trudne ćwiczenie.	Wy też .... !
2. Oni <u>bezczeszczą</u> wasze pomniki.	Wy nie .... !
3. One <u>niepokoją</u> się o przyszłość.	Wy też .... !
4. Ona <u>trze</u> ziemniaki na tarce.	Wy też .... !
5. Artyleria wroga <u>ostrzeliwuje</u> nasze pozycje.	Wy też .... !
6. On <u>truchleje</u> ze strachu.	Wy też .... !
7. Ona <u>boleje</u> nad stanem swej rodziny.	Wy też .... !
8. On <u>poważnieje</u> z dnia na dzień.	Wy też .... !
9. On <u>tęskni</u> za krajem.	Wy też .... !
10. On <u>drwi</u> z was.	Wy też .... !

ZADANIE 153

Copyright by S. Mędak

Proszę skonstruować zdania w trybie rozkazującym z użyciem wołacza zwierząt, roślin, rzeczy oraz osób.

WZÓR
Kiedy twój piesek za głośno szczeka, prosisz go: → Piesku, nie szczekaj tak głośno!

1. Kiedy twój ukochany kotek za głośno mruczy, prosisz go:
→ .... !

2. Kiedy twój ulubiony kwiatuszek usycha, mówisz:
→ .... !

3. Kiedy twoja lalka nie chce stać na swych krzywych nóżkach, mówisz:
→ .... !

4. Kiedy twój drukarka nie chce drukować, mówisz do niej:
→ .... !

5. Kiedy jakiś samochód przed tobą nie rusza na zielonych światłach, krzyczysz:
→ .... !

6. Kiedy twój kanarek przestaje śpiewać, mówisz do niego:
→ .... !

7. Kiedy twoja świnka morska schowała się pod łóżko i nie chce wyjść, prosisz ją:
→ .... !

8. Kiedy biedronka usiadła na twojej dłoni, a ty chcesz, żeby sobie sfrunęła, mówisz:
→ .... !

9. Kiedy twój mąż Władysław głośno chrapie, mówisz:
→ .... !

10. Kiedy twoja żona, którą bardzo kochasz gniewa się na ciebie, prosisz:
→ .... !

13. WYRAZ *SIĘ*

13. 1. Funkcje wyrazu *się*

ZADANIE 154

Copyright by S. Mędak

Proszę wpisać w miejsce kropek właściwe formy czasowników niedokonanych bądź dokonanych z zaimkiem *się* lub bez.
Czasowniki: *domyślać (się) / domyślić (się), odmieniać (się) / odmienić (się), ograniczać (się) / ograniczyć (się), posługiwać (się) / posłużyć (się), przyczyniać (się) / przyczynić (się), układać (się) / ułożyć (się), utrzymywać (się) / utrzymać (się), wydawać (się) / wydać (się), wystawiać (się) / wystawić (się), zdarzać (się) / zdarzyć (się).*

WZÓR

Dlaczego wszystkim **dogadujesz**? *(pot.)*	Próbuje **się** z nim **dogadać** po grecku.
1. **Domyślał** w ciszy domowej powody porażki.	……………………………, że żona go zdradza.
2. Od lat **posługiwała** w kuchni plebana.	Lubiła …………………… groźbą i szantażem.
3. To on **przyczynił się** do wykrycia mordercy.	On ciągle ………… mi coraz więcej zmartwień.
4. Los tak **zdarzył**, że jestem samotna.	Wczoraj …………………… okropny wypadek.
5. Od dawna **wystawiał** fałszywe rachunki.	Swoim postępowaniem *(on)* …………………… nie pierwszy raz na ostrą krytykę kolegów.
6. **Utrzymywał** z jednej pensji całą rodzinę.	Jego rodzina …………………… z pracy ojca.
7. Zmęczona, **układała się** powoli do snu.	Od kilku dni *(ona)* …………………… plan pracy.
8. Będąc bezrobotną, **ograniczyła** wydatki do niezbędnego minimum.	Aby wyżyć, musiała …………………… w jedzeniu i wydatkach na rozrywki.
9. Małżeństwo **odmieniło** go zupełnie.	Jego żona też …………………… całkowicie.
10. Mój dom **wydawał** mi **się** schronieniem.	Dawniej część oszczędności *(ja)* ……. na dom.

ZADANIE 155

Copyright by S. Mędak

Proszę wpisać w miejsce kropek właściwe formy czasowników niedokonanych bądź dokonanych z zaimkiem *się* lub bez.

Czasowniki do wyboru: *bać (się) / –, dowiadywać (się) / dowiedzieć (się), dziać (się) / –, kłaniać (się) / pokłonić (się) / ukłonić się, najadać (się) / najeść (się), odzywać (się) / odezwać (się), podobać (się) / spodobać (się), porozumiewać (się) / porozumieć (się), rozstawać (się) / rozstać (się), zajmować (się) / zająć (się).*

WZÓR
Przeszliśmy już ponad dwadzieścia kilometrów. Strudzone nogi domagały się **odpoczynku.**

1. Mówił tak niewyraźnie, że nie mogłam .... z nim w żadnym języku.
2. Był tak strachliwy, lękliwy i ostrożny, że .... własnego cienia.
3. Dopiero od innych ludzi *(ona)* .... prawdy o swoim mężu.
4. W czasie obrad polskiego Sejmu .... czasami dziwne rzeczy, np. bijatyki posłów.
5. Dawniej on zawsze .... znajomym, zdejmując kapelusz z głowy.
6. Po przymusowym poście, *(on)* .... do syta zupą, pierogami i dwoma deserami.
7. Był mrukliwy i nie lubił wiele mówić. Rzadko .... do żony i dzieci.
8. Uwielbiała koty, dlatego .... od lat wszystkimi bezdomnymi kotami w okolicy.
9. Ponieważ była ładna, przyjemna, atrakcyjna i sympatyczna, ... wszystkim.
10. Nie lubiła, kiedy jej chłopiec wyjeżdżał na dłużej. Nie lubiła .... z nim na długo.

ZADANIE 156

Copyright by S. Mędak

Proszę wpisać w miejsce kropek właściwe formy czasowników niedokonanych bądź dokonanych z zaimkiem *się* lub bez.

Czasowniki: *kłócić (się) / pokłócić (się), migotać (się) / zamigotać (się), odzywać (się) / odezwać (się), opiekować (się) / zaopiekować (się), pojawiać (się) / pojawić (się), posługiwać (się)*

/ *posłużyć (się), rozglądać (się) / rozejrzeć (się), spóźniać (się) / spóźnić (się), śmiać (się) / pośmiać (się), wpatrywać (się) / wpatrzyć (się).*

WZÓR
Był tak przejęty swoimi egzaminami, że nie wiedział, co się dzieje wokół niego.

1. Był to człowiek niezrównoważony. Bez przerwy .... o byle co ze wszystkimi.
2. Kilka dni temu .... pierwsze jaskółki. To dobrze wróży.
3. Zapadła już noc. Na niebie .... piękne, błyszczące gwiazdy.
4. Ponieważ rodzice pracowali do późnych godzin wieczornych, babcia .... moim młodszym braciszkiem.
5. W willi panowała idealna cisza od dłuższego czasu. Nagle .... dzwonek telefonu.
6. Student uczący się języka obcego powinien .... słownikami.
7. Kiedy siedział w barze, lubił .... za ładnymi dziewczętami.
8. Ten komik był bardzo śmieszny. .... zdrowo, a potem poszliśmy na spacer.
9. Szedł powolnym i tępym krokiem. Nie patrzył przed siebie, a .... w ziemię.
10. Dzisiaj rano nie zadzwonił budzik i dlatego *(ja)* .... 20 minut do pracy.

ZADANIE 157

Copyright by S. Mędak

Proszę zdecydować, w którym miejscu należy wpisać zaimek *się*.

WZÓR – jak w zdaniu pierwszym i drugim.

Bałem **się** bardzo Magdy. Po raz pierwszy miałem spotkać **się** z nią sam na sam w jej domu. Od dziesięciu lat próbowałem .... umówić .... z nią, ale ona wciąż tłumaczyła .... brakiem wolnego czasu. Domyślałem .... wtedy, że nie chce .... ze mną porozmawiać .... szczerze. Wydawało mi .... wtedy, że być może jestem za mało atrakcyjnym mężczyzną. Już dwie godziny przed wyjściem przygotowałem .... do tego spotkania. Wykąpałem ...., uczesałem ...., uprasowałem .... najdroższą koszulę. Nałożyłem .... na włosy trochę żelu marki *Garnier*, wyperfumowałem .... . Miałem wrażenie, że w tej koszuli i w nowych dżinsach mogę jej .... podobać. Ponieważ na dobre rozpadało .... na dworze, musiałem .... poszukać .... parasolki. Nigdzie jej nie było. Gdzieś .... zawieruszyła. Wpatrywałem .... w niebo przez okno dachowe. Deszcz lał .... jak z cebra. Usiadłem ..... i starałem .... nie myśleć ...... za głośno, nie denerwować ..... na próżno. Pomyślałem .....:, że przeznaczenie samo znajdzie .... sobie drogę i, że czasami szept osoby kochającej może ..... przebić nawet przez deszcz.

ZADANIE 158

Copyright by S. Mędak

Proszę użyć zaimka *się* **tworzącego z formą 3. osoby liczby pojedynczej czasowników orzeczenia zdań bezpodmiotowych w czasie teraźniejszym.**

WZÓR

Tutaj jest nudno.	*(robić)*	Tutaj <u>robi się</u> coraz nudniej.
1. Do rynku może pan iść na lewo.	*(iść)*	Do rynku .... na lewo.
2. Tego roku lato będzie upalne.	*(mówić)*	........................., że lato będzie upalne.
3. Zimą jeździmy w górach na nartach.	*(jeździć)*	Zimą .... w górach na nartach.
4. Praca ze studentami mi odpowiada.	*(pracować)*	Dobrze mi .... ze studentami.
5. Te krzesła są wygodne.	*(siedzieć)*	Dobrze mi .... na tych krzesłach.
6. Nie mam ochoty iść do niej.	*(chcieć)*	Nie .... mi .... iść do niej.
7. Rozmowa z nim jest trudna.	*(rozmawiać)*	Ciężko .... mi .... z nim.
8. Jestem zadowolona z tego domu.	*(mieszkać)*	Dobrze mi .... w tym domu.
9. Kupiłem nową kanapę do spania.	*(spać)*	Zupełnie nieźle .... mi .... na niej.
10. Ten kraj niczego nie produkuje.	*(produkować)*	W tym kraju niczego .... nie ....

14. SKRÓTY I SKRÓTOWCE

ZADANIE 159
Copyright by S. Mędak

Proszę wpisać w miejsce kropek właściwe formy czasowników.

WZÓR
Na Uniwersytecie Jagiellońskim powstał nowy kierunek studiów.
UJ <u>otworzył</u> *(otworzyło, otworzył)* nowy kierunek studiów.

1. Państwowe Wydawnictwo Naukowe nie jest już instytucją państwową.
PWN .... *(przekształcił się, przekształciło się)* w spółkę akcyjną.
2. Rzeczpospolita Polska to kraj unijny.
RP .... *(wszedł, weszła, weszło)* do UE 1 maja 2004 roku.
3. Stany Zjednoczone Ameryki Północnej to potężny kraj.
USA .... *(dyktuje, dyktują)* politykę gospodarczą na całym świecie.
4. Narodowy Bank Polski jest największym bankiem Polski.
NBP .... *(ustaliła, ustalił, ustaliło)* nowe stopy procentowe.
5. Do Organizacji Paktu Północnego należą różne kraje europejskie, m.in. Polska.
NATO .... *(zdecydowała się, zdecydował się, zdecydowało się)* przyjąć Polskę w kilkanaście lat po zlikwidowaniu muru berlińskiego.
6. Polska już od wielu lat należy do Organizacji Narodów Zjednoczonych.
ONZ .... *(przyczynił się, przyczyniła się, przyczyniło się)* do zażegnania wielu konfliktów na świecie.
7. Telekomunikacja Polska to instytucja zajmująca się telefonią.
TP S.A. w roku 2012 .... *(zmienił, zmieniła, zmieniło)* nazwę swej marki na *Orange*.
8. Uniwersytet Warszawski i UJ to dwa najlepsze uniwersytety polskie.
UW oraz **UJ** .... *(należy, należą)* do najlepszych uniwersytetów w Polsce.
9. Wydawnictwa Szkolne i Pedagogiczne to potentat w dziedzinie podręczników szkolnych.
WSiP .... *(wydał, wydało, wydały)* miliony książek dla dzieci.

ZADANIA TESTOWE

10. Polskie Koleje Państwowe to jest najpotężniejszy przewoźnik w Polsce.
PKP .... (*ulepszyło, ulepszyła, ulepszyły*) znacznie obsługę pasażerów.

ZADANIE 160
Copyright by S. Mędak

Proszę zapisać podkreślone wyrazy lub wyrażenia jako skróty lub skrótowce.

WZÓR
Na moich imieninach było wielu znanych ludzi, między innymi były rektor UJ.
Na moich imieninach było wielu znanych ludzi, m. in. były rektor UJ.

1. Do Unii Europejskiej należą: Francja, Anglia, Niemcy, Holandia, Belgia i tak dalej.
Do Unii Europejskiej należą: Francja, Anglia, Niemcy, Holandia, Belgia ....
2. Hipokrates na pewno urodził się przed naszą erą. → Hipokrates na pewno urodził się około 400 lat ....
3. Mam dzisiaj ważne spotkanie z doktorem Burkiem. → Mam dzisiaj ważne spotkanie z .... Burkiem.
4. Mój ojciec działał w Górskim Ochotniczym Pogotowiu Ratunkowym od 1952 roku. → Mój ojciec działał w .... prawie 50 lat.
5. Chciałbym studiować w Szkole Głównej Handlowej w Warszawie. → Chciałby studiować w ....
6. Przedsiębiorstwo „Dzieła Sztuki i Antyki" (Desa) ma znakomicie wyposażone sklepy. → Chciałby kupić jakiś ładny mebel do pokoju w ....
7. Chciałby pracować w Unii Europejskiej. → Chciałbym pracować w ....
8. Były sekretarz papieża Jana Pawła II został arcybiskupem Krakowa. → Były sekretarz papieża Jana Pawła II został .... Krakowa.
9. Książki należy podzielić według rozmiarów. → Książki należy podzielić .... rozmiarów.
10. Ten salonik został zarezerwowany dla tzw. *very important persons*, czyli bardzo ważnych osobistości. → Ten salonik został zarezerwowany dla ....

ZADANIE 161
Copyright by S. Mędak

Proszę wybrać, a potem zapisać w kolumnie po prawej stronie poniższe oznaczenia międzynarodowe.
1 frank szwajcarski = 100 rappów (centymów), 1 złoty = 100 groszy, 1. List św. Jana, albertyni, amper, Białoruś, Chorwacja, Chrześcijańskie Stowarzyszenie Młodzieży Męskiej,

harmonijka ustna, hektar, herc – częstotliwość, Koziorożec, Międzynarodowa Federacja Związków Piłki Nożnej, Międzynarodowy Komitet Olimpijski (MKOl), oxygenium – tlen, polski, Rosja, Słowacja, słowacki.

WZÓR		
CYFRA RZYMSKA	XC	*dziewięćdziesiąt*
1. GWIAZDOZBIORY	Cap	....
2. ORGANIZACJE SPORTOWE	FIFA	....
3. ORGANIZACJE SPORTOWE	CIO	....
4. ORGANIZACJE SPORTOWE	YMCA	....
5. SKRÓTY SAMOCHOWE	BY	....
6. SKRÓTY SAMOCHOWE	CHR	....
7. SKRÓTY SAMOCHOWE	RUS	....
8. KODY PAŃSTW	CRO	....
9. KODY PAŃSTW	SLK	....
10. SKRÓTY NAZW JĘZYKÓW	Pl / Pol	....
11. SKRÓTY NAZW JĘZYKÓW	Sk / Slo	....
12. SKRÓTY W MUZYCE ROCKOWEJ	hca	....
13. SYMBOLE JEDNOSTEK WALUTOWYCH	PLN	....
14. SYMBOLE JEDNOSTEK WALUTOWYCH	CHF	....
15. PIERWIASTKI CHEMICZNE	O	....
16. KSIĘGI BIBLIJNE	1 J	....
17. ZAKONY I ZGROMADZENIA ZAKONNE	Alb	....
18. JEDNOSTKI SI	A	....
19. JEDNOSTKI SI	Hz	....
20. JEDNOSTKI MIAR (poza SI)	ha	....

15. SKŁADNIA ZDAŃ

15.1. Spójniki – Wskaźniki zespolenia

ZADANIE 162

Copyright by S. Mędak

Proszę przekształcić poniższe wypowiedzi dwuzdaniowe (rzadziej wielozdaniowe) na jednozdaniowe konstrukcje syntaktyczne, wykorzystując do tego następujące wskaźniki zespolenia: *a, aby, aczkolwiek, albo, albo ... albo, albowiem.*

WZÓR
Na głowie miał kapelusz. W lewej ręce miał laskę. W prawej miał białe rękawiczki.
→ **Na głowie miał kapelusz, w lewej ręce laskę, a w prawej białe rękawiczki.**

1. Pod domem stał samochód. Obok samochodu kręcił się nieznajomy osobnik.
→ ....
2. Członkowie rządu nie chcieli dyskutować nad tym projektem. To były ciekawe propozycje dla rządu.
→ ....
3. Wyciągnął rękę. Chciał dostać jałmużnę.
→ ....
4. Przyznał się do winy. Nie miał na to żadnej ochoty.
→ ....
5. Wziął proszki nasenne. Chciał szybko zasnąć.
→ ....
6. Planuję wyjazd do Afryki. A może pojadę do Chin? Jeszcze nie zdecydowałem.
→ ....
7. Mogę zaproponować ci do picia wino. Mam również piwo.
→ ....
8. Możesz przyjść w sobotę. Możesz przyjść w niedzielę. Wszystko mi jedno.
→ ....
9. Noc zrobiła się ciemna. Jasny księżyc przykryła burzowa chmura.
→ ....
10. Jeździł często na wieś. Tam znakomicie wypoczywał.
→ ....

ZADANIE 163

Copyright by S. Mędak

Proszę przekształcić poniższe wypowiedzi dwuzdaniowe na jednozdaniowe konstrukcje syntaktyczne, wykorzystując do tego następujące wskaźniki zespolenia: *a, ale, ani, aniżeli (niżli), a więc, a zatem, aż, ażeby, jednak.*

WZÓR
Lubił się bawić. Pociągała go bardziej nauka. → <u>Pociągała go bardziej nauka, aniżeli (niżli) zabawa.</u>

1. Miał dużo ludzi, którzy go lubili. Miał też nieprzejednanych przeciwników.
→ ....
2. Zajmował się raczej dziewczętami. Niewiele zajmował się pracą.
→ ....
3. Wydaje cię się, że widziałem niewiele. Powinieneś wiedzieć, że widziałem bardzo wiele.
→ ....
4. Szalał całe życie. Teraz musi się leczyć.
→ ....
5. Mam do niego zaufanie. On nie mógł mnie zawieść.
→ ....
6. Chciał zobaczyć karnawał w Rio. Wydał całe swoje oszczędności na bilet, hotel i jedzenie.
→ ....
7. Polska jest ojczyzną moich dziadków i mojej mamy. Polska jest moją ojczyzną.
→ ....
8. Karolu, trzeba wiele razy próbować. Może ci się kiedyś uda.
→ ....
9. Nie posprzątał w domu. Nie zrobił również prania.
→ ....
10. Nie chcę już tak żyć. Raczej wolałbym umrzeć.
→ ....

ZADANIE 164

Copyright by S. Mędak

Proszę przekształcić poniższe wypowiedzi dwuzdaniowe na jednozdaniowe konstrukcje syntaktyczne, wykorzystując do tego następujące wskaźniki zespolenia: *bądź, bądź ... bądź, bo, bowiem, byleby, chociaż a. choć, i dlatego.*

ZADANIA TESTOWE

WZÓR
Na zakończenie roku szkolnego przyszli wszyscy uczniowie i wszyscy nauczyciele oraz pracownicy administracji: sekretarki, woźny, pielęgniarka szkolna, bibliotekarki. → Oprócz uczniów i nauczycieli, na zakończenie roku przyszli pracownicy administracji, <u>mianowicie</u> sekretarki, pielęgniarki szkolne, woźni.

1. Wiele podróżowałem. Zwiedziłem prawie cały świat.
→ ....

2. Myśliwi przestali polować na zające. Stada zajęcy zostały uzbrojone przez naturę w broń dalekiego zasięgu.
→ ....

3. Wszędzie w mieście było ciemno. W mieście nastąpiła awaria sieci elektrycznej.
→ ....

4. To mieszkanie jest niefunkcjonalne. Muszę kupić meble robione na miarę.
→ ....

5. Przygotowywał się do egzaminu przez kilka miesięcy. Nie zdał go.
→ ....

6. Miał dopiero trzydzieści lat. Jego włosy były już siwe.
→ ....

7. Wieczorami czytał książki. Oglądał też telewizję.
→ ....

8. Za oknem mróz i zima. W moim sercu jest wiosna.
→ ....

9. Pracowała ciężko. Chciała zapewnić dzieciom lepsze wykształcenie.
→ ....

10. Chciał za wszelką cenę wydostać się z zajętego przez wroga miasta. Gotów był poświęcić wszystkie kosztowności.
→ ....

ZADANIE 165
Copyright by S. Mędak

Proszę przekształcić poniższe wypowiedzi dwuzdaniowe (rzadziej wielozdaniowe) na <u>jednozdaniowe</u> konstrukcje syntaktyczne, wykorzystując do tego następujące wskaźniki zespolenia: *a mianowicie, chociażby, choć, choćby, chyba żeby, co, czy, czy – czy, czyli, dlatego (że).*

WZÓR
Chora nie wychodzi z domu. Wychodzi wyłącznie wtedy, gdy musi. → Chora nie wychodzi z domu, <u>chyba że</u> musi.

1. Rok temu przyjęliśmy pięciu kandydatów. W tym roku przyjmiemy tyle samo.
→ ....

2. Ona ma ponad sześćdziesiąt lat. Ubiera się jakby była nastolatką.
→ ....

3. Przyjechała policja. Policjanci chcieli przeprowadzić wywiad z podejrzanym.
→ ....

4. Nie ujawnię tej tajemnicy nikomu. Ujawniłbym ją tylko wtedy, gdyby mnie torturowano.
→ ....

5. Mój ojciec ma zniszczone ręce. Całe życie pracuje na budowach.
→ ....

6. Nie zmienię mojej decyzji. Wiem, że mogą mnie zwolnić z pracy.
→ ....

7. O zmianie jego zachowania świadczy wiele faktów. Ostatni fakt – punktualne przychodzenie na lekcje.
→ ....

8. Zawsze ubiera się w garnitur. Ubiera się w garnitur, kiedy idzie do pracy. Ubiera się garnitur, kiedy idzie kupić gazety. Ubiera się w garnitur, kiedy zostaje w domu.
→ ....
....

9. Żałuję tylko jednego. Żałuję tego, że nie urodziłem się w innej epoce.
→ ....

10. Zostało nam 10 konserw. Do końca pobytu ma pustyni mamy jeszcze 10 dni.
→ ....

ZADANIE 166

Copyright by S. Mędak

Proszę przekształcić poniższe wypowiedzi dwuzdaniowe na <u>jednozdaniowe</u> konstrukcje syntaktyczne, wykorzystując do tego następujące wskaźniki zespolenia: *dopóki, dopóki – dopóty, ewentualnie, gdy, gdyby, gdyby – to, iż, im – tym, [nie tyle ..., ile ...], [o ile..., o tyle].*

WZÓR
Słyszę kroki na korytarzu. Słyszę, że ktoś tam chodzi.
→ **Słyszę, <u>jak</u> ktoś chodzi od kilku minut po korytarzu.**

1. Ćwiczył systematycznie biegi. Czuł się coraz lepiej fizycznie.
→ ....

2. Wzbijamy się teraz na wysokość sześciu kilometrów. Temperatura powietrza wynosi –50°C.
→ ....

ZADANIA TESTOWE

3. Trenował codziennie i czuł się dobrze. Przerwał treningi i zaczął czuć się gorzej.
→ ....

4. Może zatrzymamy się na noc u znajomych. Może spędzimy noc w hotelu.
→ ....

5. Bardzo nie lubię plotek. Mój mąż je uwielbia.
→ ....

6. Poczuł się tak słabo. Musieliśmy zadzwonić po pogotowie ratunkowe.
→ ....

7. Mam wrażenie, że kpiono sobie trochę z jego gestów i grymasów. Może jednak kpiono sobie raczej z jego pewności siebie.
→ ....

8. Ciągniesz dwie sroki za ogon. W ręku mogą ci zostać jedynie pióra.
→ ....

9. Nie mam szczęścia. Nie zdałem egzaminu!
→ ....

10. Ludzie nie mają władzy nad wszystkim. Dzięki temu świat ciągle istnieje.
→ ....

ZADANIE 167

Copyright by S. Mędak

Proszę przekształcić poniższe wypowiedzi dwuzdaniowe na jednozdaniowe konstrukcje syntaktyczne, wykorzystując do tego następujące wskaźniki zespolenia: *byle, [dopóty..., aż], [ilekroć, ... tylekroć ...], jakby, jakkolwiek, jakoby, jako że, jak też, jednakże, w miarę jak.*

WZÓR
Zaczynała pisać ważny list do swojego męża. Po każdym zdaniu natychmiast odchodziła od biurka. → Co zaczynała pisać list do Karola, po każdym zdaniu odchodziła od biurka.

1. Mówi się, że kobieta przekrzyczy, świat zrujnuje. Na swoim postawi.
→ ....

2. Ludzie boją się starości. Nie mogą mieć jednak pewności, że jej doczekają.
→ ....

3. Prawda to jest piękno. Piękno wcale nie musi być prawdą.
→ ....

4. Niektóre aforyzmy nie są odkrywcze. Trafiają one w sedno.
→ ....

5. Ludzie są lepsi w biedzie niż w dostatku?! Nie zgadzam się z tą opinią.
→ ....

6. Przestrzeń rynkowa staje się coraz bardziej zatłoczona. Perspektywy zysku i wzrostu są coraz bardziej ograniczone.
→ ....

7. Karol w wieku 33 lat zerwał z paleniem. Był to dla niego jedyny sposób, aby więcej oszczędzać.
→ ....

8. Należy oszczędzać wodę. Energię elektryczną również trzeba oszczędzać.
→ ....

9. Mężczyźni przysięgają na wierność. Zapominają o niej przy pierwszej okazji.
→ ....

10. Znowu jesteś tutaj. Za każdym razem moje serce z taką samą mocą się raduje.
→ ....

ZADANIE 168

Copyright by S. Mędak

Proszę przekształcić poniższe wypowiedzi dwuzdaniowe na jednozdaniowe konstrukcje syntaktyczne, wykorzystując do tego następujące wskaźniki zespolenia: *inaczej, jak, [jak..., tak...], jednakże, jeśli (jeżeli), jeśliby (jeżeliby), [jeśliby (jeżeliby)... to...], kiedy, lecz, lub.*

WZÓR
Planowaliśmy wycieczkę w góry. Godzinę temu zaczął padać deszcz i nie zanosiło się na ładniejszą pogodę. → Poszlibyśmy na wycieczkę w góry, jeżeliby nie padało.

1. Pomrzemy wszyscy. Musimy znaleźć źródło wody na tej przeklętej pustyni.
→ ....

2. Nie oceniam sukcesu człowieka po tym, jak wysoko się wspiął. Sukces człowieka oceniam po tym, jak wysoko odbił się od dna.
→ ....
....

3. Mam wrażenie, że sąd ją uniewinni. W ostateczności może ją ukarać niewielką grzywną.
→ ....

4. Nie pukaj do niewłaściwych drzwi! Nie wiesz, co cię tam czeka.
→ ....

5. Długo szukał kandydatki na żonę. Do tej pory jej nie znalazł.
→ ....

6. Wydaje mu się, że wszystko idzie dobrze. Znaczy, że nie ma pojęcia, co się naprawdę dzieje.
→ ....

7. Nie można karać każdego, kto ma charakter przewrotny i zły. Kara nie ominęłaby wtedy nikogo.
→ ....

8. Załóżmy, że Bóg podarował mi jeszcze odrobinę życia. Wykorzystałbym ten dany mi czas najlepiej, jak potrafię.
→ ....
....

9. Nie pozostaje mi nic innego. Mogę tylko czekać i płakać.
→ ....

10. Przewidywałem to. To się w końcu stało.
→ ....

ZADANIE 169

Copyright by S. Mędak

Proszę przekształcić poniższe wypowiedzi dwuzdaniowe na jednozdaniowe konstrukcje syntaktyczne, wykorzystując do tego następujące wskaźniki zespolenia:
ani, który – (to), ledwo, mimo że, natomiast, niech, [nie tylko, ... ale także], nim, [o tyle ..., o ile].

WZÓR
Był młody, piękny. Był nad wyraz inteligentny, bogaty. Cechowały go spokój i opanowanie.
→ **Był nad wyraz inteligentny, młody, piękny, bogaty, a nadto cechował go spokój i opanowanie.**

1. Z zasady nie interesuję się życiem politycznym kraju. Śledzę jedynie to, co ma związek z życiem codziennym.
→ ....

2. Przed chwilą wszedł do domu. Już zaczął się kłócić z żoną.
→ ....

3. Zabrnąłem w mrok. Jednak się nie zgubiłem.
→ ....

4. Pieniądze mają wartość. Pamiętaj, że słowo też może ją mieć.
→ ....

5. Ten polityk nigdy nie był demokratą. Lubi korzystać z demokratycznych haseł.
→ ....

6. Nie potwierdził zaproszenia. Nie pojawił się na przyjęciu.
→ ....

7. Karolu, pamiętaj, że najpierw powinno się policzyć wszystkie jabłka. Dopiero później można je rozdzielić.
→ ....

8. Zobaczysz ty łobuzie! Dopadnę cię kiedyś!
→ ....

9. Proszę wpisać uwagi do megatestu. Autorem megatestu jest Stanisław Mędak.
→ ....

10. Zwyciężył nasz zespół. Należało mu się to.
→ ....

ZADANIE 170
Copyright by S. Mędak

Proszę przekształcić poniższe wypowiedzi dwuzdaniowe na jednozdaniowe konstrukcje syntaktyczne, wykorzystując do tego następujące wskaźniki zespolenia:
niżby, po czym, podczas gdy, pomimo to, pomimo że – to, ponieważ, póki, [póty..., póki], przy tym, skoro..., to.

WZÓR
Przeżyła śmierć swojego męża i dzieci, którzy zginęli w wypadku samochodowym. Po miesiącu wpadła w okropną depresję. → **Musiała wpaść w depresję, skoro przeżyła śmierć dzieci i męża.**

1. Nie da się wejść dwa razy do tej samej rzeki. Ktoś powiedział, że wszystko płynie.
→ ....

2. Tylko on pomagał mi w najtrudniejszych chwilach. Inni, obojętni na cierpienie odwracali na mój widok głowy.
→ ....

3. Hrabina delikatnie jęknęła. Poprawiła skrzywioną perukę, zamknęła oczy i umarła.
→ ....

4. Wydawało się, że to zadanie jest łatwe do rozwiązania. Okazało się, że jest niezmiernie trudne.
→ ....

5. Mówiąc, używał wyszukanych słów. Łatwo było zauważyć, że mu wystaje słoma z butów.
→ ....

6. Była to kobieta wykształcona. Wykazywała się niesłychaną kulturą słowa.
→ ....

7. Ciągle jeszcze oddycham. Mam nadzieję, że żyję.
→ ....

8. Wiedziała, że nie powinna przekroczyć progu tego domu. Po chwili namysłu pchnęła bramkę i skierowała kroki ku drzwiom.
→ ....
....

9. Kocham cię. Potrzebuję cię.
→ ....

10. Kochałem się w pięknych rzeczach. Przestałem się w nich kochać, gdy ujrzałem inne, piękniejsze.
→ ....

ZADANIE 171

Copyright by S. Mędak

Proszę przekształcić poniższe wypowiedzi dwuzdaniowe na jednozdaniowe konstrukcje syntaktyczne, wykorzystując do tego następujące wskaźniki zespolenia:
a tymczasem, [tak, jak], to, tyle że, tylko, tylko że, [tym bardziej, że...], więc, wobec tego, zamiast.

WZÓR
Obiecali mieszkanie dla każdego. Na ulicach widzimy jednak tysiące bezdomnych.
→ **Obiecali mieszkanie dla każdego, tymczasem na ulicach i dworcach śpią setki bezdomnych.**

1. Karolu, kiedy widzisz kałużę, czy musisz w nią wejść? Możesz ją przecież obejść.
→ ....

2. Kryzys finansowy daje o sobie znać. Coraz więcej rządów zaczyna stosować politykę zaciskania pasa.
→ ....

3. Nie zgłosił się na rozmowę kwalifikacyjną. Przewodniczący komisji skreślił go z listy.
→ ....

4. Niektóre narody w Europie cieszą się pełną demokracją. Polacy też chcą się cieszyć pełną demokracją.
→ ....

5. Mam czas. Mogę odpoczywać, ile dusza i ciało zapragną.
→ ....

6. Wcześniej przedyskutowano z zainteresowanymi każdy szczegół. Wyniki głosowania były wielkim zaskoczeniem.
→ ....

7. Mówi się, że wszyscy są dziećmi Boga. Ja jestem sierotą.
→ ....

8. Możecie się tu bawić, ale pod jednym warunkiem. Nie hałasujcie, bo babcia śpi.
→ ....

9. Tak bardzo chciałabym kochać. Nie ma kogo kochać.
→ ....

10. Czekamy na wiosnę, potem na lato, potem na kolejną i kolejną wiosnę. Życie upływa i nie zauważamy, że się starzejemy.
→ ....

ZADANIE 172

Copyright by S. Mędak

Proszę przekształcić poniższe wypowiedzi dwuzdaniowe na **jednozdaniowe** konstrukcje syntaktyczne, wykorzystując do tego następujące wskaźniki zespolenia:
a zatem, zanim, [zarówno ... jak i], zaś, za to, że, żeby, [zwłaszcza, że ...], że aż.

WZÓR
Skończ sprzątać salon o dwunastej! Goście przyjdą na godzinę dwunastą.
→ Skończ sprzątać salon, **zanim** przyjdą goście!

1. Jedni spacerują. Inni siedzą na ławkach w parku.
→ ....
2. Zawrzemy małżeństwo za jakiś czas. Musimy się dobrze poznać.
→ ....
3. Eskalacja działań wojennych przybrała na sile. Coraz więcej ludzi uciekało z Syrii.
→ ....
4. Wszyscy w teatrze byli elegancko ubrani. My byliśmy w dżinsach i w sportowych koszulach.
→ ....
5. Komisja nie poparła prośby petentki. Prośba została definitywnie odrzucona.
→ ....
6. On nie może zginąć na polu walki! Jest zbyt mądry i przebiegły.
→ ....
7. Każdy to widzi. Kolejni dyletanci dorwali się władzy!
→ ....
8. Nauczyciele nie tylko uczą. Nauczyciele też wychowują.
→ ....
9. Nic nie jadła. Chciała schudnąć w biodrach.
→ ....
10. Karolu, jesteś taki słodki! Podwyższył ci się poziom cukru.
→ ....

ZADANIE 173

Copyright by S. Mędak

Proszę przekształcić poniższe wypowiedzi dwuzdaniowe na **jednozdaniowe** konstrukcje syntaktyczne, wykorzystując do tego następujące wskaźniki zespolenia, modulanty lub operatory metatekstowe:
czy, chociaż, chociaż – ale, niemniej jednak, [tak..., że aż ...], [tak, jakby...], [tyle..., że...], [z tym, że], że, żeby.

ZADANIA TESTOWE

WZÓR
W każdą sobotę pracował. W niedzielę też pracował. → **Czy była sobota, czy też niedziela – on pracował.**

1. Lekarz zabronił Karolowi biegania. Karol biegał codziennie kilka kilometrów.
→ ....

2. Chciał przetłumaczyć instrukcję napisaną po angielsku na język polski. Znał za słabo język angielski.
→ ....

3. Pożyczę ci pieniędzy. Jeden warunek – musisz je oddać w terminie.
→ ....

4. Chłopiec był bardzo głodny. Przechodząc przed sklepami z żywnością, odwracał głowę.
→ ....

5. Była zdenerwowana. Nie okazywała tego po sobie.
→ ....

6. Jest opóźniony w rozwoju. Jakoś sobie radzi w szkole.
→ ....

7. Przyniosła bardzo dużo zakupów. Nie mogła ich pomieścić w lodówce.
→ ....

8. Rozmawiam z nią i odnoszę pewne wrażenie. Mam wrażenie, że ona nie słuchała tego, co się do niej mówi.
→ ....

9. Będę się śmiertelnie nudził na wieczorku literackim organizowanym przez Karola. Wiedziałem o tym.
→ ....

10. Chyba nie zamknąłem drzwi. Proszę cię, sprawdź to!
→ ....

15.2. Składnia stylu potocznego

ZADANIE 174

Copyright by S. Mędak

Proszę pokreślić w poniższym fragmencie tekstu eufemizmy oraz ewokacyjne zastępniki.

A Wojtek ciągle pytał:
— A festiwale jakieś u was są?
— Jakie tam festiwale – skrzywił się Czesiek. Dmuchniesz, kurdebalans, jedno za dużo i już cię, kurza twarz, wpiszą do żurnala.
— Karakony na statku macie?
— Nie. Czasem jakiś się napatoczy, to pędzimy. Nowy statek, jeszcze się dranie nie zadomowiły – odparłem.
— Pędzicie? – Wojtek zaprotestował pytaniem. Myśmy mieli takiego jednego, kurza mać, i karmiliśmy go codziennie piwem. Ubóstwiał.
— Piwo lubią – przytaknął Wojtek.
— Do Nigerii wchodzimy? – męczył Wojtek.
— To jeszcze kurdemol, nie wiemy – włączyłem się do dyskusji. – W tamtą stronę nie mamy ładunku, ale w powrotnej drodze diabli, kurza twarz, wiedzą ...
— Tam regularna wojna, bracie – mruknął Wojtek. Jak byliśmy, kurza nędza, ostatni raz, to zaciemnienie, kurcze blade, nawet strzały było słuchać. A pilot opowiadał, że kiedy przy kei, gdzie stawał statek, stał jakiś nigeryjski, na który ładowali amunicję. I był już, kurza melodia, full, a tu zajeżdża jeszcze jakiś wóz, oni tam ostro jeżdżą, i jak nim nie zarzuciło, to spadły z niego jakieś skrzynie, rozpierniczyły się na kei, poleciały z nich na beton granaty i wszyscy padli na mordy, ale te granaty były, kurdebalans zabezpieczone.
A motoryzsta Zbyszek [...] powiedział swoim tubalnym głosem:
— Coś mi się – kurza twarz – zdaje, że będziesz się, kurza twarz, zdrowo kiwać. [...]

Cytat na podstawie *Encyklopedii kultury polskiej XX wieku*, t. II, Wiedza o Kulturze, Wrocław 1993, str. 123 – 124.
Zob. również: http://www.lingwistyka uni.wroc.pl/jk/JK05–bartminski.pdf.

ZADANIE 175

Copyright by S. Mędak

Proszę wybrać z poniższych jednozdaniowych wypowiedzeń wyrazy wskazujące na potoczność ich stylu, wpisać je w miejsce kropek, a następnie zastąpić odpowiednikiem (~kami) zgodnym(i) z wysoką normą polszczyzny.

ZADANIA TESTOWE

WZÓR

0. Kiedy staruszka otworzyła drzwi, <u>zainkasowała</u> dość mocny cios w brzuch, który powalił ją na próg własnego domu.

wyraz(y) potoczny (–e)   *odpowiednik(i) – wysoka norma polszczyzny*
<u>zainkasować</u>   – <u>otrzymać</u>

1. Polskich nauczycieli akademickich wkurza brak jawności większości decyzji podejmowanych przez władze uniwersyteckie.
wyraz(y) potoczny (–e)   *odpowiednik(i) – wysoka norma polszczyzny*
.... – ....

2. Większość Polaków cieszyła się z tego, że Lech Wałęsa przegrał prezydenturę.
wyraz(y) potoczny (–e)   *odpowiednik(i) – wysoka norma polszczyzny*
.... – ....

3. Z nowoczesnego autokaru z zagraniczną rejestracją, wysypały się staruszki i emeryci z dużymi brzuchami.
wyraz(y) potoczny (–e)   *odpowiednik(i) – wysoka norma polszczyzny*
.... – ....

4. W szpitalnych łóżeczkach darły się w niebogłosy dziesiątki niemowlaków.
wyraz(y) potoczny (–e)   *odpowiednik(i) – wysoka norma polszczyzny*
.... – ....
.... – ....

5. Wreszcie ktoś mu wjechał na ambit.
wyraz(y) potoczny (–e)   *odpowiednik(i) – wysoka norma polszczyzny*
.... – ....

6. Posiadamy kompromitujące dokumenty o kolegach, którzy współpracowali z SB.
wyraz(y) potoczny (–e)   *odpowiednik(i) – wysoka norma polszczyzny*
.... – ....

7. Nasz instytut posiada wielu profesorów, dziesięciu doktorów i kilku magistrów.
wyraz(y) potoczny (–e)   *odpowiednik(i) – wysoka norma polszczyzny*
.... – ....

8. Był stałym bywalcem na wszystkich konferencjach językoznawczych.
wyraz(y) potoczny (–e)   *odpowiednik(i) – wysoka norma polszczyzny*
.... – ....

9. Klimat i atmosfera naszego zespołu nie podoba mi się.
wyraz(y) potoczny (–e)   *odpowiednik(i) – wysoka norma polszczyzny*
.... – ....

10. Ceny mieszkań w Polsce podwoiły się i wzrosły o 100 procent w ciągu kilku lat.
wyraz(y) potoczny (–e)   *odpowiednik(i) – wysoka norma polszczyzny*
.... – ....

16. NORMA JĘZYKOWA

16.1. Norma językowa, a zwyczaj używania różnych form językowych

ZADANIE 176

Copyright by S. Mędak

Proszę wpisać w miejsce kropek właściwe formy czasowników z wyrazem *sobie* lub bez tego wyrazu.

WZÓR
(dogadzać lub dogadzać sobie)
0. Po sutym obiedzie, przeszliśmy do różnych deserów: ciast, galaretek, lodów i szampana. → Lubiliśmy <u>dogadzać sobie</u> podczas jedynych w roku wakacji.

[podochocić (się) lub podochocić sobie]
1. Na dorocznej imprezie wypiła za dużo alkoholu i stała się ożywiona, zadowolona oraz dowcipna. Tak, jak inni goście .... podczas tej imprezy.

(podpić lub podpić sobie)
2. Młodzi chłopcy wypili trochę za dużo słodkiego wina i sprawiali wrażenie pijanych. Chłopcy .... przed zabawą, by nie tracić animuszu.

(ubrdać lub ubrdać sobie); pot.
3. Wymyśliła coś absurdalnego i zamęcza mnie tym od kilku dni. ...., że zostanie piosenkarką kabaretową, a głosu nie ma za grosz.

(wyobrażać lub wyobrażać sobie)
4. Podczas kampanii wyborczej wszystko wskazywało na to, że gajowy Kapusta zostanie prezydentem. Jego żona już .... męża jako prezydenta kraju.

(życzyć lub życzyć sobie)
5. Ojciec nie lubił, kiedy dzieci hałasowały w domu, podczas gdy on pracował nad nową książką.
Ojciec nie .... w domu żadnych hałasów, podczas kiedy tworzył.

(myśleć lub myśleć sobie)
6. Synek od kilku dni nie pojawiał się w domu na noc. Przejęta tym faktem żona zwróciła się do męża: Nie wiem, co on .... ! Przecież nie jest jeszcze pełnoletni.

ZADANIA TESTOWE

(być lub być sobie)
7. Pracował dobrze, wykonywał wszystkie polecenia, nie kłócił się z nikim i nie wadził nikomu. .... takim przeciętnym człowieczkiem, jakich miliony na tym bożym świecie.

(radzić lub radzić sobie)
8. Mało zarabiałem i nie mogłem liczyć na pomoc rodziców. Mimo to .... zupełnie nieźle.

(dać lub dać sobie)
9. Marzanna nie lubiła koloru swoich włosów. Po rozmowie z przyjaciółką .... ufarbować włosy na kolor rudy.

(wstrzykiwać lub wstrzykiwać sobie)
10. Był chory na cukrzycę i musiał sam .... insulinę.

ZADANIE 177

Copyright by S. Mędak

Proszę wpisać w miejsce kropek właściwe formy liczby mnogiej podkreślonych czasowników.

WZÓR
Mama nie miała racji. Ja też nie miałem racji. → Ani mama, ani ja nie mieliśmy racji.

1. Właścicielka psa szła wzdłuż brzegów rzeki. Pies szedł obok niej. → Właścicielka psa i jej pies .... wzdłuż brzegów rzeki.
2. Krzyk dzieci nie pozwalał mi na skupienie. Śmiech siedzących na ławkach kobiet utrudniał koncentrację. → Krzyk dzieci i śmiech kobiet .... mi pełną koncentrację.
3. Bezrobotny udał się na darmowy posiłek do *Caritasu*. Jego żona dreptała w tym samym kierunku. → Bezrobotny ze swoją żoną .... na darmowy posiłek do *Caritasu*.
4. Student krytykował program zajęć. Lektor też krytykował nieprzemyślany program zajęć. → Zarówno student, jak i lektor .... program zajęć.
5. Prasa informowała czytelników o zaskakujących decyzjach nowego rządu. Telewizja również to czyniła. → Prasa i telewizja obszernie .... społeczeństwo o decyzjach rządu.
6. Klient wszedł do sklepu. Za nim wszedł jego czteronożny przyjaciel. → Klient i pies .... do sklepu.

7. Karolina mówi świetnie po francusku. Zofia mówi po francusku bez akcentu. → Najlepiej z całej grupy .... po francusku Karolina i Zofia.

8. Konik polny poszedł raz ku Kalatówkom. Boża krówka też raz poszła ku Kalatówkom. → Konik polny z bożą krówką .... raz ku Kalatówkom.

9. Troje wnucząt przygotowało swoje bagaże przed wyjazdem. Babcia też była gotowa do wyjazdu. → Troje wnucząt i babcia już .... swoje bagaże do wyjazdu.

10. Członkowie władz uniwersyteckich czekali na przybycie rektora uniwersytetu, który miał otworzyć posiedzenie Senatu. → Członkowie Senatu czekali na rektora, aby Jego Magnificencja Rektor .... posiedzenie Senatu.

ZADANIE 178
Copyright by S. Mędak

Proszę najpierw podkreślić nie mniej niż dwadzieścia słów, wyrażeń, zwrotów zaczerpniętych z języka potocznego (tekst, p. 1), a potem (p. 2) wpisać ich odpowiedniki właściwe wzorcowej polszczyźnie; (skrót NW – norma wzorcowa).

WZÓR

(0) WIELKA PRZEPYCHANKA – NW: → *zmiana/(–y) w rządzie*

1.
(0) **WIELKA PRZEPYCHANKA**

W Chorwacji pokłócili się ci politycy, którzy rządzą. Póki (1) trzymali sztamę, to inni mogli im (2) naskoczyć. Bo rządząca (3) paczka (zwana (4) po ichniemu Zajednicą) była największa. Zajednica wmówiła Chorwatom, że wszystko, co robi, to dla ich dobra i że sama wie najlepiej, a zwłaszcza najważniejszy Tudjman. Ale okazało się, że politycy z Zajednicy (5) nachapali się za bardzo (6) u żłoba i (7) narozrabiali za granicą. Ludzie zaczęli (8) sarkać, a inne paczki znów dobrały się Zajednicy do skóry.

Wtedy, część Zajednicy z jednym Mesiciem na czele postanowiła (9) się wypiąć i założyć własną paczkę. Mówią, że teraz widzą, że Zajednica to złodzieje i bandyci, a Tudjman najgorszy. A przy okazji pewno Mesić sam chciał zostać najważniejszy i (10) wykopać Tudjmana.

Zajednica (11) się spietrała i zaczęła (12) się dogadywać ze zdrajcami. Bała się, że zdrajcy (13) zawiążą sztamę z innymi paczkami i razem dadzą im (14) popalić. Dogadali się więc, że jak główni zdrajcy się nieco odsuną (15) od żłoba – gdzie wciąż tkwili, bo byli przecież w Zajednicy – to reszta paczki trochę dopuści ich (16) kumpli, ale nie za blisko. Słowem, (17) podzielą się korytem.

Ale w końcu się okazało, że zdrajców jest mniej niż myślano. I kiedy zgodnie z umową Mesić i jeszcze jeden (18) ważniak się odsunęli, to Zajednica (19) powiedziała „wała", i w ogóle (20) nie dopuściła do żłobu nikogo; ani ważnych zdrajców, ani ich kumpli. Mesić został na lodzie i (21) drze ryja. (22) Ale jaja.

2.

(1) NW; odpowiednik(i): → ....
(2) NW; odpowiednik(i): → ....
(3) NW; odpowiednik(i): → ....
(4) NW; odpowiednik(i): → ....
(5) NW; odpowiednik(i): → ....
(6) NW; odpowiednik(i): → ....
(7) NW; odpowiednik(i): → ....
(8) NW; odpowiednik(i): → ....
(9) NW; odpowiednik(i): → ....
(10) NW; odpowiednik(i): → ....
(11) NW; odpowiednik(i): → ....
(12) NW; odpowiednik(i): → ....
(13) NW; odpowiednik(i): → ....
(14) NW; odpowiednik(i): → ....
(15) NW; odpowiednik(i): → ....
(16) NW; odpowiednik(i): → ....
(17) NW; odpowiednik(i): → ....
(18) NW; odpowiednik(i): → ....
(19) NW; odpowiednik(i): → ....
(20) NW; odpowiednik(i): → ....

Powyższy tekst D. Warszawskiego ukazał się 27 maja 1994 r. w tzw. wydaniu P, czyli w Północnej Polsce; za: Fras J., *Dziennikarski warsztat językowy*, Wydawnictwo UW, Wrocław 1999, s. 36–37. Tekst przedrukowany w: *W ŚWIECIE POLSZCZYZNY*, op. cit., lekcja numer 26.

ZADANIE 179

Copyright by S. Mędak

A.
Proszę określić podkreślone formy czasowników jako czasowniki zgodne bądź niezgodne z normą wzorcową polszczyzny.

WZÓR
lubić

Jedni Polacy mówią: a. *Ona zawsze lubiała popisywać się przed swoimi koleżankami*; inni: b. *Ona zawsze lubiła popisywać się przed swoimi koleżankami.*
Forma zgodna z normą polszczyzny wzorcowej – b
Forma niezgodna z normą wzorcową   – a

POLSKI C2. MEGATEST

1.
domyśleć się / domyślić się

Jedni Polacy mówią: **a.** *Trudno domyśleć się czegoś, gdy mamy niewiele danych*; inni: **b.** *Trudno domyślić się czegoś, gdy mamy niewiele danych.*

Forma zgodna z normą polszczyzny wzorcowej – ....
Forma niezgodna z normą wzorcową – ....

2.
karać

Jedni Polacy mówią: **a.** *Karzę dzieci za każde przewinienie*; inni: **b.** *Karam dzieci za każde przewinienie.*

Forma zgodna z normą polszczyzny wzorcowej – ....
Forma niezgodna z normą wzorcową – ....

3.
kłopotać się

Jedni Polacy mówią: **a.** *Nie kłopotaj się o pieniądze!*; inni: **b.** *Nie kłopocz się o pieniądze!*

Forma zgodna z normą polszczyzny wzorcowej – ....
Forma niezgodna z normą wzorcową – ....

4.
namyślić się / namyśleć się

Jedni Polacy mówią: **a.** *Zanim się zdecyduję, muszę mieć trochę czasu, aby się namyślić*; inni: **b.** *Zanim się zdecyduję, muszę mieć trochę czasu, aby się namyśleć.*

Forma zgodna z normą polszczyzny wzorcowej – ....
Forma niezgodna z normą wzorcową – ....

5.
nienawidzić

Jedni Polacy mówią: **a.**: *Co sprawia, że człowiek zaczyna nienawidzieć sam siebie?*; inni: **b.**: *Co sprawia, że człowiek zaczyna nienawidzić sam siebie?*

Forma zgodna z normą polszczyzny wzorcowej – ....
Forma niezgodna z normą wzorcową – ....

6.
płukać

Jedni Polacy mówią: **a.** *Po wypraniu koszuli płuczę ją w wodzie*; **b.** *Po wypraniu koszuli płukam ją w wodzie.*

Forma zgodna z normą polszczyzny wzorcowej – ....
Forma niezgodna z normą wzorcową – ....

7.
słać

Jedni Polacy mówią: **a.** *W tragediach Szekspira trup się ścieli gęsto*; inni: **b.** *W tragediach Szekspira trup się ściele gęsto.*

Forma zgodna z normą polszczyzny wzorcowej – ....
Forma niezgodna z normą wzorcową – ....

ZADANIA TESTOWE

8.
warto

Jedni Polacy mówią: **a.** *Wartało by się nad tym zastanowić*; inni: **b.** *Warto byłoby się nad tym zastanowić.*
Forma zgodna z normą polszczyzny wzorcowej – ....
Forma niezgodna z normą wzorcową – ....

9.
zdjąć

Jedni Polacy mówią: **a.** *Zdejm kapelusz przed wejściem do kościoła!*; inni: **b.** *Zdejmij kapelusz przed wejściem do kościoła!*
Forma zgodna z normą polszczyzny wzorcowej – ....
Forma niezgodna z normą wzorcową – ....

10.
zemleć

Jedni Polacy mówią: **a.** *Już zmełłem tę kawę*; inni: **b.** *Już zmieliłem tę kawę.*
Forma zgodna z normą polszczyzny wzorcowej – ....
Forma niezgodna z normą wzorcową – ....

ZADANIE 180

Copyright by S. Mędak

Proszę podkreślić zdania, które nie stwarzają żadnych problemów składniowych.

WZÓR 1
a. Pierwsze sześć dni minęło przyjemnie.
b. Pierwsze sześć dni minęły przyjemnie.

WZÓR 2
a. Wszystkie dziesięć staruszek zostało ograbionych.
b. Wszystkich dziesięć staruszek zostało ograbionych.
c. Wszystkie dziesięć staruszek zostało ograbione.
d. Wszystkich dziesięć staruszek zostało ograbione.

1.
a. Pierwszych sześć dni minęło przyjemnie.
b. Pierwszych sześć dni minęły przyjemnie.

2.
a. W gazecie pisze, że od 1 stycznia opłata za abonament wzrośnie o 20 procent.
b. W gazecie pisało, że od 1 stycznia opłata za abonament wzrośnie o 20 procent.
c. W gazecie jest / było napisane, że od 1 stycznia opłata za abonament wzrośnie o 20 procent.

3.
a. Żyj tak, by każdy dzień wart był zapamiętania a nie zapomnienia.
b. Żyj tak, by każdy dzień warty był zapamiętania a nie zapomnienia.

4.
a. Dziesięć wskazówek odnośnie do bezpieczeństwa w usługach internetowych.
b. Dziesięć wskazówek odnośnie bezpieczeństwa w usługach internetowych.

5.
a. Czy w listach zaimek *nasz* w znaczeniu 'mój i twój' należy pisać wielką literą?
b. Czy w listach zaimek *nasz* w znaczeniu 'mój i twój' należy pisać z wielkiej litery?

6.
a. Autobus z Krakowa do Mielca jedzie około dwie godziny.
b. Autobus z Krakowa do Mielca jedzie około dwóch godzin.

7.
a. Do końca zawodów pozostała jeszcze trójka zawodników.
b. Do końca zawodów pozostało jeszcze trzech zawodników.

8.
a. Podczas działań podjętych przez policję w szeregu wypadków dochodziło do łamania przepisów prawnych.
b. Podczas działań podjętych przez policję w szeregu wypadkach dochodziło do łamania przepisów prawnych.

9.
a. Najpierw przeczytaj dwukrotnie to zadanie z fizyki, a potem rozwiąż go.
b. Najpierw przeczytaj dwukrotnie to zadanie z fizyki, a potem rozwiąż je.

10.
a. W cudzysłowie pojedynczym zapisujemy słowa lub sformułowania, których znaczenie wyjaśniamy.
b. W cudzysłowiu pojedynczym zapisujemy słowa lub sformułowania, których znaczenie wyjaśniamy.

ZADANIE 181
Copyright by S. Mędak

Proszę podkreślić zdania, które nie stwarzają żadnych problemów składniowych.

WZÓR – jak w zadaniu numer 180.

ZADANIA TESTOWE

1.
a. Wszystkie 10 kandydatek zostało przyjęte.
b. Wszystkie 10 kandydatek zostało przyjętych.
c. Wszystkich 10 kandydatek zostało przyjęte.
d. Wszystkich 10 kandydatek zostało przyjętych.

2.
a. Będąc rozrzutnym, doprowadzisz firmę do bankructwa.
b. Będąc rozrzutny, doprowadzisz firmę do bankructwa.

3.
a. Sensem życia jest bycie szczęśliwym i kochanym.
b. Sensem życia jest bycie szczęśliwy i kochany.

4.
a. Lepiej być nieszczęśliwa samotnie, niż nieszczęśliwa z kimś innym.
b. Lepiej być nieszczęśliwą samotnie, niż nieszczęśliwą z kimś innym.

5.
a. Tylko ja wiem, jak dobrze być młodą i urodziwą.
b. Tylko ja wiem, jak dobrze być młoda i urodziwa.

6.
a. W życiu trzeba być przewidujący.
b. W życiu trzeba być przewidującym.

7.
a. Było za pięć szósta.
b. Była za pięć szósta.
c. Było pięć po szóstej.

8.
a. Przybędzie dużo zainteresowanych na to spotkanie.
b. Mieliśmy dużo zainteresowanych na tym spotkaniu.
c. Nie mieliśmy dużo zainteresowanych na tym spotkaniu.
d. Zapoznałem się z dużo zainteresowanymi na tym spotkaniu.
e. Zapoznałem się wieloma (wielu) zainteresowanymi na tym spotkaniu.

9.
a. Kontestatorze, bierz życie takie, jakie jest.
b. Kontestatorze, bierz życie takim, jakie jest.
c. Kontestatorze, bierz życie takim, jakim jest.

d. Kontestatorze, bierz życie takie, jakim jest.

10.
a. W związku z tym chcę ogłosić konkurs – pierwszych 10 osób, które wskaże polskiego europosła aktywniejszego niż ja, zostanie przeze mnie zaproszone na 3–dniową wycieczkę do Brukseli.
b. W związku z tym chcę ogłosić konkurs – pierwszych 10 osób, które wskażą polskiego europosła aktywniejszego niż ja, zostaną przeze mnie zaproszone na 3–dniową wycieczkę do Brukseli.
c. W związku z tym chcę ogłosić konkurs – pierwszych 10 osób, które wskażą polskiego europosła aktywniejszego niż ja, zostanie przeze mnie zaproszone na 3–dniową wycieczkę do Brukseli.

http://migal.salon24.pl/

ZADANIE 182
Copyright by S. Mędak

Proszę podkreślić zdania, które nie stwarzają żadnych problemów składniowych.

WZÓR – jak w zadaniu numer 180.

1.
a. Zapomniałem wziąć ze sobą parasol.
b. Zapomniałem wziąć ze sobą parasola.

2.
a. Niekochani chcą miłość, bezrobotni chcą pieniądze, a bogaci chcą sławę.
b. Niekochani chcą miłości, bezrobotni chcą pieniędzy, a bogaci chcą sławy.

3.
a. Głodny chce chleba, spragniony wody, chory chce zdrowia.
b. Głodny chce chleb, spragniony wodę, chory chce zdrowie.

4.
a. Życie opiekunki do dziecka nie jest łatwe: jedno dziecko chcę zabawkę, drugie flamaster do malowania, trzecie gumkę do ścierania.
b. Życie opiekunki do dziecka nie jest łatwe: jedno dziecko chcę zabawki, drugie flamastra do malowania, trzecie gumki do ścierania.

5.
a. Podpisałem umowę, na mocy której wszystkie prawa należą się wydawnictwu.
b. Podpisałem umowę, na której mocy wszystkie prawa należą się wydawnictwu.

ZADANIA TESTOWE

6.
a. Przygotowano już makietę, na której podstawie zrobiony zostanie odlew z brązu.
b. Przygotowano już makietę, na podstawie której zrobiony zostanie odlew z brązu.

7.
a. Kupiłem program komputerowy, za pomocą którego wykonuję wszystkie potrzebne mi obliczenia.
b. Kupiłem program komputerowy, za którego pomocą wykonuję wszystkie potrzebne mi obliczenia.

8.
a. Rezultatów tego badania nie da się ocenić jako dostateczne.
b. Rezultatów tego badania nie da się ocenić jako dostatecznych.

9.
a. Za dodatkową opłatą możemy nabyć samochód wyposażony w skórzaną tapicerkę.
b. Za dodatkową opłatę możemy nabyć samochód wyposażony w skórzaną tapicerkę.

10.
a. Wyjechał bez słowa, by powrócić po trzech i pół miesiącach.
b. Wyjechał bez słowa, by powrócić po trzech i pół miesiąca.

ZADANIE 183
Copyright by S. Mędak

Proszę podkreślić zdania, które nie stwarzają żadnych problemów fleksyjnych ani składniowych.

WZÓR
Dlaczego pogotowie zabrało do szpitala państwo młodych z ceremonii ślubu?
<u>Dlaczego pogotowie zabrało do szpitala państwa młodych z ceremonii ślubu?</u>

1.
a. Kraków zazdrości Wrocławowi stuletniego Mostu Grunwaldzkiego.
b. Kraków zazdrości Wrocławiowi stuletniego Mostu Grunwaldzkiego.

2.
a. Podobno osiemdziesięciu procentom przeciętnych ludzi wydaje się, że są lepsi od innych przeciętnych ludzi.
b. Podobno osiemdziesięciu procent przeciętnych ludzi wydaje się, że są lepsi od innych przeciętnych ludzi.

3.
a. Google chce przejąć dziewięćdziesiąt procent użytkowników Microsoft Office.
b. Google chce przejąć dziewięćdziesiąt procentów użytkowników Microsoft Office.

4.
a. Przez półtorej tygodnia byłem bez telefonu.
b. Przez półtora tygodnia byłem bez telefonu.

5.
a. Gdy dziecko zachowa się niegrzecznie wobec starszych, należy je stosownie ukarać.
b. Gdy dziecko zachowa się niegrzecznie wobec starszych, należy go stosownie ukarać.

6.
a. Piękno istnieje, tylko trzeba chcieć je widzieć.
b. Piękno istnieje, tylko trzeba chcieć go widzieć.

7.
a. Jeśli chcesz coś przytoczyć w cudzysłowie, zapoznaj się najpierw z odmianą słowa *cudzysłów*.
b. Jeśli chcesz coś przytoczyć w cudzysłowiu, zapoznaj się najpierw z odmianą słowa *cudzysłów*.

8.
a. Jedni wybierali zgnite śliwki, a drudzy jeszcze bardziej zgnitsze.
b. Jedni wybierali zgnite śliwki, a drudzy jeszcze bardziej zgnite.
c. Jedni wybierali zgniłe śliwki, a drudzy jeszcze bardziej zgniłe.

9.
a. Wyczekiwany koniec świata nie przyszedł, chociaż minął rok dwa tysiące dwunasty.
b. Wyczekiwany koniec świata nie przyszedł, chociaż minął rok dwutysięczny dwunasty.

10.
a. Na jednym zegarku była godzina dwunasta jeden, a na drugim dwunasta dwie.
b. Na jednym zegarku była godzina dwunasta jedna, a na drugim dwunasta dwa.

CZĘŚĆ II

ZAGADNIENIA UZUPEŁNIAJĄCE

Składnia

17. WYBÓR JĘZYKOWYCH ZNAKÓW POŁĄCZENIA

ZADANIE 184

Copyright by S. Mędak

Proszę wstawić w miejsce kropek dowolne wskaźniki zespolenia, relatory, operatory metatekstowe lub modulanty.

WZÓR
Prawdą jest, że metro w Paryżu jest wspaniałe.

1. Możliwe, ………………………… mój syn już śpi. Był bardzo zmęczony, kiedy wrócił z pracy.
2. Wątpliwe, ………………………… mój syn już śpi. Nigdy nie chodzi spać przed północą.
3. ……… chodzi o moich rodziców, …… zarówno ojciec, jak matka nigdy mną się nie interesowali.
4. On łudzi się, ………………………… wybrany przez niego kierunek studiów należy do najlepszych.
5. Poleciał go Genewy samolotem, ………………………… się zobaczyć z ukochaną dziewczyną.
6. Prawdą jest, ………………………… profesor X jest najlepszym nauczycielem w tym liceum.
7. Na pytanie profesora, ………… zna się na informatyce, student odpowiedział, …………… nie wie, ………… zna się na informatyce.
8. Na pytanie, czy czuje się wolnym człowiekiem odpowiedział, ………… zawsze czuł się wolnym człowiekiem.
9. Spodziewała się, ………… mąż jej przebaczy.
10. Zawsze marzyłem o tym, ………… dokonać czegoś wyjątkowego.

ZADANIE 185

Copyright by S. Mędak

Proszę wstawić w miejsce kropek dowolne wskaźniki zespolenia, relatory, operatory metatekstowe lub modulanty.

WZÓR
Dziecko pogodziło się z tym, że codziennie będzie chodziło do szkoły.

ZADANIA TESTOWE

1. Ona podejrzewa męża o to, ... jest nieszczery.
2. Zobowiązałem się wobec moich znajomych, ... wykonam projekt w terminie.
3. Mój znajomy kompromitował mnie tym, ... nie umiał się zachować w towarzystwie.
4. Nie pamięta, ... niemiłego powiedziała mu wczoraj.
5. On prosił kolegę, ... mu pomógł w trudnej sytuacji.
6. Matka starała się o to, ... jej syn mógł zapisać się do klasy specjalnej.
7. Marzę, ... mieć sportowy samochód.
8. Lekarz zalecił mi, ... nie palił papierosów.
9. Matka doradzała synowi, ... nie żenił się z tą dziewczyną.
10. On był skąpy dla swoich dzieci, ... nawet dla siebie.

ZADANIE 186

Copyright by S. Mędak

Proszę wstawić w miejsce kropek dowolne wskaźniki zespolenia, relatory, operatory metatekstowe lub modulanty.

WZÓR

Prosił, aby tego nie mówić nikomu.

1. Spodziewam się, ... poród dziecka odbędzie się bez żadnej komplikacji.
2. Zdecydował, ... wyjedzie z tego kraju na zawsze.
3. Zgodziłem się wyjazd w góry, ... szczerze nie lubiłem wycieczek górskich.
4. Spodziewał się, ... wkrótce otrzyma podwyżkę w pracy.
5. Tłumaczyłem ci wiele razy, ... nie jadł obfitego śniadania.
6. Ojciec doradził nam, ... pojechali na wakacje samochodem, ... nie pociągiem.
7. Podczas karnawału na ulicach tańczono .... bawiono się do białego rana.
8. On dokuczał nie tylko swoim rówieśnikom, ... także swoim rodzicom.
9. Ja myślałem tylko o niej, ... ona myślała o innym mężczyźnie.
10. Jest naiwny jak dziecko, ... koledzy wykorzystują go na każdym kroku.

ZADANIE 187

Copyright by S. Mędak

Proszę wstawić w miejsce kropek dowolne wskaźniki zespolenia, relatory, operatory metatekstowe lub modulanty.

WZÓR

On pisał na maszynie, a ona dyktowała mu tekst.

1. Został starostą roku, ... był najstarszym i najbardziej inteligentnym studentem.

2. Było coraz mniej dzieci w parku, ... zbliżały się jesienne chłody.
3. Nie zrobię tego nigdy, ... mnie zmusili siłą.
4. Nie tylko pięknie śpiewał, ... i grał znakomicie na fujarce.
5. Nie tylko pracowała zawodowo, ... również udzielała się społecznie.
6. .... bliżej było egzaminów, ... byłem bardziej zdenerwowany.
7. Był wprawdzie zmęczony, ... nie odpoczywał, bo miał dużo pracy.
8. Zrobiło się wreszcie ciepło, ... zaświeciło słońce.
9. Wziął tabletki nasenne, ... szybciej zasnąć.
10. Ziewał, ... był znudzony.

ZADANIE 188
Copyright by S. Mędak

Proszę wstawić w miejsce kropek dowolne wskaźniki zespolenia, relatory, operatory metatekstowe lub modulanty.

WZÓR
Sąsiedzi prosili, żeby Janko Muzykant nie grał na swej fujarce już o szóstej rano.

1. On boi się, ... dziecko się nie przeziębiło.
2. Byłem zdumiony, ... po tak długim okresie nieobecności rozpoznano mnie bez trudu.
3. Nie byłem przygotowany na to, ... przyjedziesz dzisiaj.
4. Nawet nie zauważyłem, ... ktoś po cichu wyszedł z pokoju.
5. Warto być uczciwym, ... nie zawsze się to opłaca.
6. Długo zastanawiałem się, ... podjąłem tę decyzję.
7. Robiłem wszystko, ... wyjść z tej fatalnej sytuacji.
8. Nie chciałem, ... dzieci przeszkadzały mi w pracy.
9. Nie wierzę, ... on mógł to zrobić.
10. Niepokoiłem się o to, ... mój syn nie spowodował wypadku na drodze.

ZADANIE 189
Copyright by S. Mędak

Proszę wstawić w miejsce kropek dowolne wskaźniki zespolenia, relatory, operatory metatekstowe lub modulanty.

WZÓR
Ucieszyłem się, że mimo wszystko przyszłaś dzisiaj na to spotkanie.

1. Jestem pewny, ... szybko zrobisz karierę.
2. Lepiej, ... młodzież nie brała udziału w tej demonstracji.

3. Możliwe, ... dzisiaj będzie padać deszcz.
4. Zastanawiałem się nad tym, ... rozwiązać ten problem, i jaką metodą.
5. To okropne, ... ona to zrobiła ze swoim mężem!
6. Nie wiedziałem, ... znaleźć wyjście w tak skomplikowanej sytuacji.
7. Sytuacja była trudna, a ja nie wiedziałem, ... postąpić.
8. Namawiano mnie, ... się odzwyczaił od palenia papierosów na czczo.
9. Zadbał o to, ... nasz pobyt był udany.
10. Nie pamiętam, ... kiedykolwiek spotkałem się z tym człowiekiem.

ZADANIE 190

Copyright by S. Mędak

Proszę wstawić w miejsce kropek dowolne wskaźniki zespolenia, relatory, operatory metatekstowe lub modulanty.

WZÓR
Polacy używają coraz częściej swych samochodów, <u>choć</u> cena benzyny ciągle wzrasta.

1. Dopóty pił, ... miał pieniądze.
2. Gotów był oddać ostatnie pieniądze, ... mieć kolegów.
3. Kupiłbym samochód, ... miał pieniądze.
4. On pracował, ... gdy inni odpoczywali.
5. On pracuje, ... ona opiekuje się dziećmi.
6. Patrzył się na mnie, ... chciał wyczytać z mojej twarzy odpowiedź.
7. Wprawdzie nie miał czasu, ... nas przyjął.
8. Wrócił do domu, ... zapomniał klucze do samochodu.
9. Zadzwoń do mnie wieczorem, ... chcesz się ze mną umówić.
10. Zajmowała się zarówno ogrodem, ... i kuchnią.

ZADANIE 191

Copyright by S. Mędak

Proszę wstawić w miejsce kropek dowolne wskaźniki zespolenia, relatory, operatory metatekstowe lub modulanty.

WZÓR
Nie pójdzie do pracy, <u>choćby</u> ciągnęli go tam siłą.

1. Przyszła z wizytą, ... odgrażała się, że nie przyjdzie.
2. Odłożyłem słuchawkę telefonu, ... usłyszałem głos osoby, z którą nie chciałem rozmawiać.

3. Kupiłem ten bukiet kwiatów, ... dać go mojej narzeczonej.
4. Był serdeczny, ... miał dużo kolegów i przyjaciół.
5. Najczęściej spędzałem wolny czas na czytaniu, ... (na) oglądaniu telewizji.
6. Zna sześć języków, ...: angielski, polski, łemkowski, serbski, litewski i hebrajski.
7. Zawodnik złamał nogę, ... nie weźmie udziału w zawodach.
8. Jeden był gruby, ... drugi chudy.
9. Sprzedał majątek, ... pieniądze rozdał biednym.
10. Wybiegł szybko po zajęciach, ... zdążyć na ostatni autobus.

ZADANIE 192

Copyright by S. Mędak

Proszę wstawić w miejsce kropek dowolne wskaźniki zespolenia, relatory, operatory metatekstowe lub modulanty.

WZÓR
Dałem ci dodatkowy koc, abyś nie zmarzł w nocy.

1. Pomalowaliśmy dom, ... uchronić drewno przed gniciem.
2. Znam na tyle trzy języki obce, ... swobodnie czytać i pisać w tych językach.
3. Zrobię to jutro, ... pojutrze.
4. Bądź rozsądny, ... inaczej będziesz tego żałował.
5. Mogę wyjść za jakiegokolwiek mężczyznę, ... był bogaty.
6. .... znał słabo język angielski porozumiewał się z Anglikami bez większych kłopotów.
7. .... zapewnień, że tego nie zrobi drugi raz, nikt mu już nie wierzył.
8. Zjadł niewiele, ... był bardzo głodny.
9. Dopóki nie miała pierwszego dziecka, ... nie wiedziała, co to jest odpowiedzialność.
10. Grał na trąbce, ... do momentu, gdy poczuł ból w gardle.

ZADANIE 193

Copyright by S. Mędak

Proszę wstawić w miejsce kropek dowolne wskaźniki zespolenia, relatory, operatory metatekstowe lub modulanty.

WZÓR
Był uczniem zdolnym, acz (aczkolwiek) leniwym.

ZADANIA TESTOWE

1. Był zdolnym inżynierem, ... nie przykładał się do pracy.
2. Wybierzemy się do rodziców, ... dzieci będą zdrowe.
3. Nie znosiła, ... jej się przyglądano.
4. Nie może wejść do domu, ... zgubił klucze.
5. .... miał odpowiedni dyplom, mógłby dostać dobrą pracę.
6. .... wracali ze spaceru, zaczął padać deszcz.
7. Ojciec odszedł na zawsze, ... próbowaliśmy go zatrzymać.
8. Nic mnie nie powstrzyma przed tą decyzją, ... świat się zawalił.
9. Nie podano kawioru, ... przez oszczędność, ... przez skąpstwo, ale dlatego, że nikt nie lubił tego smakołyku.
10. Nie mam .... szczęścia, ... urody, ... pieniędzy.

ZADANIE 194
Copyright by S. Mędak

Proszę wstawić w miejsce kropek dowolne wskaźniki zespolenia, relatory, operatory metatekstowe lub modulanty.

WZÓR
Jest dobrze, ale mogłoby być lepiej.

1. .... byłam zdrowa, nie znałam lekarzy.
2. Był przeziębiony, ... nie przyszedł na imieniny.
3. Gdybyś chciał się z mną spotkać, ... zadzwoń.
4. Ludzie dopóty wierzą w plotki, ... nie poznają prawdy.
5. ...... więcej mamy czasu, ... bardziej stajemy się leniwi.
6. Nie każdy towar jest wart tyle, ... za niego płacimy.
7. Od roku prowadziłem regularny tryb życia .... byłem z tego bardzo zadowolony.
8. Wiem, że nie przekonam go, ... rozmawiał z nim całymi dniami.
9. Znam twarz tego człowieka i zastanawiam się, ... już go gdzieś spotkałem.
10. Długo i z zapałem rozmawialiśmy na ławce w parku, ... zrobiło się ciemno.

ZADANIE 195
Copyright by S. Mędak

Proszę wstawić w miejsce kropek dowolny wskaźnik zespolenia, relator, operator metatekstowy lub modulant.

WZÓR
Zob. dwa pierwsze zdania testu załączonego poniżej.

(0) Wstawałem codziennie o siódmej rano, **jak** tylko zadzwonił budzik. **(0)** Myłem się **i** poprawiałem fryzurę, **a** potem gimnastykowałem się, **podczas gdy** z magnetofonu płynęła muzyka klasyczna.

(1) .... miałem wiele czasu, słuchałem tylko najkrótszych porannych wiadomości bieżących, ... rano przekazywano wyłącznie informacje o wypadkach na drogach. **(2)** Potem przez okno obserwowałem przechodzących ludzi, ... są ubrani. **(3)** Miałem do wyboru: spacer, ... lekturę porannej prasy. **(4)** Czytałem codziennie gazety, ... wiedzieć, co się dzieje na świecie.

(5) Zadzwonił telefon, ... wychodziłem z mieszkania. **(6)** Pomyślałem, ... to pomyłka, ... nikt do mnie nie dzwonił tak wcześnie rano. **(7)** Musiałem jednak kupić moje ulubione gazety, a ....: *Wysokie obcasy, Panią domu, Przyjaciółkę, Cogito* oraz *Przekrój*. **(8)** Z doświadczenia wiedziałem, że .... nie wyjdę za chwilę, sąsiadka z parteru wykupi ostatnie numery moich ulubionych czasopism. **(9)** .... będę żył, ... będę kupował te czasopisma. **(10)** .... zdecydowałem, ... nie podniosę słuchawki telefonicznej. **(11)** .... schodziłem powoli po schodach – przytrzymując się poręczy – znowu zadzwonił telefon. **(12)** Nie wiedziałem .... to była pomyłka, ... też ktoś do mnie chce się dodzwonić. **(13)** Wróciłem do mieszkania, ... zajrzeć do kalendarza. **(14)** Okazało się, ... to była niedziela. **(15)** Pomyślałem: „.......................... *jest niedziela, to moja kioskarka śpi snem dziecka w swoim łóżku*". **(16)** A potem powiedziałem sam do siebie głosem zawiedzionego dziecka: „......................... *jest niedziela,* .... *ja mogę też dłużej spać"*.

ZADANIE 196
Copyright by S. Mędak

Proszę wstawić w miejsce kropek jeden z podanych wskaźników zespolenia (spójników) lub modulantów: [choć ..., to], [dopóki ..., dopóty], [im ..., tym], [na tyle ..., co], [na tyle ..., ile], [na tyle ..., że], [tak, jak], [wprawdzie ..., to jednak], [zarówno ..., jak].

WZÓR
Dam ci tyle pieniędzy, ile mam.

1. .... był znanym artystą, ... rzadko występował na scenie.
2. Lubię powieści ....współczesne, ... historyczne.
3. Zachowywała się dokładnie ...., ... nauczyła ją matka.
4. .... dłużej studiuję, ... więcej mam wątpliwości.
5. .... będę mieszkała z mężem, ... nie będę miała problemów finansowych.
6. Obchodzi to .... nas, ... was.
7. Znał języki obce ...., ... mógł się nimi posługiwać w trudnych sytuacjach.

8. .... nie skończysz wypracowania, ... będziesz siedział w domu.
9. .... woda głębsza, ... łatwiej płynąć.
10. Twarz .... piękna, ... miła.

ZADANIE 197
Copyright by S. Mędak

Proszę skonstruować zdania złożone współrzędnie.

WZÓR

Janek zawsze wracał po pracy do domu.
Spożywał późną kolację.
Potem odpoczywał.
Następnie przygotowywał plan pracy na następny dzień.

→ **Janek zawsze wracał po pracy do domu, spożywał późną kolację, potem odpoczywał, a następnie przygotowywał plan pracy na następny dzień.**

  1. *Dziecko podniosło rękę.*
  Poruszyło głową.
  Westchnęło lekko.
  Westchnąwszy, opuściło rękę.
→ ....

  2. *Na spotkaniu wyczuwało się atmosferę znudzenia.*
  Nikt już nie zadawał pytań.
  Wydawało się, że nikt nie słucha.
  Prowadzący zebranie zrozumiał, że czas na przerwę.
→ ....

  3. *Zapadała ciemna noc.*
  Z parku zaczęły wychodzić pary młodych ludzi.
  Dziewczyny poruszały się leniwie (leniwo).
  Chichotały radośnie.
  Mężczyźni patrzyli na swe dziewczyny rozmarzonymi oczami.
→ ....

  4. *Nareszcie wszyscy manifestujący znaleźli się przed trybuną.*
  Przywódcy poszczególnych grup odetchnęli z ulgą.
  Stanęli w pierwszym rzędzie na kilka metrów przed trybuną.
→ ....

  5. *Żartujesz ze mnie.*
  Jest mi przykro.
→ ....

6. Ten śmiał się jak oszalały.
Tamten śmiał się jakby płakał.

→ ....

7. Wszyscy studenci wyszli z wykładu razem.
Na rogu ulicy niektórzy z nich skręcili w prawo.
Inni zatrzymali się i wciąż dyskutowali.

→ ....

8. Chciał powiedzieć coś śmiesznego.
Po chwili zrozumiał, że nie jest to najlepszy moment.
Zdecydował, że nic nie powie.

→ ....

9. W sali nastąpiła głucha cisza.
Zza ściany słychać było odgłosy bójki i rozpaczliwe krzyki kobiety.

→ ....

10. Miłe złego początki.
Koniec jest żałosny.

→ ....

11. Prawie nic nie zarobiłem.
Prawie nic nie kupiłem.
Wszystkie pieniądze straciłem.

→ ....

12. Nie wychodziłem z domu.
Nie odbierałem telefonów.
Cały czas czekałem na to, że ktoś zapuka do moich drzwi.

→ ....

13. Chytry sam nie je.
Drugiemu nie da.

→ ....

14. Pojechaliśmy w góry na narty.
Nie mogliśmy się nacieszyć jazdą.
Cały dzień świeciło mocne słońce.
Z godziny na godzinę śnieg stawał się coraz bardziej lepki.

→ ....

15. Dzień spędziłem beznadziejnie.
Nic nie zrobiłem.
Nic nie przeczytałem.

→ ....

16. Za wzgórzem zobaczyłem wspaniały pałac.
Poszedłem tam.

→ ....

17. Była najpiękniejszą dziewczyną w województwie podkarpackim.
Wybrano ją miss regionu.

→ ....

18. *Cały tydzień padał śnieg.*
Na drogach były olbrzymie zaspy.

→ ....

19. *Wiosna w tym roku rozpoczęła się bardzo wcześnie.*
Wszystkich to ogromnie zaskoczyło.

→ ....

20. *Kopiesz pod kimś dołki.*
Sam w nie wpadniesz.

→ ....

ZADANIE 198

Copyright by S. Mędak

Proszę wstawić w miejsce kropek dowolne wskaźniki zespolenia, relatory, operatory metatekstowe lub modulanty.

WZÓR
Jeśli chodzi o muzykę, mamy te same gusta.

1. Nie było mnie w domu? – .... to cię nie było? Nie kłam! Widziałam cię przez okno.
2. .... przestraszyłeś mnie! Myślałem, że nikogo nie ma w pokoju.
3. Nikt nie przyszedł na spotkanie. Nie było .... jednego człowieka.
4. Nie ruszę się stąd .... na krok. Tutaj jest moje miejsce.
5. Należeli .... co .... do najlepszych zawodników. Dlaczego przegrali ten mecz?
6. Nie spóźniłbyś się na pociąg, ... wyszedł wcześniej z domu.
7. Kupujemy owoce, ... każdy człowiek musi jeść naturalne witaminy.
8. Dlaczego nie odpowiadasz na moje pytania? Śpisz, ... co ?
9. Płatnej opiekunce do dziecka, ... nawet z najznakomitszymi referencjami, swojego niemowlęcia nigdy bym nie powierzyła.
10. Nie lubiłem .... jego mamy, ... jego ojca.

ZADANIE 199

Copyright by S. Mędak

Proszę wstawić w miejsce kropek dowolne wskaźniki zespolenia, relatory, operatory metatekstowe lub modulanty.

WZÓR
Wypiłem dwa piwa, zanim przyszłaś.

1. Czułem się tak zmęczony, ... zasnąłem w autobusie.

2. Dzisiaj jest niedziela, ... mogę dłużej spać.
3. Nie zrobił tego, ... go bardzo o to prosiłam.
4. Szedł i przystawał pod wpływem bólu .... dwa kroki. Zastanawiał się, ... zdoła dojść do domu.
5. Już minęło dwadzieścia lat, *(pot.)* .... umarł mój ojciec.
6. Jak wrócisz, ... zajmiesz się chorą babcią. *(pot.)*
7. Ta kobieta jest mocniejsza, ... myślałem.
8. Nie było tak wielkiej powodzi w tym regionie, ... pamiętam.
9. Jeślibym nie przyszedł do pracy, ... dyrektor robiłby mi wymówki.
10. Nie wiedziałem, ... ten człowiek o mnie sądzi.

ZADANIE 200

Copyright by S. Mędak

Proszę wstawić w miejsce kropek dowolne wskaźniki zespolenia, relatory, operatory metatekstowe lub modulanty.

WZÓR
On też miał przeciwników, bo któż ich nie ma!

1. Spóźniła się na randkę, ... za późno wyszła z domu.
2. Zastąpię cię w pracy, ... ty odpoczniesz.
3. Nie opowiadaj o osobach, których nie znam; opowiedz .... o sobie.
4. Wiosna miała nadejść dwa dni temu, ... ciągle było zimno.
5. .... kręcił się koło tej kobiety i zabiegał o jej względy, ... osiągnął wszystko, co chciał.
6. ...., ... zdał świetnie wszystkie egzaminy końcowe w liceum, ... i zajął pierwsze miejsce na olimpiadzie wiedzy z języka polskiego.
7. Dojechałem do domu tym samochodem, ... miałem po drodze trzy awarie.
8. Po ślubie powiedział mi, że będzie mnie kochał .... do śmierci.
9. Spojrzał na mnie tak, ... patrzy się na ubogiego krewnego.
10. Ten pan, ... długo mu się marzyła kariera dyrektora, został w końcu kasjerem.

ZADANIE 201

Copyright by S. Mędak

Proszę wstawić w miejsce kropek dowolne wskaźniki zespolenia, relatory, operatory metatekstowe lub modulanty.
WYRAZY DO WYBORU: *aczkolwiek* ♦ *albo* ♦ *albo ... albo* ♦ *albowiem* ♦ *bez względu na* ♦ *bo* ♦ *bowiem* ♦ *chociaż* ♦ *choć* ♦ *czy też* ♦ *gdyby* ♦ *jeżeli /jeśli* ♦ *mimo że* ♦ *obojętnie* ♦ *pomimo* ♦ *ponieważ* ♦ *przynajmniej* ♦ *w ostateczności* ♦ *w razie czego* ♦ *że.*

ZADANIA TESTOWE

WZÓR
Chociaż zawinił, trzeba mu darować karę.

1. Pojawiał się na przyjęciach .... z małżonką, ... w towarzystwie o wiele młodszej od swej małżonki kobiety.
2. Musimy mu kupić prezent ze składkowych pieniędzy, ... nie mamy na to ochoty.
3. Nie jest tutaj ładnie, ale .... jest swojsko.
4. .... co robił, czuł się ciągle zmęczony.
5. .... dzień tygodnia, chodzi na dyżury do szpitala.
6. .... możemy zorganizować koncert pod olbrzymim namiotem.
7. .... mogę przespać jedną noc w samochodzie.
8. Pojadę nad morze, ... wybiorę się nad jeziora.
9. Mógłbym zamieszkać na kilka dni u ciotki, ... zatrzymać się u znajomych.
10. W decyzji odmownej napisano, ... nie przysługuje mi żaden zasiłek.
11. Wszyscy kupowali jajka, ... zbliżały się Święta Wielkanocne.
12. Walczył o wysokie stanowiska, ... był człowiekiem chorobliwie żądnym władzy.
13. Nie wierzył innym, że chorują, ... sam nigdy nie chorował.
14. Interesował się życiem innych, żył .... w świecie intryg.
15. .... mógł, zwolniłby z pracy wszystkich, którzy krytykują jego decyzje.
16. .... masz czas, przyjdź do mnie w sobotę na plotki.
17. .... obowiązuje zakaz picia alkoholu w miejscach publicznych, alkoholicy i tak piją.
18. .... byli małżeństwem, mieli osobną sypialnię i osobne konta bankowe.
19. Wybaczę ci, ... nie zmieniłem zdania o twoim niecnym postępku.
20. Nie krzyczał, ... przerażającego bólu.

ZADANIE 202

Copyright by S. Mędak

Proszę dokończyć zdania, wykorzystując do tego dowolne wskaźniki zespolenia.

WZÓR
Jestem pewien, że po kilku dniach (on) zmieni swoje zdanie.

1. Domyślałem się, ...
2. Nie jestem pewna, ...
3. Nie jestem do tego przekonany, ...
4. Nie wiem na pewno, ...
5. Możliwe, ...
6. Oczywiście, ...
7. To możliwe, ...

8. Wiedziałem o tym, ...
9. Wiem na pewno, ...
10. Naprawdę nie wiem, ...

ZADANIE 203
Copyright by S. Mędak

Proszę przekształcić poniższy tekst, łącząc zdania spójnikami i eliminując powtórzenia.

Mam pięknego kota. Ten kot ma bardzo duży ogon i puszystą sierść. Mąż również lubi tego kota. Mój mąż przygotowuje mu posiłki z najlepszego mięsa. Ja często czyszczę mojego kota i daję mu mleko. Kot woli mięso niż mleko.
Mój mąż uważa, że kot nie musi pić mleka. Oboje zajmujemy się naszym kotem. Poświęcamy mu wiele czasu.

→ ....
....
....
....
....
....
....
....
....
....

17.1. Alternatywne połączenia składniowe wybranych czasowników

ZADANIE 204

Copyright by S. Mędak

Proszę podać po dwa właściwe połączenia składniowe dla każdego z zamieszczonych poniżej czasowników i ich dopełnień.

WZÓR
angażować się | *działalność*
0. Od pewnego czasu angażowałem się:
a: w działalność partii założonej przez konserwatystów;
b. w działalności partii założonej przez konserwatystów.

błagać | *wsparcie*
1. Dyrektorzy zadłużonych form coraz częściej błagają:
a. .... tam, gdzie tylko mogą;
b. .... tam, gdzie tylko mogą.

boleć | *ona*
2. Babcia dostała bardzo skuteczne lekarstwa i od kilku dni nie bolą:
a. .... nogi;
b. .... nogi.

brać się | *praca*
3. Czas to pieniądz, a więc bierzemy się natychmiast:
a. .... bez względu na pogodę;
b. .... bez względu na pogodę.

budować | *pracownicy*
4. Niektóre firmy budują mieszkania:
a. .... bez stawiania dodatkowych warunków związanych z pracą;
b. .... bez stawiania dodatkowych warunków związanych z pracą.

chorować | *picie*
5. Jedni chorują na nerki:
a. .... alkoholu, spożywanego w nadmiernych ilościach;
b. inni .... alkoholu, spożywanego w nadmiernych ilościach.

POLSKI C2. MEGATEST

chronić się / *wiatr*

6. Niektóre zwierzęta potrafią się znakomicie chronić:
a. ...., ale nie potrafią ustrzec się złych ludzi;
b. ...., ale nie potrafią ustrzec się przed złymi ludźmi.

czuć / *papierosy*

7. Drogi mężu, nie wiem dlaczego w moim pokoju czuć:
a. ...., choć twierdzisz, że rzuciłeś palenie;
b. ...., choć twierdzisz, że rzuciłeś palenie.

czuwać / *umierający*

8. Jak zwyczaj nakazuje, cała rodzina czuwała:
a. .... w jego dusznej sypialni;
b. .... w jego dusznej sypialni.

dopominać się / *podwyżka*

9. Pamiętaj o tym, że dopominając się:
a. .... możesz się narazić szefowi;
b. .... możesz się narazić szefowi.

kłaść / *trawa*

10. Uwielbiam te chwile, kiedy kładę się:
a. ...., zapominam o całym świecie i oddaję się marzeniom.
b. ...., zapominam o całym świecie i oddaję się marzeniom.

ZADANIE 205

Copyright by S. Mędak

Proszę podać po dwa właściwe połączenia składniowe dla każdego z zamieszczonych poniżej czasowników i ich dopełnień. Wzór – jak w zadaniu testowym numer 204.

kończyć się / *awantura*

1. Nie radzę ci z nim dyskutować, bowiem prawie każda rozmowa kończy się:
a. .... ;
b. ....

kosztować / *hinduskie potrawy*

2. Na uczcie u królowej z przyjemnością kosztowaliśmy:
a. ...., które miały smak o 1000 i jednym smaku;
b. ...., które miały smak o 1000 i jednym smaku.

ZADANIA TESTOWE

lać / *kufle*

3. Barman z wprawą godną mistrza lał piwo:
a. ...., a jego pomocnik podawał je spragnionym klientom;
b. ...., a jego pomocnik podawał je spragnionym klientom.

łowić *a.* **łapać** / *siatka*

4. Chodził po łąkach i łowił *a.* łapał motyle:
a. .... wiszącą na długim patyku;
b. .... wiszącą na długim patyku.

mieszać się / *sprawy*

5. Wiele razy prosił teściową, aby się nie mieszała:
a. ...., które jej nie dotyczą;
b. ...., które jej nie dotyczą.

nabierać / *usta*

6. Proszę nabrać powietrza:
a. .... i przez chwilę nie oddychać;
b. .... i przez chwilę nie oddychać.

objadać się *pot.* / *czekolada*

7. Jeśli chcesz zachować ładną sylwetkę, nie objadaj się:
a. .... ani innymi słodyczami;
b. .... ani innych słodyczy.

oczekiwać / *przyjazd*

8. Siedzieliśmy przed kasynem gry i oczekiwaliśmy:
a. .... lekarza do chorej osoby;
b. .... lekarza do chorej osoby.

odpadać / *ściany*

9. Podczas walk wybuchy były tak mocne, że tynki odpadały:
a. .... pobliskich domów;
b. .... pobliskich domów.

otaczać *a.* **obtaczać** / *mąka*

10. Jeśli przed smażeniem ryb, o(b)toczysz je:
a. ...., otrzymasz smakowite danie z chrupiącą skórką;
b. ...., otrzymasz smakowite danie z chrupiącą skórką.

ZADANIE 206

Copyright by S. Mędak

Proszę podać po dwa właściwe połączenia składniowe dla każdego z zamieszczonych poniżej czasowników i ich dopełnień. Wzór – jak w zadaniu testowym numer 204.

pomagać / *budowa*
1. Sąsiedzi chętnie nam pomagali:
a. .... domu;
b. .... domu.

porównywać / *mąż*
2. Miała jakiś dziwny kompleks, bo ciągle porównywała swojego małżonka:
a. .... sąsiadki;
b. .... sąsiadki.

poświęcać się / *wnuczkowie*
3. Babcia była wspaniała, ponieważ cały swój wolny czas poświęcała:
a. ....;
b. ....

prosić / *pani*
4. Korepetytor grzecznie zwrócił się do jednej z matek: „Proszę
a. ...., nie wiem, czy sobie poradzę z pani dziećmi";
b. .... o radę dotyczącą wychowywania pani dzieci".

przebiegać / *jezdnia*
5. Kot przebiegając:
a. ...., wpadł po koła samochodu;
b. ...., wpadł po koła samochodu.

przechodzić / *ruchliwa droga*
6. Boję się, kiedy dzieci przechodzą:
a. .... bez opieki dorosłych;
b. .... bez opieki dorosłych.

przejeżdżać / *rzeka*
7. Aby dostać się do drugiej wioski, musimy codziennie przejeżdżać:
a. ...., bo nie ma tutaj mostu;
b. ...., bo nie ma tutaj mostu.

ZADANIA TESTOWE

przekazywać / *moja przyjaciółka*

8. Kiedy jestem na wakacjach, zawsze przekazuję pozdrowienia znad morza:

a. ...., która mieszka w górach;

b. ...., która mieszka w górach.

przepływać / *główna aleja*

9. Niezadowolony tłum robotników przepływał:

a. .... robotniczego miasta;

b. .... robotniczego miasta.

przesiadać się / *kajaki*

10. A teraz przesiadamy się:

a. .... i płyniemy w górę tej leniwej rzeki;

b. .... i płyniemy w górę tej leniwej rzeki.

ZADANIE 207

Copyright by S. Mędak

Proszę podać po dwa (lub trzy – p. 7) właściwe połączenia składniowe dla każdego z zamieszczonych poniżej czasowników i ich dopełnień. Wzór – jak w zadaniu testowym numer 204.

przesyłać / *kurier*

1. Ważniejsze dokumenty firma przesyła wyłącznie:

a. ....;

b. ....

przydawać się / *bigos*

2. Dobrej kucharce kawałki kiełbasy i resztki mięsa przydają się:

a. ....;

b. ....

pytać / *wróżka*

3. Kolejny raz pytam o moją przyszłość:

a. ...., a ona odpowiada, że nie widzi mojej przyszłości w kartach;

b. ...., a ona odpowiada, że nie widzi mojej przyszłości w kartach.

rozpoczynać / *zwolnienie*

4. Nowy dyrektor rozpoczął działalność:

a. .... z pracy swoich adwersarzy;

b. .... z pracy swoich oponentów.

rzucać / *dysk*

5. Był mistrzem, bowiem rzucał:

a. .... najdalej z całego zespołu młodych sportowców;

b. .... najdalej z całego zespołu młodych sportowców.

siadać / *biurko*

6. Już o siódmej rano siadała:

a. .... i do późnych godzin wieczornym pracowała nad nową powieścią;

b. .... i do późnych godzin wieczornym pracowała nad nową powieścią.

sięgać / *kolana*

7. Pamiętaj o tym, że dziecko może się kąpać w rzece bez opieki, jeśli woda w niej sięga:

a. .... ;

b. .... ;

c. ....

(nie) stać / *moja mama*

8. Nikt nie wiedział, że nie stać:

a. .... na wykupienie dla mnie abonamentu na pływalnię;

b. .... na wykupienie dla mnie abonamentu na pływalnię.

tłumaczyć się / *ojciec*

9. Moja matka nie lubiła się tłumaczyć:

a. .... z cotygodniowych wydatków związanych z utrzymaniem domu;

b. .... z cotygodniowych wydatków związanych z utrzymaniem domu.

uciekać / *góry*

10. Zaatakowani górale uciekali:

a. .... przed nieprzyjacielem, który zablokował drogę wylotową z miasta;

b. .... przed nieprzyjacielem, który zablokował drogę wylotową z miasta.

ZADANIE 208

Copyright by S. Mędak

Proszę podać po dwa właściwe połączenia składniowe dla każdego z zamieszczonych poniżej czasowników i ich dopełnień. Wzór – jak w zadaniu testowym numer 204.

ZADANIA TESTOWE

uchodzić / *kara*

1. Zdarzało się, że tylko niektórzy poddani uchodzili:
a. .... nakładanej przez bezdusznego dziedzica;
b. .... nakładanej przez bezdusznego dziedzica.

udawać się / *porada*

2. Zawsze w chwilach wątpliwości udawałem się:
a. .... do mojego ojca, bo miałem do niego większe zaufanie niż do matki;
b. .... do mojego ojca, bo miałem do niego większe zaufanie niż do matki.

ujmować / *piękne słowa*

3. Po mistrzowsku ujmowała swoje przemyślenia:
a. ...., jakby była poetką;
b. ...., jakby była poetką.

umierać / *Ojczyzna*

4. Czy wiecie, że 71 % Polaków gotowych jest oddać życie:
a. .... w obronie Jej niepodległości;
b. .... w obronie Jej niepodległości.

ustawać / *zmęczenie*

5. W godzinach wieczornych więźniowie pracujący w obozie ustawali:
a. .... i niektórzy z nich przewracali się na ziemię;
b. .... i niektórzy z nich przewracali się na ziemię.

ustawiać / *półki*

6. Po odświeżaniu księgozbioru z pyłu i innych zanieczyszczeń ustawiał książki:
a. .... swojej biblioteki;
b. .... swojej biblioteki.

wieszać / *szafa*

7. Miał takie przyzwyczajenie, że zaraz po powrocie do domu wieszał wierzchnie odzienie:
a. .... i zamykał ją na klucz;
b. .... i zamykał ją na klucz.

wpadać / *woda*

8. Wkładała świeże kwiaty:
a. .... i czekała na klientów;
b. .... i czekała na klientów.

wycierać / *czysta ściereczka*

9. Po każdym zabiegu pielęgniarka myła ręce i wycierała je:

a. .... długo i bardzo dokładnie;

b. .... długo i bardzo dokładnie.

zabezpieczać / *napaść*

10. Obawiali się ataku, więc zabezpieczali posiadłość:

a. .... kolczastym drutem i głębokimi rowami wypełnionymi wodą;

b. .... kolczastym drutem i głębokimi rowami wypełnionymi wodą.

Zadania testowe numer 204–208 opracowano na podstawie
Praktycznego słownika łączliwości składniowej czasowników polskich, op. cit.

SKRÓTY

a.	– albo
cz. przyszły	– czas przyszły
cz. teraź.	– czas teraźniejszy
czas.	– czasownik
D.	– dopełniacz
lm.	– liczba mnoga
m. os.	– rodzaj męskoosobowy
p.	– punkt
pot.	– potocznie
przysł.	– przysłowie
rzad.	– rzadko
w zn.	– w znaczeniu, znaczenie
wym.	– wymawiaj, wymowa

CYTOWANE PUBLIKACJE KSIĄŻKOWE

• *Encyklopedii kultury polskiej XX wieku*, t. II, Wiedza o Kulturze, Wrocław 1993, str. 123-124. Zob. również: http://www.lingwistyka uni.wroc.pl/jk/JK05–bartminski.pdf.

• Fras J., *Dziennikarski warsztat językowy*, Wydawnictwo UW, Wrocław 1999, s. 36-37.

• Mędak S., *Praktyczny słownik łączliwości składniowej czasowników polskich*, Universitas, Kraków 2005, 2011.

• Mędak S. *W świecie polszczyzny. Podręcznik do nauczania języka polskiego dla obcokrajowców. Poziom C2 – dla zaawansowanych*, Wydawnictwo Pedagogiczne ZNP, Kielce 2007.

• Mędak S., *Co z czym?, Ćwiczenia składniowe dla grup zaawansowanych*, Universitas, Kraków 2002, 2005.

• Mędak S., *Liczebnik też się liczy! Gramatyka liczebnika z ćwiczeniami*, Universitas, Kraków 2004, 2010, 2013.

MIEJSCE NA NOTATKI

KLUCZ DO ZADAŃ

ZADANIE 1

1. ta chuliganeria krzyczała
2. to duchowieństwo wstało
3. ta dzieciarnia bawiła się
4. ta głupota zwyciężyła
5. ci kuzynostwo przyjechali
6. to małżeństwo zostało unieważnione
7. ta młodzież śpiewała
8. to narzeczeństwo trwało
9. ci państwo przyszli
10. to rodzeństwo wyjechało
11. ta starszyzna radziła
12. ta studenteria zbierała się
13. ta włoszczyzna dusiła się
14. ci wujostwo cieszyli się
15. ta zwierzyna uciekała

ZADANIE 2

1. rozpadających się drzwi
2. moich sanek
3. pańskie dobra
4. twoich najlepszych skrzypcach
5. wyjątkowych szachów
6. moich spodenek
7. wygodnych tenisówek
8. tych ciężkich wrót
9. moich skrzypiec
10. słynnych Wadowic

ZADANIE 3

1. Indii
2. Karkonosze
3. Łazienek
4. Niemczech
5. Hradczanach
6. Tych, *reg.* Tychów
7. Tatry
8. Balearach
9. Bałkanach
10. Węgier

ZADANIE 4

1. kawy
2. broni
3. listowia
4. dorobku
5. biżuterii
6. klienteli
7. amunicji
8. odzieży
9. zwierzyny
10. zboża

ZADANIE 5

1. żadnych drobnych
2. swoich okularów
3. domowych lodów waniliowych
4. dwoje nowych slipów
5. dwoje grubych kalesonów
6. dwoje drzwi
7. dwoje swoich nożyczek
8. dwoje zwłok
9. troje grabi
10. troje kombinerek

ZADANIE 6

1. skrzypce
2. skrzypce
3. nożyce
4. nożyce
5. nieszpory

KLUCZ DO ZADAŃ TESTOWYCH

6. nieszpory
7. nosze
8. nosze
9. poprawiny
10. poprawiny
11. warcaby
12. warcaby
13. zwłoki
14. Zwłoki
15. szorty
16. szorty
17. wagary
18. wagary
19. odwiedziny
20. odwiedziny

ZADANIE 7
1. a. lody; b. lodem
2. a. miłość; b. miłości
3. a. piaski; b. piasku
4. a. praca; b. prace
5. a. soli; b. Sole
6. a. śnieg; b. śniegi
7. a. tłumie; b. tłumy
8. a. wina; b. wino
9. a. wodę; b. wód
10. a. wojska; b. wojska

ZADANIE 8
1. a., b.
2. b.
3. a, b., c.
4. a., b., c.
5. a, b.
6. a.
7. c.
8. a. b., c.
9. c.
10. c.

ZADANIE 9
1. Jedno
2. Jedne
3. Jedne
4. Jedne
5. jedne
6. Jedno
7. Jedni
8. Jedne
9. Jedne
10. jedną

ZADANIE 10
1. Moje / wspaniałe || jego / wspanialsze
2. Twoja / brudna || moja / czysta
3. Twoje / tanie || moje / drogie
4. Moje / stare || twoje / nowe
5. Wasze / lepsze || nasze / gorsze
6. Jego / szersze || moje / węższe
7. Wasze / udane || nasze / krótkie
8. Jego / ładniejsze || moje / brzydsze
9. Jej / mniejsze || moje / większe
10. Twoje / ważne || moje / ważniejsze

ZADANIE 11
1. gajowego
2. leśniczego
3. motorniczych
4. myśliwych
5. podstolego
6. rabbiego
7. służącym
8. uczonych
9. wikarego
10. woźnego

ZADANIE 12
1. twoja
2. to

3. struclę
4. torbieli
5. żołędzie
6. państwu / państwie
7. wpadła kontrola
8. panią minister Olą Owalską
9. kamee / idee / orchidee; statuy
10. panią sędzią Kowalską / panem sędzią Kowalskim

ZADANIE 13
1. bogini
2. płci
3. myszy
4. bufetowej
5. młodych
6. jasnego
7. położnych
8. królową
9. rajtuzów
10. pomarańczę

ZADANIE 14
1. jednego papierosa
2. jeden ząb
3. jednego smutnego mazurka
4. dwa wspaniałe dni
5. getcie
6. końmi
7. przywilejów
8. księżnej; *rzad.* księżny
9. podkoszulek
10. watasze *a.* wataże

ZADANIE 15
1. państwie
2. państwa
3. państwa
4. państwa
5. państwo
6. państwu
7. państwa
8. państwie
9. państwem młodymi
10. Państwo

ZADANIE 16
1. tournée
2. dealerem
3. chippendale
4. techno
5. multikinie
6. hackerów
7. biznesmenie
8. spartakiadzie
9. galicyzmów
10. bagietki

ZADANIE 17
1. managerem
2. lobby
3. laptop *a. pot.* laptopa
4. weekendzie / weekendu / weekendu / weekend / weekendzie
5. VIP; *a. pot.* VIP–em
6. baby–sitter
7. tandemie
8. lasagne
9. sake
10. bikini

ZADANIE 18
1. big–bandzie
2. katamarana *a.* katamaranu
3. AIDS (aids) *a.* AIDSA-a (aidsa) [*wym.* ejts / ejtsa]
4. brandy
5. dżudo
6. happy–endu
7. porto

KLUCZ DO ZADAŃ TESTOWYCH

8. kiwi
9. taxi
10. show

ZADANIE 19
1. cabernet *a. pot.* caberneta / brie / curry
2. ambasador
3. brokułów / awokado / mango
4. graffiti
5. confetti
6. dementi
7. igloo
8. deka / kilo
9. hindi / jidysz
10. homo sapiens

ZADANIE 20
1. moje
2. moje
3. mój
4. moje
5. moje
6. moje
7. mój
8. moje *a.* moja
9. moja
10. moje

ZADANIE 21
1. najlepsza
2. najpiękniejsze
3. bajkowe
4. piękne
5. niebezpieczne
6. bajeczne *a.* bajeczny
7. czysta
8. olbrzymie
9. bielszy
10. urokliwe

ZADANIE 22
1. delirium
2. elenium
3. fora; *lepiej:* forum
4. gerania
5. gimnazja
6. kontinua
7. lokum
8. novum
9. quorum
10. optima

ZADANIE 23
1. a cappella
2. andante
3. canto *a.* canta
4. capriccia
5. ces
6. cza–czy; *rzad.* cza–cza
7. jury
8. moderato
9. tremolando *a.* tremolandzie
10. requiem

ZADANIE 24
1. swój angaż
2. tego befsztyka *a.* befsztyku
3. ten bestseller
4. tego championa
5. moim credo
6. swój debet
7. moich dżinsach
8. swojego high life'u
9. tego keczupu
10. tej coca-coli

ZADANIE 25
1. Rio de Janeiro
2. San Francisco
3. Oslo

4. Monachium
5. Kolorado
6. Kilimandżaro
7. Foksal; *rzad.* Foksalu
8. Davos
9. Lille
10. Monte Casino

ZADANIE 26
1. Brak
2. czyny
3. Dotyk
4. kaszel
5. Przemyt
6. Występy
7. Zazdrość
8. Uśmiech
9. Spis
10. trud

ZADANIE 27
1. skrętu
2. przemyt
3. wzrost
4. występie
5. powrót
6. odlocie
7. powrotu
8. podziałem
9. dyżurze
10. wyjeździe

ZADANIE 28
1. nacisków *(pot.)*
2. remont
3. wyjazdu
4. kontaktom
5. zapowiedzi
6. wzrostu
7. spowiedzi
8. odpowiedź
9. odczytu *a.* odczytów
10. upór

ZADANIE 29
1. Zapewnianie
2. zaangażowania (się)
3. pomocy
4. oddechu
5. spór
6. starcie
7. płaczu
8. odczytaniu
9. obchodzie
10. przymusem

ZADANIE 30
1. przekładu
2. przewozu *a.* przewożenia
3. zakup
4. walce
5. wystrzału
6. wywóz
7. występu
8. śpiewach *a.* śpiewie
9. rozkwit
10. Podział

ZADANIE 31
1. dmą
2. drze
3. klną
4. miele
5. trze
6. trę
7. się wspinają
8. ścinają
9. mnie
10. piele

KLUCZ DO ZADAŃ TESTOWYCH

ZADANIE 32
1. Zawarcie
2. Tarcie
3. Zapięcie
4. Wycięcie
5. Zmielenie
6. Wyżęcie
7. Powzięcie
8. Oparcie się
9. Zatarcie
10. Wszczęcie

ZADANIE 33
1. miel
2. piel
3. zdejmij
4. wyjmij
5. zepnij
6. rozepnij
7. wypiel
8. utrzyj
9. napocznij
10. się wespnij

ZADANIE 34
1. zetnę
2. podetnę
3. podejmę
4. obetnę
5. wciągnę
6. zepnę
7. natrę
8. wytrę
9. zatrę
10. się ... wespnę

ZADANIE 35
1. zapięła
2. wszczęła
3. obcięła
4. spięła
5. odpoczęła
6. uwzięła
7. odjęła
8. wpięła
9. się wspięła
10. ujęła

ZADANIE 36
1. Marzy ... się
2. powodzi się *a.* układa się
3. stać
4. stać
5. udaje się
6. zachciewa się
7. zbrzydło
8. Zanosi się
9. zależy
10. Ubywa

ZADANIE 37
2. pachniało / czuć było *a.* było czuć / rozwidniało się / ocieplało się
3. brakowało / Żyło się / mdli / łzawią / dmucha / starcza / Wiedzie się
4. się chmurzy / słychać / udawało się / robi się /
5. kłuje / Mam się / Zbrakło / Wydaje ... się
6. niepodobna
7. wypada / chce ... się
8. przystoi
9. warto było
10. widać / się poszczęściło
11. się dzieje
12. się ... zbiera
13. Zdaje ... się
14. żal .... będzie

ZADANIE 38
1. wieje *a.* dmucha
2. pada *a.* leje
3. siąpi *a.* mży
4. chłodnieje
5. dnieje *a.* się rozwidnia
6. zmierzcha *a.* zmierzcha się
7. Śniła ... się
8. chmurzy się
9. grzmi
10. pachnie *a.* czuć

ZADANIE 39
1. spalono by
2. bawiono by się
3. zakazano by
4. korzystano by
5. pito by
6. zabijano by
7. uwolniono by
8. zamknięto by
9. zakończono by
10. zmieniono by

ZADANIE 40
1. oskarżono by
2. pito by
3. Wypadałoby
4. Należałoby
5. Można by
6. zniszczono by
7. umyto by
8. wybrano by
9. traktowano by
10. oszczędzano by

ZADANIE 41
1. palono by
2. jedzono by
3. bito by
4. sprawdzano by
5. wymieniano by
6. pisano by
7. prano by
8. jeżdżono by
9. bawiono by się
10. oświetlano by

ZADANIE 42
1. stoły
2. z moją najbliższą rodziną
3. na miejsce
4. do nas
5. marchewki
6. księgowość
7. do sukcesu
8. do celu
9. do ucha
10. do ukochanej

ZADANIE 43
1. nad każdym bezdomnym kotem
2. na swoich rodziców
3. nad nieszczęściem
4. nad złym funkcjonowaniem
5. nas
6. mnie
7. go
8. do bojkotu
9. telegramem
10. dziecka

ZADANIE 44
1. nad stanem
2. z rozpaczy
3. zaleceń
4. do pralni
5. czasów
6. do końca
7. te stare buty

8. do tej wieczorowej sukni
9. do zupy
10. do domu

ZADANIE 45
1. od odpowiedzialności
2. od Kingi
3. od alkoholizmu *a.* przed alkoholizmem
4. u znajomej
5. u podnóża
6. ze swojego kredensu
7. z różnych pudełek
8. dziwnych rzeczy
9. od uzyskiwanych dochodów
10. z niektórych współpracowników

ZADANIE 46
1. do pojęcia
2. wątpliwego współpracownika *a.* wątpliwych współpracowników
3. dziwne ideologie
4. od towarzystwa
5. od tematu
6. od zapożyczeń *a.* przed zapożyczeniami
7. przez telefon
8. od znajomych
9. z tych
10. z upałów (w zn. 'tracić świadomość') *a.* od upałów (w zn. 'słabnąć')

ZADANIE 47
1. ku zachodowi
2. do ograniczenia
3. z własnej ... nieprzymuszonej woli
4. w imieniu
5. za wprowadzeniem
6. na tych
7. wbrew zdrowemu rozsądkowi
8. mi
9. ku stolicy *a.* w kierunku stolicy
10. przeciw(ko) utworzeniu

ZADANIE 48
1. w nos
2. między książki
3. między pękające mury *a.* w pękające mury
4. (po)między najbiedniejszych mieszkańców
5. między pracę / obowiązki rodzinne
6. na następny dzień *a.* na następne dni
7. na spotkania
8. na uszy
9. na imprezę
10. naszego psa

ZADANIE 49
1. na piknik
2. na podbój
3. na zajęcia
4. na mnie
5. na warunki
6. na niego
7. na szafę
8. po schodach
9. najlepszego momentu; *pot.* na najlepszy moment
10. na mojego syna

ZADANIE 50
1. za błędy
2. na głupotę
3. na ostrą anginę
4. na ból *a.* na bóle
5. nad miasto
6. nad jeziora mazurskie
7. język francuski
8. o nominację
9. o współpracę

10. na doświadczeniach

ZADANIE 51

1. o nieistotne błahostki
2. po wygraną
3. nad swój wiek
4. poza krąg
5. przez dziecko *a.* z powodu dziecka
6. w dżunglę
7. w kłótnie
8. za różne zwierzęta
9. za ojczyznę *a.* dla ojczyzny
10. o wolność

ZADANIE 52

1. Chwalił się piękną dziewczyną.
2. Cieszyła się z sukcesów syna *a.* z powodu sukcesów syna.
3. Czytałem gdzieś o nietolerancji Polaków.
4. Denerwował się złymi ocenami syna w szkole.
5. Dowiedzieliśmy się o rozpoczęciu akcji P. (*a.* o początkach akcji P.).
6. Groził nam wyrzuceniem ze szkoły.
7. Informował rodziców o (swoim) ożenku.
8. Przysięgała (mi swoją) wierność.
9. Zazdrościła mi udanego małżeństwa.
10. Żałowała straconego czasu.

ZADANIE 53

1. Chciał szczęścia córki.
2. Chował się przed aresztowaniem.
3. Dbał o dobry wizerunek w ich oczach.
4. Domagał się powrotu syna do domu.
5. Nalegał na spotkanie ze mną.
6. Namawiał mnie do wspólnego wyjazdu. / Namawiał mnie na wspólny wyjazd.
7. Pragnę szczęścia matki.
8. Prosił mnie o pożyczkę pieniędzy.
9. Zmuszali nas do posłuszeństwa.
10. Żądał lojalności od wszystkich.

ZADANIE 54

1. Drwiła z jego wiejskiego pochodzenia.
2. Naśmiewali się z mojego kalectwa.
3. Śmiali się (Śmieli się) z mojej przegranej.
4. Żartowała z moich krzywych nóg.
5. Imponowała mi swoim (ciągłym, nieustannym) spokojem.
6. Kompromitowała się popełnianiem błędów gramatycznych i składniowych.
7. Męczyła się katarem. *Częściej:* Męczyła się z powodu kataru.
8. Przejmowała się chorobą syna.
9. Zamartwiała się kłamstwami męża.
10. Zachwycała się siłą i odwagą swojego narzeczonego.

ZADANIE 55

1. Marzyła o wypoczynku podczas wakacji.
2. Narzekał na ciągły (stały, nieustanny) ból głowy.
3. Obawialiśmy się ośmieszenia nas.
4. Obiecywał nam pomoc.
5. Oskarżał mnie o kradzież roweru.
6. Ostrzegała mnie przed przegraną.
7. Ostrzegali nas przed powodzią / przed powodziami *a.* o powodzi / o powodziach
8. Podejrzewałem go o kradzież (kradzieże).
9. Podejrzewałem ją o donoszenie do dyrektora.

10. Posądzałem go o współpracę z policją.

ZADANIE 56

1. Ratowali się przed zatonięciem.
2. Troszczyła się o zdrowie dzieci.
3. Uciekał przed samotnością.
4. Ukrywała wady przed narzeczonym, żeby mu się podobać.
5. Upoważniał go do podejmowania renty.
6. Wnoszę o nadanie tej ulicy imienia świętego.
7. Zabezpieczaliśmy budowę przed złodziejami materiałów budowlanych.
8. Zachęcała go do ukończenia studiów.
9. Zasługiwała na surową karę.
10. Zastrzegał się przeciw(ko) mieszaniu go w te sprawy.

ZADANIE 57

1. za
2. za
3. przez
4. po
5. po
6. wzdłuż
7. w
8. na
9. z
10. po

ZADANIE 58

1. na
2. po *a.* w
3. od / do
4. po
5. po
6. po
7. przez
8. po
9. po
10. po

ZADANIE 59

1. pozwalać; *lepiej:* pozwolić
2. zadawać
3. przyjść
4. jeździć
5. zrozumieć
6. myśleć
7. kraść
8. podziękować
9. wychodzić
10. zmienić

ZADANIE 60

1. tańczyć
2. jeść
3. mówić
4. (już) chodzić
5. rozbudować parking
6. obsługiwać komputer
7. przemycić narkotyki kolejny raz
8. wcześnie wstawać
9. grać na fujarce
10. logicznie myśleć

ZADANIE 61

1. Poszukiwałem słownika etymologicznego.
2. On odznaczył się w życiu niezwykłą odwagą.
3. Przygotowałem się do wyjazdu.
4. Przystosowałem się już do klimatu tropikalnego.
5. Ta zupa, oprócz ziemniaków składa się z wywaru jarzynowo–mięsnego.

6. Często zapadam na zapalenie oskrzeli.
7. Umiem prowadzić w tańcu.
8. Dentysta usunął mi z jamy ustnej zepsuty ząb trzonowy.
9. Chciałbym się wspiąć na Parnas.
10. Odznaczam się wyjątkowym temperamentem.

ZADANIE 62
1. Przekonywał mnie o swojej (swej) niewinności.
2. Przekonywał się do jedzenia szpinaku.
3. Przepraszał za spóźnienie.
4. Przypominali mi o dzisiejszym zebraniu.
5. Przyrzekał wierność.
6. Przyznał się do morderstwa / morderstw z premedytacją.
7. Wspiął się tam, mimo że ryzykował upadek (*a.* życie).
8. Słyszał o ożenku swojej (swej) dziewczyny.
9. Spodziewała się wygranej w totolotka.
10. Śmiał się z kalectwa innych.

ZADANIE 63
1. Nie można karać kogoś za popełnienie drobnego błędu.
2. Krytykowali mnie za (moją) prawdomówność.
3. Mścił się na mnie za odbicie mu (jego) dziewczyny.
4. Nagradzali go za napisanie powieści wieku.
5. Odwdzięczam ci za (twoją) wiarę we mnie.
6. Potępiam tajnych współpracowników SB za donoszenie na swoich (swych) kolegów.
7. Przepraszam za spóźnienie.
8. Rewanżuję się za (pani) pomoc.
9. Rewanżuję się za podlewanie (moich) kwiatów.
10. On rewanżuje się za (moją) przysługę.

ZADANIE 64
1. węglem
2. pisaniem
3. (całym) plutonem
4. gołębie ziarnem
5. twarz specjalnym kremem
6. zupę wielką chochlą
7. metalowy dach kilkoma hakami
8. klasówki długopisem
9. czworgiem dzieci
10. wejście do rynku barierkami

ZADANIE 65
1. taśmą mierniczą
2. odkurzaczem
3. łopatą
4. gotówką
5. siekierą
6. siłą woli
7. pałkami
8. szczotką do włosów
9. towarem
10. płucami

ZADANIE 66
1. piękną narzeczoną
2. ślicznym niemowlęciem
3. nową lalką
4. ładnym samochodem
5. upośledzoną córką

6. mężem pantoflarzem
7. słabymi studentami
8. małym zasiłkiem
9. ostrym śrutem
10. groźnym bratem

ZADANIE 67
1. Umawiał się na wieczorną rozmowę z nami.
2. Upominał się o podwyżkę, której nie dostał od roku.
3. Wiedziała o kradzieży pieniędzy (przez syna).
4. Wstydził się (wiejskiego) pochodzenia ojca.
5. Wybaczam ci przegapienie tej okazji.
6. Zawsze wzruszała się jego pamięcią.
7. Zapewniał mnie o swoim szacunku do nas.
8. Zapomniał o zapłaceniu (zaległych) rachunków.
9. Zapomniała o istnieniu matki na tym świecie.
10. Zapowiadają odjazd pociągu.

ZADANIE 68
1. Krył się ze swoim bogactwem.
2. Liczył się ze zwolnieniem (go) z pracy.
3. Męczyła się ciągłym rozmyślaniem o śmierci.
4. Oswajała się z jego odejściem.
5. Radziła sobie z samotnością.
6. Doprowadzał ją zawsze do śmiechu.
7. Mediator doprowadzał skutecznie do porozumienia zwaśnionych krajów.
8. Moja praca ogranicza się do podnoszenia słuchawki telefonu przez cały dzień.
9. Prowokował wszystkich do dyskusji.

ZADANIE 69
1. pełni (pełnił) / misję pokojową
2. praktykował / u piekarza
3. zatrudniał się *a.* najmował się / do zbierania (*a.* do zbioru)
4. dorabiać / tłumaczeniami
5. utrzymywała się / z pracy
6. będzie uprawiał / muzykę *a.* zajmie się / muzyką
7. zarabiała / chałupnictwem
8. parał się *a.* trudnił się / nielegalnym handlem
9. sprawują / władzę
10. zarabiała / na życie

ZADANIE 70
1. Przywłaszczał (sobie) pieniądze ojca.
2. Sięgał co chwilę po jakąś książkę.
3. Podejmował się roli mediatora.
4. Chwytali / Łapali kolejnych zbiegów do furgonetki.
5. Zabierał ...
6. On ciągle używa mojej szczoteczki do zębów.
7. Zwycięzcy zajmowali kolejne wsie.
8. Często korzystał z mojego samochodu.
9. Zabierali *a.* Ujmowali łopaty i ruszali ....
10. Podnosił dziecko do góry na rękach. / Ujmował dziecko w ręce i ...

ZADANIE 71
1. Działał w pojedynkę w obawie ...
2. Przygotowywała ...
3. produkujemy
4. Wyrządzasz ...
5. Wyrabiali ...

6. Dokonywał różnych czynów, ...
7. czyni
8. Podejmował się każdej pracy, ...
9. produkuje się
10. Przedsiębiorę ...

ZADANIE 72
1. Powyrzucałem
2. powywracał
3. Powczytywałem
4. Poobdzielał
5. Pogubił
6. podokręcał
7. pozamykałem
8. Pozawierał
9. Powypełnialiśmy
10. Porozprowadzałam
11. nagotował
12. wytruł
13. wymarły
14. nałowiliśmy
15. nagromadziła

ZADANIE 73
1. ukrywali
2. odkryć
3. odkrywają się / odkryły się
4. nakryła
5. ukrywa się / ukrywał się
6. zakrywają / będą zakrywać (zakrywali) / zakrywali
7. zakrywa / zakryje / zakrył
8. zakryto / *pot.* pozakrywano *a.* przykryto / *pot.* poprzykrywano
9. zakrywają / zakrywały
10. odkryje / odkrył

ZADANIE 74
1. skroiła
2. nakroiła / ukroiła / dokroiła
3. przekroić
4. wykroi
5. odkrawał
6. odkrawał
7. ukroiła
8. okrawała
9. okrawa / okrawał
10. pokroiła

ZADANIE 75
1. spisywały / spisała
2. przypisywał / przypisał
3. rozpisał / rozpisywał
4. wypisał / wypisują się
5. zapisywać / zapisała
6. podpisuje się (podpisywał się) / podpisał się
7. zapisali *a. pot.* pozapisywali
8. dopisała / dopisywać
9. pisać / się wypisały
10. dopisywało / dopisało

ZADANIE 76
1. dobierać / dobrał
2. dobierać się / dobrać się
3. wybierali / wybrali
4. wybieracie się / się wybrali
5. zbieraliśmy / uzbieraliśmy *a.* nazbieraliśmy
6. przybierała / przybrała
7. wybiera / wybrała
8. zabierał / Zabrał
9. odbierać / odebrał
10. zabierasz / zabrała się

ZADANIE 77
1. adaptowałem / zaadaptowałem
2. aresztowali / zaaresztowali
3. darowali / podarowali

KLUCZ DO ZADAŃ TESTOWYCH

4. emigrowali / wyemigrowali
5. emitowali / wyemitowali
6. inaugurowali / zainaugurowali
7. inscenizowałem / (zainscenizowałem)
8. izolowałem / zaizolowałem
9. ofiarowałem / (zaofiarowałem)
10. debiutowałem / zadebiutowałem
11. deklarowałem / zadeklarowałem
12. dymisjonował / zdymisjonował
13. eksmitowali / wyeksmitowali
14. importowaliśmy / zaimportowaliśmy
15. refundowaliśmy / zrefundowaliśmy
16. rehabilitowaliśmy / zrehabilitowaliśmy
17. reprywatyzowaliśmy / zreprywatyzowaliśmy

ZADANIE 78
1. każe
2. będzie zionąć / będzie zionęło
3. rewizytuję / będę rewizytować (rewizytował / rewizytowała)
4. inscenizujemy / będziemy inscenizować (inscenizowali / inscenizowały)
5. potrafię / będę umiał (umiała) a. uda mi się
6. dymisjonuję / zdymisjonuję
7. refinansujemy / będziemy refinansować
8. będę się podobać (podobała / podobał)
9. jawi się
10. będę awansować (awansował / awansowała)

ZADANIE 79
1. Adaptowaliśmy / Zaadaptowaliśmy
2. brakło
3. dopadało
4. eksplodowały
5. Ekshumowaliśmy
6. raniłem (~łam)
7. nominowali
8. pasowali
9. restytuowały
10. kanonizowali

ZADANIE 80
1. / 7
2. / 9
3. / 1
4. / 3
5. / 10
6. / 4
7. / 5
8. / 8
9. / 6
10. / 2

ZADANIE 81
1. / 4
2. / 1
3. / 3
4. / 6
5. / 8
6. / 5
7. / 10
8. / 2
9. / 9
10. / 7

ZADANIE 82
1. dodzwonić
2. doprać
3. przekarmiłeś (~łaś)
4. się nabiegał / się wybiegał
5. się nacierpiał

6. doczekać się
7. nakłamała
8. dosmażyć
9. wsłuchiwał się
10. wyspać się

ZADANIE 83
1. Wybawiła się
2. poprzybierały; *pot.*
3. pobłyskiwały
4. poumierały *a.* powymierały; *pot.*
5. powydawał
6. Nałuskała
7. doczyścić
8. doczołgał się
9. Zacałujesz
10. Zanudzał

ZADANIE 84
1. doczytać
2. dopić
3. dobiec *a.* dobiegnąć
4. dotrwam
5. dosolić
6. zaofiarować
7. Pozdawałem; *pot.*
8. pozdejmować
9. dowierciliśmy się
10. dopłacić

ZADANIE 85
1. dopytać się
2. dojedziesz
3. doczytasz
4. dogotuję
5. polubić
6. dokisną
7. pozałatwiasz
8. się ... pożegnamy
9. poustawiasz

10. pozazdrościć

ZADANIE 86
1. Najada się
2. Upija się
3. Nastałem się
4. Popracowałem
5. Porozdawał
6. porozganiała
7. Porozlewałeś (~łaś)
8. Porozbierała
9. nabałaganiły
10. Nagotowała

ZADANIE 87
1. dowożą (dowozili) / dowieziemy (dowieźliśmy) / dowieziemy (dowieźliśmy) *a. pot.* podowoziliśmy
2. nawozi / nawiózł / nawiózł *a. pot.* ponawoził
3. obwoziłem / obwiozłem / poobwoziłem
4. odwozi (odwoził) / odwieźć / poodwozi (poodwoził)
5. podwozi / podwiózł / podwieźć *a. pot.* popodwozić
6. przewozimy / przewieźć / Przewiozłem *a. pot.* Poprzewoziłem / Przewieźliśmy *a. pot.* Poprzewoziliśmy
7. przywozi / przywiózł / przywiozła *a. pot.* poprzywoziła
8. rozwozi / rozwieźć / Rozwiozłem *a. pot.* Porozwoziłem
9. wwozi / wwiozła / wwieźli *a. pot.* powwozili
10. zawozi (zawoził) / zawiezie (zawiózł) / zawiózł *a. pot.* pozawoził

ZADANIE 88
1. przesunął / Poprzesuwał

KLUCZ DO ZADAŃ TESTOWYCH

2. wyniósł / Powynosił
3. ustawili / poustawiali
4. wyrzuciła / powyrzucała
5. zawiesić / pozawieszała
6. zabić / pozabijali
7. wyrzucił / Powyrzucał
8. sprzątnęła (posprzątała) / posprzątać / wysprzątała
9. wystrzępiłeś / powystrzępiałeś
10. wyschły / powysychają

ZADANIE 89
1. żył / przeżyje
2. czekali / przeczekali
3. siedział / wysiedzieć
4. trwał / wytrwa
5. chodził / dochodzi
6. kwitną / przekwitną
7. truł / wytruć
8. jechały / ujechały
9. bada / przebada a. przebadał
10. soli / przesolić

ZADANIE 90
1. zaćwierkał
2. zagrzmiało
3. zakasłał
4. zaklaskało
5. zaklekotał
6. płakał a. zapłakał
7. zaszczekał
8. tupnęła a. zatupała
9. zamruczał
10. zabzykał

ZADANIE 91
1. połamał się
2. zdławiła
3. ufundował
4. zblokował

5. się chmurzy a. się zachmurzyło
6. Pochowali a. Pochowano
7. zgwałcili
8. odradzała
9. upaliła
10. zawodził

ZADANIE 92
1. ważył / przeważał / przeważył
2. płacić / przepłacał / przepłacił
3. płukał / przepłukiwać / przepłukać
4. pytać / przepytywać / przepytać
5. rośnie / przerastają / przerósł
6. rzucać / przerzucał / przerzucił
7. skoczył / przeskakiwały / przeskoczył
8. słuchać / przesłuchiwał / przesłuchał
9. spać / przesypiał / przespał
10. stroi / przestraja / przestroił

ZADANIE 93
1. się zapiąłem a. pot. się pozapinałem
2. oglądaj się
3. się bić a. bić się
4. się reklamował
5. Spotykał się
6. się skaleczył
7. się uderzył
8. się ... chciało
9. pochylił się
10. się zdecydował a. zdecydował się

ZADANIE 94
1. godna
2. gotowa
3. rada a. zadowolona
4. świadoma
5. warta
6. wesoła
7. zdrowa
8. żądna

9. winna
10. pewna

ZADANIE 95
1. na pieniądze
2. za pamięć
3. do wszystkiego
4. o moją przyszłość
5. od rodziców
6. do Jamesa Bonda
7. w muzyce
8. wobec dzieci
9. o swoim posłannictwie
10 dla mnie

ZADANIE 96
1. wiedzy
2. obcokrajowcom *a.* dla obcokrajowców
3. ze mnie
4. w ataku
5. dla ciebie
6. z etyką
7. na nowe propozycje
8. na zmianę *a.* na zmiany
9. wobec innych
10. swoimi przekonaniami politycznymi *a.* w swoich przekonaniach politycznych

ZADANIE 97
1. Morderstwo analogiczne do poprzednich morderstw.
2. Stosunek bezwzględny wobec współpracowników SB (*wym.* esbe).
3. Obszar bogaty w rudę miedzi.
4. Moment brzemienny w skutki.
5. Obyczaj charakterystyczny dla kultury narodów słowiańskich.
6. Teren dogodny do uprawiania sportów zimowych.
7. Lektor doświadczony w pracy z obcokrajowcami.
8. Dumny ze swoich sukcesów w pracy z niepełnosprawnymi.
9. Gniewny wobec wyrządzonej mu krzywdy.
10. Gorliwy w nauce języków obcych.

ZADANIE 98
1. Łakomy na stanowiska w ministerstwie.
2. Niedosięgły nam wzór.
3. Zarobek niewspółmierny do wkładu pracy.
4. Sale informatyczne niezbędne dla uczniów.
5. Niezdolny do prawdziwej miłości.
6. Obce nam wartości oraz obyczaje.
7. Obojętny wobec ludzkiej krzywdy.
8. Nowy gatunek sałaty odporny na niskie temperatury.
9. Prezydent odpowiedzialny za państwo i naród.
10. Podatny na wpływ otoczenia.

ZADANIE 99
1. drzwi
2. nożycami
3. noc
4. kwiaty
5. państwo
6. dziecko
7. rodziców
8. drzwiczkami
9. butach
10. rodzice

KLUCZ DO ZADAŃ TESTOWYCH

ZADANIE 100
1. bociany
2. razy
3. końce
4. seterami
5. dużymi oknami
6. różnych miastach
7. długie lata
8. zwierzęta
9. poruszają się
10. mieszkają

ZADANIE 101
1. trzyma
2. zabawni chłopcy
3. najlepszym uczniom
4. rodzice
5. księża
6. rodziców
7. chodzą
8. przyszli
9. bracia
10. mężczyźni

ZADANIE 102
1. wymieniło
2. bezrobotnych
3. wyczekuje
4. słuchaczy
5. zatrzymanych
6. zmęczonych robotników
7. zdolnych badaczy
8. młodych debiutantów
9. największych znawców
10. żyło

ZADANIE 103
1. wizytowało
2. będzie prowadzić (będzie prowadziło)
3. dyskutuje
4. spaceruje
5. zostanie
6. rozmawiało
7. przybędzie
8. uczestniczyło
9. skacze
10. znajduje się

ZADANIE 104
1. obu / obydwu *a.* obydwóch
2. Oba / Obydwa
3. Obaj / Obydwaj
4. oba / obydwa
5. Obie / Obydwie
6. obojgiem / obydwojgiem
7. Oboje / Obydwoje
8. Obie / Obydwie
9. obojgu / obydwojgu
10. obojgu / obydwojgu

ZADANIE 105
1. oba / obydwa
2. Obaj / Obydwaj
3. Obie / Obydwie
4. obojga / obydwojga
5. obojgiem / obydwojgiem
6. oboma / obiema; *rzad.* obu *a.* obydwoma / obydwiema
7. obojgu / obydwojgu
8. oboma / obiema; *rzad.* obu *a.* obydwoma / obydwiema
9. Obydwa; *rzadziej* Oba
10. oboma / obu *a.* obydwu; *rzad.* obydwoma

ZADANIE 106
1. kamienice
2. policjantami
3. dyskutowało

4. państwu Burakach
5. dobrych adwokatów
6. zapaśnicy
7. przyjechało
8. zatrzymani
9. przepadło
10. kuzynostwa

ZADANIE 107
1. moim kotom
2. młodych pacjentek
3. doszło
4. chciało
5. zostało
6. zabawnych chłopców
7. uzbrojonych policjantów
8. ambitnymi kandydatami
9. straciło
10. się ... dostało

ZADANIE 108
1. uciekinierów
2. gwiazd
3. złotych
4. euro
5. zdyscyplinowanych żołnierzy
6. niewinnych cywilów
7. osób
8. niespodzianek
9. mieszkańców
10. ludzi

ZADANIE 109
1. Dwoje
2. Dwoje
3. pięciorgu
4. dwoje
5. Troje
6. Dwoje
7. Czworo
8. troje
9. dwoje
10. czworo

ZADANIE 110
1. czworo
2. siedmioro
3. dwoje
4. dwojga
5. dwoje
6. dwojgiem
7. dwoje / dwoje / dwoje
8. dwojgu
9. trojga
10. dwoje

ZADANIE 111
1. troje
2. troje
3. czworga
4. dwoje
5. dwojgiem
6. sześcioro
7. dwojgiem
8. Dwoje
9. dwoje
10. dwoje

ZADANIE 112
1. rodziców
2. niemowląt
3. gości
4. studentów
5. ambasadorostwu
6. państwu młodych
7. zbuntowanych współpracowników
8. dzieci
9. znanych aktorów
10. sprzątających

KLUCZ DO ZADAŃ TESTOWYCH

ZADANIE 113
1. zaczęło
2. oczekiwało
3. pracuje
4. zajmowało się
5. odwiedziło
6. piło
7. biegło
8. dyskutowało
9. ruszyło
10. wyjechało

ZADANIE 114
1. trzystu dwudziestu siedmiu
2. trzem tysiącom siedmiuset pięćdziesięciu dziewięciu
3. stu czterdziestu dziewięciu
4. dziewięćdziesięciu dziewięciu *a.* dziewięcioma
5. trzy tysiące trzysta dziewięćdziesiąt dziewięć
6. tysiąc trzysta pięćdziesiąt cztery
7. dwa tysiące siedmiuset
8. dwóch (dwu) tysięcy pięciuset siedemdziesięciorga dziewięciorga
9. tysiąc dwieście czterdzieścioro pięcioro
10. trzynastu tysięcy

ZADANIE 115
1. drobiazgów
2. znaczków
3. pracowników naukowych
4. różnych ptaków
5. cennych eksponatów
6. rosyjskich ikon
7. mieszkaniami lokatorskimi
8. kandydatów
9. profesorów
10. gminach

ZADANIE 116
1. dwa i pół
2. jednej czwartej
3. jednej drugiej
4. jedną czwartą
5. jednej czwartej
6. jeden i pół (*a.* półtora)
7. dwa i pół
8. jednej czwartej
9. trzech czwartych
10. trzy czwarte

ZADANIE 117
1. trzech czwartych
2. dwa i pół
3. trzech czwartych
4. dwa i jedną czwartą
5. jeden i pół (*a.* półtora)
6. pięć i pół
7. dziewięćdziesiąt dziewięć i pół
8. jedna czwarta
9. Cztery i trzy czwarte
10. jedną czwartą od trzech czwartych / dwie czwarte

ZADANIE 118
1. litra
2. zebranych widzów
3. dróg
4. dnia
5. wylało się
6. opuściło
7. drewna
8. flakonika
9. wzrostu
10. mieszkańców

ZADANIE 119
1. Oba / Obydwa
2. Oba / Obydwa
3. oba / obydwa
4. Oba / Obydwa
5. oboma / obu / obydwu / obydwoma
6. Obaj / Obydwaj
7. oboma / obiema / obydwoma / obydwiema
8. Obie / Obydwie
9. obie / obydwie
10. Obie / Obydwie

ZADANIE 120
1. oboje / obydwoje aktorów
2. obojga / obydwojga braci
3. obojgu / obydwojgu kuzynom
4. obojgu / obydwojgu mężach
5. obojgiem / obydwojgiem synów
6. obojgiem / obydwojgiem Kowalskich
7. oboje / obydwoje nasi rodzice
8. oboje / obydwoje państwo młodzi
9. obojgiem / obydwojgiem państwem młodymi
10. oboje / obydwoje wujostwo

ZADANIE 121
1. rozbitków / dziękowało
2. rodzeństwa / pracowało
3. pacjentów / zachorowało
4. uczestniczyło / stażystów
5. zakochanych / siedziało
6. kuzynostwa / przyjechało
7. naukowców / zdało
8. adwokatów / miało
9. przygotowywało się / kandydatów
10. przyjaciół / odwiedziło

ZADANIE 122
1. kilku *a.* paru *a.* wielu
2. niejednymi *a.* wieloma
3. dużo *a.* wiele
4. setki *a.* wiele
5. ilu
6. iloma
7. kilku *a.* paru
8. Niejeden
9. Niejedni
10. niejednego

ZADANIE 123
1. dużo
2. kilku *a.* paru *a.* wielu
3. wielu
4. wiele
5. kilku *a.* paru
6. wiele
7. niejednych
8. niejednym
9. setki
10. kilku

ZADANIE 124
1. kilkoma
2. Niejeden
3. Wielu
4. Ilu
5. kilkoma *a.* kilku
6. wiele
7. wielu
8. Ilu
9. wielu
10. Ile

ZADANIE 125
1. kilku *a.* paru
2. kilku *a.* paru
3. wiele
4. kilka *a.* parę *a.* wiele
5. Niejeden

KLUCZ DO ZADAŃ TESTOWYCH

6. parę
7. ile
8. Ile
9. iloma *a.* ilu *a.* wieloma *a.* wielu
10. kilku *a.* paru

ZADANIE 126
1. wody
2. tysięcy
3. razy
4. ateistów
5. chwil
6. bumerang
7. owca
8. kropli *a.* kropel
9. bezrobotnych
10. ludzi

ZADANIE 127
1. spacerowało
2. wiedziało
3. pozostało
4. wpadło
5. poparło
6. miało
7. brało
8. stało
9. zachorowało
10. przyznano

ZADANIE 128
1. atakuje
2. jest
3. ginie
4. gości
5. koczuje
6. leży
7. pomaga
8. wylega
9. zapisuje się
10. zostaje

ZADANIE 129
1. Żaden
2. żaden
3. Żaden *a.* Żaden z nas
4. żadnej
5. żaden
6. żaden
7. żadną
8. żadnym
9. Żaden *a.* Nikt z nich
10. żadnym

ZADANIE 130
1. każdym
2. każdy
3. każdej
4. Każdy
5. Wszyscy
6. Każdy
7. Każdy (z was)
8. każdym (z was)
9. Wszyscy
10. Żaden

ZADANIE 131
1. każdego *a.* wszystkich
2. Każdy
3. Każdy
4. Każdy
5. Nikt
6. Wszyscy
7. każdych
8. każdych
9. każde
10. każde

ZADANIE 132
1. Żaden

2. żadnej
3. żadnym
4. każdej
5. Każdy
6. Każda
7. Każdy
8. Nikt
9. Każde
10. Każda

ZADANIE 133
1. Wszyscy
2. żadnego
3. żadnym
4. Żadnemu
5. Żaden
6. Żadne
7. każdy
8. Wszystkie
9. żaden
10. Każdy

ZADANIE 134
1. obezwładnieni / obezwładnione gazem łzawiącym
2. obwiniony / obwiniona o kradzież roweru *a.* o to, że ukradłem (ukradłam) rower
3. oczerniony przez kolegów pod moją nieobecność
4. posądzona o złe intencje
5. odmieniony przez miłość *a.* dzięki miłości *a.* z powodu miłości
6. ogołocone ze wszystkich obrazów
7. śledzony przez policję
8. znieważony przez koleżankę, która powiedziała, że był szpiegiem
9. obrażony przez nią dwa razy (dwukrotnie)
10. rozpieszczony przez babcię

ZADANIE 135
1. z niesłusznych zarzutów
2. codziennymi kłopotami
3. z premierem
4. chorobami
5. w życie
6. procesem sądowym
7. twoim zachowaniem
8. z całą rodziną
9. do polskiej polityki
10. życiem

ZADANIE 136
1. egzaminami
2. na niesprawiedliwe traktowanie
3. na kobiety
4. lekarstwami
5. z wszystkimi sąsiadami
6. chorobą *a.* na skutek choroby
7. chwilowymi sukcesami
8. niepowodzeniami / na skutek niepowodzeń
9. z żoną
10. urodą

ZADANIE 137
1. / 7; przez kogoś
2. / 10; przez kogoś / przez coś
3. / 9; kimś / czymś
4. / 4; na coś; *rzadziej* na kogoś
5. / 8; przez kogoś / przez coś – z czegoś
6. / 6; przez kogoś
7. / 5; na kogoś / na coś
8. / 3; przez kogoś
9. / 2; w coś
10. / 1; przez kogoś

KLUCZ DO ZADAŃ TESTOWYCH

ZADANIE 138
1. / 4; przed kimś
2. / 9; od czegoś; *rzadziej* od kogoś
3. / 5; w coś
4. / 6; czymś
5. / 3; na kogoś, przez kogoś
6. / 2; w czymś
7. / 7; do czegoś
8. / 10; w czymś
9. / 8; czymś
10. / 1; u kogoś

ZADANIE 139
1. Jaki
2. to
3. same
4. Skąd
5. tak
6. tym samym
7. co *a.* same
8. sobie
9. tak
10. jak

ZADANIE 140
1. lepiej
2. właściwie
3. najwyżej
4. jeszcze
5. pewnie
6. wprost
7. widać
8. blisko *a.* co najmniej
9. co najmniej
10. dalej

ZADANIE 141
1. mniej więcej
2. Właśnie
3. nawet
4. Oczywiście *a.* Właśnie
5. tylko
6. w ogóle
7. też
8. przecież
9. po prostu
10. rzeczywiście

ZADANIE 142
1. prawie
2. przeważnie
3. przynajmniej
4. szczególnie
5. ponadto
6. niechby
7. nade wszystko
8. i tak
9. bynajmniej
10. dopiero

ZADANIE 143
1. zresztą
2. W zasadzie
3. wprawdzie
4. wyłącznie
5. zwłaszcza
6. między innymi
7. Jedynie
8. niespełna
9. tym bardziej
10. głównie

ZADANIE 144
1. Braciszku, nie bierz motocykla, bo nie masz prawa jazdy! *a.* Braciszku, nie proś mnie o motocykl, bo nie masz prawa jazdy!
2. Człowieku, bądź spokojny!
3. Kolego, podetnij żywopłot starannie!
4. Panie kierowco, niech pan coś powie!

5. Romeo, nie mnij nowego garnituru!
6. Mamo, zmiel kawę!
7. Synu, obetnij gałęzie drzew, które zakrywają całe okno w kuchni!
8. Janku, nabądź (wreszcie) nowy samochód!
9. Burgrabio, ochrzcij swojego syna!
10. Casanova, jeźdź ostrożnie po mieście!

ZADANIE 145

1. Drodzy członkowie zespołu, zaprzestańcie walki z wiatrakami!
2. Szanowna koleżanko, uznaj swój błąd!
3. Podnieście nam wynagrodzenie za naszą pracę!
4. Posłowie, wystąpcie o dymisję ministra!
5. Jerzy, zaprzestań palenia papierosów!
6. Żołnierze, sposóbcie się do walki!
7. Mili mieszkańcy, nie wrzucajcie śmieci do sedesów!
8. Transportowcy, dostarczcie zamówione meble pod wskazane adresy!
9. Drogie dzieci, nie bałagańcie, nie niszczcie mebli, nie nastawiajcie głośnej muzyki, nie hałasujcie!
10. Drodzy pracownicy, nie trudnijcie się nielegalnym handlem, nie łaknijcie złudnych pochwał, pamiętajcie o klientach!

ZADANIE 146

1. Ewo, poślij po zastępcę!
2. Jurku, pościel rano swoje łóżko!
3. Dzieci, najedzcie się (do syta) przed wyjazdem na długą wycieczkę!
4. Drogi mężu, wypocznij (sobie trochę)!
5. Turyści, nie zrywajcie górskich roślin!
6. Kochana Jolu, piec ten udziec około dwóch godzin!
7. Staszku, odnieść (choć raz) talerze do kuchni!
8. Przechodnie, nie plujcie na chodnik!
9. Olu, dowiedz się w szkole czegoś na temat czekających na ciebie egzaminów!
10. Dziadku załagodź *a.* załagódź rodzinny spór!

ZADANIE 147

1. Dziadku, przypilnuj Agaty!
2. Iwonko, wypij mleko!
3. Bartku, włóż książki do plecaka!
4. Aniu, włóż ciepłe skarpetki!
5. Marylko, wyłącz gaz!
6. Kotku, odgrzej wczorajsze danie!
7. Mareczku, nie płacz za mamą!
8. Bogusiu nie gwiżdż podczas przerwy (*a.* przerw) w szkole!
9. Majo / Maju zawieź Agatkę do szkoły!
10. Filipie nie drażnij psa Burka (*a.* nie drażnij Burka)!

ZADANIE 148

1. Zapoznajcie się z bieżącymi informacjami!
2. Nie zapoznawajcie się z podejrzanymi mężczyznami!
3. Nie wydawajcie pieniędzy na alkohol!
4. Nie dodawajcie majeranku do wszystkiego!
5. Zaznajcie prawdziwej miłości!
6. Nie rozstawajcie się z tymi ludźmi!

KLUCZ DO ZADAŃ TESTOWYCH

7. Nie golcie się *a.* nie gólcie się tępymi żyletkami!
8. Nie rozwódźcie się długo na ten temat!
9. Nie grodźcie *a.* nie gródźcie kawałka błotnistego terenu!
10. Dowieźcie dzisiaj chleb do wszystkich piekarni (*a.* piekarń; *rzad.*)!

ZADANIE 149

1. Małgosiu, nie roznoś / Roznieś
2. Marto, nie gódź się / Zgódź się
3. Edgarze, nie kąp się / Wykąp się
4. Edmundzie, nie łaź / Połaź
5. Edwinie, nie gol się *a.* nie gól się / Ogol się *a.* Ogól się
6. Eliaszu, nie klękaj / Uklęknij
7. Jerzy, nie obgryzaj / Obgryź
8. Donacie, nie płucz / Wypłucz
9. Auguście, nie każ / Każ
10. Zygmuncie, nie przywoź *a.* nie przywóź / Przywieź

ZADANIE 150

1. Tato / zaściel moje łóżko
2. Wujku / podwieź mnie do domu
3. Ciociu / pobaw się z Jankiem
4. Siostrzyczko / idź spać
5. Braciszku / weź mój rower
6. Szwagrze / spełnijmy strzemiennego
7. Panie Profesorze / podejdź do tablicy
8. Córciu / daj mi pieniądze na obiad
9. Pani Profesor / rozdaj testy
10. Szefie / wyjdźcie wcześniej z pracy

ZADANIE 151

1. zachowuj się ...
2. zmierz ...
3. pisuj ...
4. kop ...
5. podsłuchuj ...
6. doznawaj ...
7. błądź ...
8. barw ...
9. ciągnij ...
10. leż ...

ZADANIE 152

1. róbcie ...
2. bezcześćcie ich pomników
3. niepokójcie się ...
4. trzyjcie ...
5. ostrzeliwujcie ich pozycje
6. truchlejcie ...
7. bolejcie ...
8. poważniejcie ...
9. tęsknijcie ...
10. drwijcie z niego

ZADANIE 153

1. Kotku, nie mrucz tak głośno!
2. Kwiatuszku, nie usychaj!
3. Lalko, stój na swych krzywych nóżkach!
4. Drukarko, drukuj!
5. Samochodzie, ruszaj (wreszcie)!
6. Kanarku nie przestawaj śpiewać!
7. Świnko morska, wyjdź spod łóżka!
8. Biedronko, sfruń z mojej dłoni!
9. Władysławie, nie chrap tak głośno!
10. Kochanie *a.* Kochana żono, nie gniewaj się już na mnie!

ZADANIE 154

1. Domyślał się *a.* Domyślił się
2. posługiwać się
3. przyczyniał
4. zdarzył się
5. wystawiał się *a.* wystawił się
6. utrzymywała się

7. układała
8. się ograniczyć
9. odmieniła się
10. wydawałem

ZADANIE 155

1. porozumieć się
2. bał się
3. dowiadywała się *a.* dowiedziała się
4. dzieją się *a.* działy się
5. kłaniał się
6. najada się *a.* najadł się
7. odzywał się
8. zajmowała się
9. podobała się
10. rozstawać się

ZADANIE 156

1. kłócił się
2. pojawiły się
3. zamigotały
4. opiekowała się
5. odezwał się
6. posługiwać się
7. rozglądać się
8. Pośmialiśmy się *a.* Pośmieliśmy się
9. wpatrywał się
10. spóźniłem się

ZADANIE 157

Copyright by S. Mędak

Bałem **się** bardzo Magdy. Po raz pierwszy miałem spotkać **się** z nią sam na sam w jej domu. Od dziesięciu lat próbowałem [x] umówić [się] z nią, ale ona wciąż tłumaczyła [się] brakiem wolnego czasu. Domyślałem [się] wtedy, że nie chce [x] ze mną porozmawiać [x] szczerze. Wydawało mi [się] wtedy, że być może jestem za mało atrakcyjnym mężczyzną. Już dwie godziny przed wyjściem przygotowałem [się] do tego spotkania. Wykąpałem [się], uczesałem [się], uprasowałem [x] najdroższą koszulę. Nałożyłem [x] na włosy trochę żelu marki *Garnier*, wyperfumowałem [się]. Miałem wrażenie, że w tej koszuli i w nowych dżinsach mogę jej [się] podobać. Ponieważ na dobre rozpadało [się] na dworze, musiałem poszukać [x] parasolki. Nigdzie jej nie było. Gdzieś [się] zawieruszyła. Wpatrywałem [się] w niebo przez okno dachowe. Deszcz lał [x] jak z cebra. Usiadłem [x] i starałem [się] nie myśleć [x] za głośno, nie denerwować [się] na próżno. Pomyślałem [x], że przeznaczenie samo znajdzie [x] sobie drogę i, że czasami szept osoby kochającej może [się] przebić nawet przez deszcz.

ZADANIE 158

1. idzie się
2. Mówi się
3. jeździ się
4. się pracuje
5. się siedzi
6. chce ... się
7. rozmawia ... się
8. się mieszka
9. śpi ... się
10. się ... produkuje

ZADANIE 159

1. przekształcił się / przekształciło się
2. weszła / weszło
3. dyktują
4. ustalił / ustaliło
5. zdecydowała się / zdecydowało się

6. przyczynił się, przyczyniła się, przyczyniło się
7. zmieniła / zmieniło
8. należą
9. wydały / wydał
10. ulepszyło / ulepszyły

ZADANIE 160

1. itd.
2. pn. / *a. rzadziej* p.n.
3. drem *a.* dr. (*czytaj*: doktorem)
4. GOPR *a.* GOPR–ze
5. SGH
6. Desie
7. UE
8. abp. / arcybp. (*czytaj*: arcybiskupem) *a.* abpem / arcybpem
9. wg
10. VIP; *pot.* VIP–ów

ZADANIE 161

1. Koziorożec
2. Międzynarodowa Federacja Związków Piłki Nożnej
3. Międzynarodowy Komitet Olimpijski (MKOl)
4. Chrześcijańskie Stowarzyszenie Młodzieży Męskiej
5. Białoruś
6. Chorwacja
7. Rosja
8. Chorwacja
9. Słowacja
10. polski
11. słowacki
12. harmonijka ustna
13. 1 złoty = 100 groszy
14. 1 frank szwajcarski = 100 rappów (centymów)
15. oxygenium – tlen
16. 1. List św. Jana
17. albertyni (Zgromadzenie Braci Albertynów III Zakonu Świętego Franciszka z Asyżu Posługujących Ubogim)
18. amper (prąd elektryczny)
19. herc (częstotliwość)
20. hektar (powierzchnia)

ZADANIE 162

1. Pod domem stał samochód, a obok samochodu kręcił się nieznajomy osobnik.
2. Członkowie rządu nie chcieli dyskutować nad tym projektem, aczkolwiek to były ciekawe propozycje dla rządu.
3. Wyciągnął rękę, aby dostać jałmużnę.
4. Przyznał się do winy, aczkolwiek nie miał na to żadnej ochoty.
5. Wziął proszki nasenne, albowiem chciał szybko zasnąć.
6. Planuję wyjazd do Afryki, a może pojadę do Chin.
7. Mogę zaproponować ci do picia (albo) wino, albo piwo.
8. Możesz przyjść (albo) w sobotę albo w niedzielę.
9. Noc zrobiła się ciemna, albowiem jasny księżyc przykryła burzowa chmura.
10. Jeździł często na wieś, albowiem tam znakomicie wypoczywał.

ZADANIE 163

1. Miał dużo ludzi, którzy go lubili, ale miał też nieprzejednanych przeciwników.

2. Zajmował się raczej dziewczętami, a niewiele zajmował się pracą.
3. Wydaje ci się, że widziałem niewiele, powinieneś jednak wiedzieć, że widziałem bardzo wiele.
4. Szalał całe życie, a zatem teraz musi się leczyć.
5. Mam do niego zaufanie, a więc on nie mógł mnie zawieść.
6. Wydał całe swoje oszczędności na bilet, hotel i jedzenie, ażeby zobaczyć karnawał w Rio.
7. Polska jest ojczyzną moich dziadków i mojej mamy, a zatem Polska jest moją ojczyzną.
8. Karolu, trzeba wiele razy próbować, aż (może) ci się uda.
9. Ani nie posprzątał w domu, ani nie zrobił prania.
10. Raczej wolałbym umrzeć, aniżeli (niźli) tak żyć.

ZADANIE 164

1. Wiele podróżowałem, i dlatego zwiedziłem cały świat.
2. Myśliwi przestali polować na zające, bowiem (bo) stada zajęcy zostały uzbrojone przez naturę w broń dalekiego zasięgu.
3. Wszędzie w mieście było ciemno, bowiem (bo) w mieście nastąpiła awaria sieci elektrycznej.
4. To mieszkanie jest niefunkcjonalne, i dlatego muszę kupić meble robione na miarę.
5. Chociaż przygotowywał się do egzaminu przez kilka miesięcy, nie zdał go.
6. Chociaż miał dopiero trzydzieści lat, jego włosy były już siwe.
7. Wieczorami (bądź) czytał książki, bądź oglądał telewizję.
8. Choć za oknem mróz i zima, w moim sercu wiosna jest.
9. Pracowała ciężko, bowiem chciała zapewnić dzieciom lepsze wykształcenie.
10. Gotów był poświęcić wszystkie kosztowności, byleby wydostać się z zajętego przez wroga miasta.

ZADANIE 165

1. W tym roku przyjmiemy tyle samo kandydatów, co rok temu.
2. Ubiera się jakby była nastolatką, choć ma ponad sześćdziesiąt lat.
3. Przyjechała policja, dlatego że policjanci chcieli przeprowadzić wywiad z podejrzanym.
4. Nie ujawnię tej tajemnicy nikomu, chyba żeby mnie torturowano.
5. Mój ojciec ma zniszczone ręce, dlatego że całe życie pracuje na budowach.
6. Nie zmienię mojej decyzji, choćby mieli mnie zwolnić z pracy.
7. O zmianie jego zachowania świadczy wiele faktów, chociażby punktualne przychodzenie na lekcje.
8. Czy idzie do pracy, czy idzie kupić gazety, czy zostaje w domu, zawsze ubiera się w garnitur.
9. Żałuję tylko jednego, a mianowicie, że nie urodziłem się w innej epoce.
10. Zostało nam dziesięć konserw, czyli że każdego dnia możemy zjeść tylko jedną konserwę.

ZADANIE 166

1. Dopóki ćwiczył systematycznie biegi, czuł się coraz lepiej fizycznie.

KLUCZ DO ZADAŃ TESTOWYCH

2. Im wzbijamy się wyżej, tym temperatura jest niższa.
3. Dopóki trenował codziennie, dopóty czuł się dobrze.
4. Może zatrzymamy się na noc u znajomych, ewentualnie może spędzimy noc w hotelu.
5. O ile ja nie lubię plotek, o tyle mój mąż je uwielbia.
6. Poczuł się tak słabo, iż musieliśmy zadzwonić po pogotowie ratunkowe.
7. Mam wrażenie, że kpiono sobie trochę nie tyle z jego gestów i grymasów, ile kpiono sobie raczej z jego pewności siebie.
8. Gdy ciągniesz dwie sroki za ogon, w ręku mogą ci zostać jedynie pióra.
9. Gdybym miał szczęście, zdałbym egzamin.
10. Gdyby ludzie mieli władzę nad wszystkim, to świat już by nie istniał.

ZADANIE 167
1. Mówi się, że kobieta przekrzyczy, zrujnuje cały świat, byle na swoim postawić.
2. Ludzie boją się starości, jakby mieli pewność, że jej doczekają.
3. Prawda to jest piękno, jednakże piękno wcale nie musi być prawdą.
4. Jakkolwiek niektóre aforyzmy nie są odkrywcze, trafiają one w sedno.
5. Nie zgadzam się z tą opinią, jakoby ludzie byli lepsi w biedzie niż w dostatku.
6. W miarę, jak przestrzeń rynkowa staje się coraz bardziej zatłoczona, perspektywy zysku i wzrostu są coraz bardziej ograniczone.
7. Karol w wieku 33 lat zerwał z paleniem, jako że był to dla niego jedyny sposób, aby więcej oszczędzać.
8. Należy oszczędzać wodę, jak też trzeba oszczędzać energię elektryczną.
9. U mężczyzn wierność dopóty jest przysięgą, aż się nie zdarzy pierwsza okazja.
10. Ilekroć jesteś tutaj, tylekroć moje serce z taką samą mocą się raduje.

ZADANIE 168
1. Musimy znaleźć źródło wody na tej przeklętej pustyni, inaczej wszyscy pomrzemy.
2. Nie oceniam sukcesu człowieka po tym, jak wysoko się wspiął, lecz, jak wysoko odbił się od dna.
3. Mam wrażenie, że sąd ją uniewinni lub w ostateczności może ją ukarać niewielką grzywną.
4. Nie pukaj do niewłaściwych drzwi, kiedy nie wiesz, co cię tam czeka.
5. Długo szukał kandydatki na żonę, jednakże do tej pory jej nie znalazł.
6. Jeśli / Jeżeli wydaje mu się, że wszystko idzie dobrze, to znaczy, że nie ma pojęcia, co się naprawdę dzieje.
7. Jeśliby / Jeżeliby karać każdego, kto ma charakter przewrotny i zły, kara nie ominęłaby nikogo.
8. Jeśliby / Jeżeliby Bóg podarował mi jeszcze odrobinę życia, to wykorzystałbym ten dany mi czas najlepiej, jak potrafię.
9. Nie pozostaje mi nic innego, jak (tylko) czekać i płakać.
10. Jak przewidywałem, tak się w końcu stało.

ZADANIE 169

1. W zasadzie interesuję się życiem politycznym kraju o tyle, o ile ma to związek z życiem codziennym.
2. Ledwo wszedł do domu, już zaczął się kłócić z żoną.
3. Mimo że zabrnąłem w mrok, jednak się nie zgubiłem.
4. Pamiętaj, że nie tylko pieniądze mają wartość, ale także słowo może ją mieć.
5. Ten polityk nigdy nie był demokratą, natomiast lubi korzystać z demokratycznych haseł.
6. Nie potwierdził zaproszenia, ani nie pojawił się na przyjęciu.
7. Karolu, pamiętaj, że najpierw powinno się policzyć wszystkie jabłka, nim się je rozdzieli.
8. Zobaczysz łobuzie, niech cię kiedyś dopadnę!
9. Proszę wpisać uwagi do megatestu, którego autorem jest Stanisław Mędak.
10. Zwyciężył nasz zespół, któremu to się należało.

ZADANIE 170

1. Skoro wszystko płynie, to nie da się wejść dwa razy do tej samej rzeki.
2. Tylko on pomagał mi w najtrudniejszych chwilach, podczas gdy inni, obojętni na cierpienie odwracali na mój widok głowy.
3. Hrabina delikatnie jęknęła, po czym poprawiła skrzywioną perukę, zamknęła oczy i umarła.
4. Okazało się, że zadanie jest o wiele trudniejsze, niżby się wydawało.
5. Pomimo że używał wyszukanych słów, to łatwo było zauważyć, że mu wystaje słoma z butów.
6. Była to kobieta wykształcona, przy tym wykazywała się niesłychaną kulturą słowa.
7. Póki ciągle jeszcze oddycham, mam nadzieję, że żyję.
8. Wiedziała, że nie powinna przekroczyć progu tego domu, pomimo to pchnęła bramkę i skierowała kroki ku drzwiom.
9. Kocham cię, ponieważ cię potrzebuję a. Potrzebuję cię, ponieważ cię kocham.
10. Póty się w pięknych rzeczach kochałem, póki innych, piękniejszych nie ujrzałem.

ZADANIE 171

1. Karolu, kiedy widzisz kałużę możesz ją obejść, zamiast w nią wejść.
2. Kryzys finansowy daje o sobie znać, wobec tego coraz więcej rządów zaczyna stosować politykę zaciskania pasa.
3. Nie zgłosił się na rozmowę kwalifikacyjną, więc przewodniczący komisji skreślił go z listy.
4. Polacy chcą cieszyć się pełną demokracją tak, jak niektóre narody w Europie.
5. Mam czas, to mogę odpoczywać, ile dusza i ciało zapragną.
6. Wyniki głosowania były wielkim zaskoczeniem, tym bardziej, że wcześniej przedyskutowano z zainteresowanymi każdy szczegół.
7. Mówi się, że wszyscy są dziećmi Boga, tyle że ja jestem sierotą.
8. Możecie się tu bawić, tylko nie hałasujcie, bo babcia śpi.

KLUCZ DO ZADAŃ TESTOWYCH

9. Tak bardzo chciałabym kochać, <u>tylko że</u> nie ma kogo kochać.
10. Czekamy na wiosnę, potem na lato, potem na kolejną i kolejną wiosnę, <u>a tymczasem</u> życie upływa i nie zauważamy, że się starzejemy.

ZADANIE 172
1. Jedni spacerują, inni <u>zaś</u> siedzą na ławkach w parku.
2. Musimy się dobrze poznać, <u>zanim</u> zawrzemy za jakiś czas małżeństwo.
3. Coraz więcej ludzi uciekało z Syrii, <u>zwłaszcza, że</u> eskalacja działań wojennych przybrała na sile.
4. Wszyscy w teatrze byli elegancko ubrani, my <u>za to</u> byliśmy w dżinsach i w sportowych koszulach.
5. Komisja nie poparła prośby petentki, <u>a zatem</u> prośba została definitywnie odrzucona.
6. Jest zbyt młody i przebiegły, <u>żeby</u> zginąć na polu walki!
7. Każdy to widzi, <u>że</u> kolejni dyletanci dorwali się władzy!
8. Nauczyciele <u>zarówno</u> uczą, <u>jak</u> i wychowują.
9. Nic nie jadła, <u>żeby</u> schudnąć w biodrach.
10. Karolu, jesteś taki słodki, <u>że aż</u> podwyższył ci się poziom cukru.

ZADANIE 173
1. <u>Chociaż</u> lekarz zabronił mu biegania, Karol biegał codziennie kilka kilometrów.
2. Znał za słabo angielski, <u>żeby</u> przetłumaczyć na język polski instrukcję napisaną po angielsku.
3. Pożyczę ci pieniędzy, <u>z tym, że</u> musisz je oddać w terminie. *(pot.)*
4. Chłopiec był <u>tak</u> głodny, <u>że aż</u> odwracał głowę, kiedy przechodził przed sklepami z żywnością.
5. <u>Chociaż</u> była zdenerwowana, <u>ale</u> nie okazywała tego po sobie.
6. Jest opóźniony w rozwoju, <u>niemniej jednak</u> jakoś sobie radzi w szkole.
7. Przyniosła <u>tyle</u> zakupów, <u>że</u> nie mogła pomieścić ich w lodówce.
8. Rozmawiając z nią, odnosi się wrażenie, <u>tak jakby</u> nie słuchała tego, co się do niej mówi.
9. Wiedziałem, <u>że</u> będę się śmiertelnie nudził na wieczorku literackim, organizowanym przez Karola.
10. Proszę cię, sprawdź, <u>czy</u> drzwi zostały zamknięte przeze mnie.

ZADANIE 174
kurdebalans,
kurza twarz,
wpisać do żurnala,
karakony,
napatoczyć się,
pędzić,
dranie,
kurza mać,
ubóstwiać,
męczyć,
kurdemol,
diabli wiedzą,
kurza twarz / nędza,
kurcze blade,
kurza melodia,
full,
ostro jeździć,
rozpierniczyć się,
paść na mordy.

ZADANIE 175

1. *wkurza* – powoduje irytację, denerwuje
2. *przegrał prezydenturę* – poniósł porażkę w wyborach prezydenckich; <u>prezydentura</u>: funkcja i tytuł prezydenta; także czas i sposób sprawowania tej funkcji. <u>Połączenie składniowe</u>: sprawować prezydenturę (kalka z języka niemieckiego)
3. *wysypały się* – wyszli skądś gromadnie, jeden za drugim; *pot.* pojawili się gdzieś w dużej ilości
4. *darły się* – bardzo głośno krzyczały, płakały, wrzeszczały; *niemowlaków* – użycie potoczne; prawidłowa forma *niemowlę (D. lm. – niemowląt)*
5. *ktoś mu wjechał na ambit* – ktoś obraził kogoś, naruszył (np. słowem) poczucie czyjejś godności, ośmieszył ważne dla kogoś wartości wynikające z ambicji, często przesadnej
6. *posiadam* – mam *a.* dysponuję kompromitującymi dokumentami (nadużywane) *a.* dysponuję dokumentami, które mogą narazić na szwank czyjąś reputację, ośmieszyć kogoś
7. *Nasz instytut posiada...* – Nasz instytut liczy... *a.* W naszym instytucie pracuje... *a.* W naszym instytucie jest wielu profesorów...
8. *był stałym bywalcem na ...* – był bywalcem konferencji; *rzad.* na konferencjach; <u>stały bywalec</u>; zbędne połączenie z przymiotnikiem *stały*, ponieważ rzeczownik ten wskazuje na 'człowieka często obecnego w danym miejscu', np. w teatrze, w kawiarni, w nocnych klubach
9. *klimat* – rzeczownik nadużywany w zn. 'nastrój, atmosfera panujące w jakimś środowisku;

klimat i atmosfera – zbędne połączenie dwu wyrazów o tym samym znaczeniu; *nie podoba mi się* – nie podobają mi się
10. *podwoiły się* – oznacza 'zwiększyły się dwukrotnie; *wzrosły* – oznacza 'powiększać się, zwiększać się pod względem liczebnym, ilościowo; tu; o 100%!'

ZADANIE 176

1. podochociła sobie
2. podpili sobie
3. Ubrdała sobie
4. wyobrażała sobie
5. życzył sobie
6. myśli sobie
7. Był sobie
8. radziłem sobie
9. dała sobie
10. sobie wstrzykiwać

ZADANIE 177

1. szli
2. utrudniały
3. udali się
4. krytykowali
5. informowały
6. weszli
7. mówią
8. poszli
9. przygotowali
10. otworzył

ZADANIE 178

1.

(0) WIELKA PRZEPYCHANKA

W Chorwacji pokłócili się ci politycy, którzy rządzą. Póki (1) <u>trzymali sztamę</u>,

KLUCZ DO ZADAŃ TESTOWYCH

to inni mogli im (2) <u>naskoczyć</u>. Bo rządząca (3) <u>paczka</u> (zwana (4) <u>po ichniemu</u> Zajednicą) była największa. Zajednica wmówiła Chorwatom, że wszystko, co robi, to dla ich dobra i że sama wie najlepiej, a zwłaszcza najważniejszy Tudjman. Ale okazało się, że politycy z Zajednicy (5) <u>nachapali się</u> za bardzo (6) <u>u żłoba</u> i (7) <u>narozrabiali</u> za granicą. Ludzie zaczęli (8) <u>sarkać</u>, a inne paczki znów dobrały się Zajednicy do skóry.

Wtedy, część Zajednicy z jednym Mesiciem na czele postanowiła (9) <u>się wypiąć</u> i założyć własną paczkę. Mówią, że teraz widzą, że Zajednica to złodzieje i bandyci, a Tudjman najgorszy. A przy okazji pewno Mesić sam chciał zostać najważniejszy i (10) <u>wykopać</u> Tudjmana.

Zajednica (11) <u>się spietrała</u> i zaczęła (12) <u>się dogadywać</u> ze zdrajcami. Bała się, że zdrajcy (13) <u>zawiążą sztamę</u> z innymi paczkami i razem dadzą im (14) <u>popalić</u>. Dogadali się więc, że jak główni zdrajcy się nieco odsuną (15) <u>od żłoba</u> – gdzie wciąż tkwili, bo byli przecież w Zajednicy – to reszta paczki trochę dopuści ich (16) <u>kumpli</u>, ale nie za blisko. Słowem, (17) <u>podzielą się korytem</u>.

Ale w końcu się okazało, że zdrajców jest mniej niż myślano. I kiedy zgodnie z umową Mesić i jeszcze jeden (18) <u>ważniak</u> się odsunęli, to Zajednica (19) <u>powiedziała „wała"</u>, i w ogóle (20) <u>nie dopuściła do żłobu</u> nikogo; ani ważnych zdrajców, ani ich kumpli. Mesić został na lodzie i (21) <u>drze ryja</u>. (22) <u>Ale jaja</u>.

2.

(1) **NW**: → <'współpracować ze sobą, przyjaźnić się z kimś, mieć więź z kimś, być w zgodzie z kimś'>

(2) **NW**: → <'atakować kogoś, robić komuś wymówki; często niesłuszne'>

(3) **NW**: → <'grupa przyjaciół, ludzi lubiących się'>

(4) **NW**: → <'*ichni* 'należący do nich; ich'; *po ichniemu* 'tu: w języku serbsko-chorwackim>

(5) **NW**: → <'wzbogacić się, pełniąc wysokie funkcje państwowe'>

(6) **NW**: → <'źródło łatwych dochodów, korzyści, z reguły związanych z działalnością polityczną'>

(7) **NW**: → <'narobić zamieszkania, problemów, kłopotów; wywołać jakąś awanturę'>

(8) **NW**: → <'wyrażać niezadowolenie, narzekać na kogoś / na coś'>

(9) **NW**: → <'odrzucić współpracę z kimś, zrezygnować z wspólnego działania, usamodzielnić się'>

(10) **NW**: → <'usunąć kogoś z czegoś, pozbyć się rywala, wyrzucić kogoś z czegoś'>

(11) **NW**: → < 'przestraszyć się'>

(12) **NW**: → <'porozumiewać się z kimś, dochodzić z kimś do porozumienia'>

(13) **NW**: → <'doprowadzić do zorganizowania czegoś'; *sztama* 'przyjazna więź z kimś; przyjaźń, zgoda'>

(14) **NW**: → <'dokuczyć komuś, przeszkadzać, utrudniać komuś życie'>

(15) **NW**: → <'zrezygnować z przywilejów, odejść / zrezygnować z polityki'>

(16) **NW**: → <'kolega, kompan'>

(17) **NW**: → <'pozwolić komuś korzystać z własnych przywilejów'>

(18) **NW**: → <'ważna osoba (tu: w rządzie)'>
(19) **NW**: → <'nie zgodzić się na coś'>
(20) **NW**: → <'utrudniać korzystanie ze źródeł łatwych dochodów, korzyści'>
(21) **NW**: → <'okazywać swoje niezadowolenie publicznie; w prasie lub telewizji'>
(22) **NW**: → < okrzyk wyrażający zaskoczenie, zdumienie, zaciekawienie w reakcji na coś nieoczekiwanego, dziwnego>

ZADANIE 179
1. forma zgodna – b; forma niezgodna – a
2. forma zgodna – a; forma niezgodna – b
3. forma zgodna – b; forma niezgodna – a
4. forma zgodna – a; forma niezgodna – b
5. forma zgodna – b; forma niezgodna – a
6. forma zgodna – a; forma niezgodna – b
7. forma zgodna – b; forma niezgodna – a
8. forma zgodna – b; forma niezgodna – a
9. forma zgodna – b; forma niezgodna – a
10. forma zgodna – a; forma niezgodna – b

ZADANIE 180
1. a
2. c
3. a
4. a
5. a
6. b
7. b
8. a
9. b
10. a

ZADANIE 181
1. b, d
2. a
3. a
4. b
5. a
6. b
7. b, c
8. a, b, c, e
9. b, c
10. a

ZADANIE 182
1. a
2. b
3. a
4. a
5. a
6. b
7. a
8. a, b
9. a
10. b

ZADANIE 183
1. b
2. a
3. a
4. b
5. a
6. a
7. a

KLUCZ DO ZADAŃ TESTOWYCH

8. c
9. a
10. a

ZADANIE 184
1. że
2. czy
3. Jeśli *a.* Jeżeli ... to
4. że
5. aby *a.* by *a.* żeby
6. że
7. kto / że / kto *a.* czy / że / czy
8. że
9. że
10. żeby *a.* by *a.* aby

ZADANIE 185
1. że
2. więc *a.* toteż *a.* a więc
3. że
4. co
5. by *a.* aby *a.* żeby
6. by *a.* aby *a.* żeby
7. by *a.* aby *a.* żeby
8. bym *a.* abym *a.* żebym
9. by *a.* aby *a.* żeby
10. a

ZADANIE 186
1. że
2. że
3. chociaż *a.* choć
4. że
5. byś *a.* abyś *a.* żebyś
6. byśmy *a.* abyśmy *a.* żebyśmy / a
7. i
8. ale *a.* lecz
9. a
10. więc *a.* a więc, *a.* dlatego też *a.* a zatem

ZADANIE 187
1. bowiem *a.* gdyż *a.* dlatego że *a.* bo
2. bowiem *a.* gdyż *a.* dlatego że *a.* bo
3. choćby *a.* chyba żeby
4. ale
5. lecz *a.* ale
6. Im ... tym
7. lecz *a.* ale
8. bowiem *a.* gdyż *a.* dlatego że *a.* bo
9. by *a.* aby *a.* żeby *a.* dlatego żeby
10. bowiem *a.* gdyż *a.* dlatego że *a.* bo

ZADANIE 188
1. by *a.* aby *a.* żeby
2. że *a.* iż
3. że
4. że; *pot.* jak
5. ale, *a.* choć (chociaż)
6. zanim *a.* ale *a.* lecz
7. by *a.* aby *a.* żeby
8. by *a.* aby *a.* żeby
9. by *a.* aby *a.* żeby
10. by *a.* aby *a.* żeby

ZADANIE 189
1. że
2. by *a.* aby *a.* żeby
3. że
4. jak
5. co
6. jak
7. jak
8. bym *a.* abym *a.* żebym
9. by *a.* aby *a.* żeby
10. czy

ZADANIE 190
1. dopóki
2. by *a.* aby *a.* żeby *a.* byleby

3. gdybym *a.* jeślibym (jeżelibym)
4. podczas
5. a
6. jakby
7. ale *a.* lecz
8. bo *a.* ponieważ *a.* gdyż *a.* dlatego że
9. jeśli *a.* jeżeli
10. jak

ZADANIE 191
1. choć *a.* chociaż *a.* a
2. bo *a.* ponieważ *a.* gdyż *a.* dlatego że *a.* bowiem
3. by *a.* aby *a.* żeby
4. dlatego też *a.* więc *a.* a więc *a.* toteż
5. albo *a.* lub
6. mianowicie *a.* a mianowicie
7. a więc *a.* więc *a.* dlatego też *a.* toteż
8. a
9. a
10. by *a.* aby *a.* żeby

ZADANIE 192
1. by *a.* aby *a.* żeby
2. by *a.* aby *a.* żeby
3. albo *a.* lub
4. bo *a.* bowiem *a.* gdyż
5. byle
6. Choć *a.* Chociaż
7. Mimo *a.* Pomimo
8. choć *a.* chociaż
9. dopóty
10. aż

ZADANIE 193
1. ale *a.* lecz
2. jeśli *a.* jeżeli *a.* kiedy *a. pot.* jak
3. kiedy *a.* gdy
4. bo *a.* ponieważ *a.* gdyż *a.* dlatego że
5. Gdyby

6. Kiedy
7. choć *a.* chociaż
8. choćby
9. ani ... ani
10. ani ... ani ... ani

ZADANIE 194
1. Kiedy *a.* Dopóki
2. więc *a.* a więc *a.* dlatego też *a.* i dlatego
3. to
4. dopóki
5. Im ... tym
6. ile
7. i
8. choćbym *a.* nawet gdybym
9. czy
10. aż

ZADANIE 195
1. Choć *a.* Chociaż / gdyż *a.* bowiem *a.* dlatego że *a.* bo
2. jak
3. albo
4. aby *a.* żeby *a.* by
5. kiedy
6. że / bo *a.* bowiem *a.* ponieważ
7. mianowicie
8. jeśli *a.* jeżeli
9. Póki / póty
10. Więc / że
11. Kiedy
12. czy / czy
13. by *a.* aby *a.* żeby
14. że
15. Jeśli *a.* Jeżeli
16. Skoro/ to *a.* więc *a.* a zatem

ZADANIE 196
1. Choć .... to ... *a.* Wprawdzie ... to jednak

KLUCZ DO ZADAŃ TESTOWYCH

2. zarówno ... jak ...
3. tak, jak
4. Im ... tym ...
5. Dopóki ... dopóty ...
6. na tyle ..., ile ...
7. na tyle, że ...
8. Dopóki ... dopóty ...
9. Im ... tym ...
10. na tyle ..., co ...

ZADANIE 197

1. Dziecko podniosło rękę, potem poruszyło głową, westchnęło lekko i westchnąwszy, opuściło rękę.
2. Na spotkaniu wyczuwało się atmosferę znudzenia, bo nikt już nie zadawał pytań i wydawało się, że nikt nie słucha, więc prowadzący zebranie zrozumiał, że czas na przerwę.
3. Zapadała ciemna noc i z parku zaczęły wychodzić pary młodych ludzi; dziewczęta poruszały się leniwie (leniwo) i chichotały radośnie, a mężczyźni patrzyli na swe dziewczyny rozmarzonymi oczami.
4. Nareszcie wszyscy manifestujący znaleźli się przed trybuną i stanęli w pierwszym rzędzie na kilka metrów przed trybuną, a przywódcy poszczególnych grup odetchnęli z ulgą.
5. Żartujesz ze mnie, a mnie jest przykro.
6. Ten śmiał się jak oszalały, a tamten śmiał się jakby płakał.
7. Wszyscy studenci wyszli z wykładu razem; a potem, na rogu ulicy niektórzy z nich skręcili w prawo, a inni zatrzymali się i wciąż dyskutowali.
8. Chciał powiedzieć coś śmiesznego, ale po chwili zrozumiał, że nie jest to najlepszy moment, więc zdecydował, że nic nie powie.
9. W sali nastąpiła głucha cisza, a zza ściany słychać było odgłosy bójki i rozpaczliwe krzyki kobiety.
10. Miłe złego początki, za to / (lecz) koniec żałosny.
11. Prawie nic nie zarobiłem, prawie nic nie kupiłem, a wszystkie pieniądze straciłem.
12. Nie wychodziłem z domu, nie odbierałem telefonów, a cały czas czekałem na to, że ktoś zapuka do moich drzwi.
13. Chytry sam nie zje, a / (i) drugiemu nie da.
14. Pojechaliśmy w góry na narty i chociaż cały dzień świeciło mocne słońce, nie mogliśmy się nacieszyć jazdą, gdyż śnieg z godziny na godzinę stawał się coraz bardziej lepki.
15. Dzień spędziłem beznadziejnie, bowiem nic nie zrobiłem i nic nie przeczytałem.
16. Za wzgórzem zobaczyłem wspaniały pałac, więc poszedłem tam.
17. Była najpiękniejszą dziewczyną w województwie podkarpackim, więc wybrano ją miss regionu.
18. Cały tydzień padał śnieg, więc na drogach były olbrzymie zaspy.
19. Wiosna w tym roku rozpoczęła się bardzo wcześnie, co wszystkich ogromnie zaskoczyło.
20. Jeśli kopiesz pod kimś dołki, sam w nie wpadniesz; *a.* Kto pod kim dołki kopie, sam w nie wpadnie (*przysłowie*).

ZADANIE 198
1. Jak
2. Ale
3. ani
4. ani
5. bądź ... bądź
6. gdybyś
7. bo *a.* gdyż *a.* ponieważ *a.* dlatego że *a.* bowiem
8. czy
9. niechby
10. ani ... ani

ZADANIE 199
1. że *a.* i dlatego
2. więc
3. choć *a.* chociaż
4. co / czy
5. jak (*pot.*)
6. to
7. niż
8. odkąd
9. to (*pot.*)
10. co

ZADANIE 200
1. bo *a.* ponieważ *a.* gdyż *a.* dlatego że *a.* bowiem
2. a
3. coś *a.* raczej
4. a
5. Dopóty ... aż
6. Nie tylko, że / ale
7. choć *a.* chociaż *a.* ale
8. aż
9. jak
10. choć *a.* chociaż *a.* aczkolwiek

ZADANIE 201
1. albo ... albo
2. chociaż *a.* choć
3. przynajmniej
4. Obojętnie
5. Bez względu na
6. W razie czego
7. W ostateczności
8. albo
9. czy też
10. że
11. ponieważ
12. albowiem
13. bo
14. bowiem
15. Gdyby
16. Jeżeli (Jeśli)
17. Mimo że
18. Choć *a.* Chociaż
19. aczkolwiek
20. pomimo

ZADANIE 202
1. że ...
2. czy ...
3. żeby ... *a.* aby ... *a.* by ...
4. czy ... / kiedy ... / jak ... itd.
5. że ...
6. że ...
7. że ...
8. że ...
9. że ...
10. czy ... / jak ... / kiedy ... itd.

ZADANIE 203
Mam pięknego kota, który ma bardzo duży ogon i puszystą sierść. Mąż również lubi go i przygotowuje mu posiłki z najlepszego mięsa, a ja często czyszczę mojego kota i daję mu mleko. Kot woli mięso niż mleko, a w dodatku mój

mąż uważa, że kot nie musi pić mleka. Oboje zajmujemy się nim i poświęcamy mu wiele czasu.

ZADANIE 204

1. o wsparcie / wsparcia
2. jej / ją
3. do pracy / za pracę
4. pracownikom / dla pracowników
5. od picia / z picia
6. od wiatru / przed wiatrem
7. papierosy / papierosami
8. nad umierającym / przy umierającym
9. o podwyżkę / podwyżki
10. na trawie / w trawie

ZADANIE 205

1. awanturą / na awanturze
2. hinduskie potrawy / hinduskich potraw
3. do kufli / w kufle
4. siatką / w siatkę
5. w sprawy / do spraw
6. w usta / do ust
7. czekoladą / czekolady
8. przyjazdu / na przyjazd
9. od ścian / ze ścian
10. mąką / w mące

ZADANIE 206

1. w budowie / przy budowie
2. z mężem / do męża
3. wnuczkom / dla wnuczków
4. pani / panią
5. jezdnię / przez jezdnię
6. ruchliwą drogę / przez ruchliwą drogę
7. rzekę / przez rzekę
8. mojej przyjaciółce / dla mojej przyjaciółki
9. główną aleją / przez główną aleję
10. na kajaki / do kajaków

ZADANIE 207

1. kurierem / przez kuriera
2. na bigos / do bigosu
3. wróżkę / wróżki
4. od zwolnienia / zwolnieniem
5. dysk / dyskiem
6. przy biurku / za biurkiem
7. kolan / po kolana / do kolan
8. mojej matki / moją matkę
9. ojcu / przed ojcem
10. górami / przez góry

ZADANIE 208

1. karze / kary
2. po poradę / o poradę
3. w piękne słowa / w pięknych słowach
4. za Ojczyznę / dla Ojczyzny
5. od zmęczenia / ze zmęczenia
6. na półki / na półkach
7. do szafy / w szafie
8. do wody / w wodę
9. czystą ściereczką / w czystą ściereczkę
10. od napaści / przed napaścią

INDEKS

Numer zadania

alternatywne połączenia składniowe wybranych czasowników .... ZU 204-208
aspekt .... ZT 72-88
bezosobowe formy trybu przypuszczającego .... ZT 39-41
czasowniki .... ZT 31-93
czasowniki bliskoznaczne .... ZT 69-71
czasowniki dwuaspektowe .... ZT 77-81
czasowniki dystrybutywne .... ZT 72
czasowniki łączące się z wyrazem *sobie* .... ZT 176
czasowniki nieregularne .... ZT 31-35
czasowniki osobliwe .... ZT 36-41
czasowniki prefiksalne .... ZT 82-88
czasowniki – słowotwórstwo .... ZT 89-93
czasowniki zeromiejscowe i jednomiejscowe .... ZT 36-38
czasowniki, których wykładnikiem derywacji jest wyraz *się* .... ZT 93
derywaty motywowane przez czasowniki
oznaczające zjawiska akustyczne .... ZT 90
formy wołacza .... ZT 144-153
funkcje wyrazu *się* .... ZT 154-158
gniazda słowotwórcze .... ZT 72-76
gniazdo słowotwórcze czasownika *brać (się)* .... ZT 76
gniazdo słowotwórcze czasownika *kroić (się)* .... ZT 74
gniazdo słowotwórcze czasownika *kryć (się)* .... ZT 73
gniazdo słowotwórcze czasownika *pisać (się)* .... ZT 75
imiesłowy przymiotnikowe .... ZT 134-138
kategoria aspektu – gniazda słowotwórcze .... ZT 72-76
liczebniki .... ZT 99-128
liczebniki *oba, obaj, obie, oboje* – użycie i odmiana .... ZT 104-106, ZT 119-121
liczebniki oraz wyrazy wykazujące związek z liczbą .... ZT 119-128
liczebniki ułamkowe .... ZT 116-118
liczebniki w ciągach liczebnikowych .... ZT 114-115
liczebniki wielowyrazowe .... ZT 114-115
liczebniki zbiorowe .... ZT 109-113
łączliwość składniowa czasowników .... ZT 42-71
łączliwość składniowa przymiotników .... ZT 94-98
łączliwość składniowa rzeczowników odczasownikowych .... ZT 26-30
modulanty .... ZT 139-143
nieosobowe formy czasowników .... ZT 39-41
norma językowa .... ZT 176-183

norma językowa a zwyczaj używania różnych form językowych .... ZT 14, ZT 176-183
odmiana zaimków *każdy* i *żaden* .... ZT 129-133
perfectiva tantum .... ZT 72, ZT 82-88
podmiot szeregowy w zdaniu .... ZT 177
polisemia czasowników .... ZT 89-93
połączenia składniowe wybranych czasowników .... ZT 42-71, ZU 204-208
poprawność językowa .... ZT 176-183
przymiotniki .... ZT 94-98
rzeczowniki .... ZT 1-30
rzeczowniki odczasownikowe .... ZT 32
rzeczowniki osobliwe – *singularia* i *pluralia tantum* .... ZT 1-10
rzeczowniki rodzaju męskoosobowego
o odmianie przymiotnikowo – rzeczownikowej .... ZT 11
rzeczowniki rzadko używane .... ZT 11-15
rzeczowniki zapożyczone .... ZT 16-25
się .... ZT 154-158
singularia i *pluralia tantum* .... ZT 1-10
składnia czasowników .... ZT 42-71, ZU 204-208
składnia liczebników .... ZT 99-128
składnia liczebników *oba, obaj, obie, oboje* .... ZT 119-121
składnia narzędnikowa .... ZT 65-66
składnia stylu potocznego .... ZT 174-175
składnia wyrazów wykazujących związek z liczbą .... ZT 119-128
składnia zaimków *każdy* i *żaden* .... ZT 129-133
składnia zdań .... ZT 52-56, ZT 62-63, ZT 67-68, ZT 162-208
skróty i skrótowce .... ZT 159-161
słowotwórstwo czasowników .... ZT 89-93
spójniki i wskaźniki zespolenia .... ZT 162-173, ZT 184-203
synonimia składniowa .... ZT 52-56, ZT 62-63, ZT 67-68
synonimy czasowników .... ZT 69-71
tryb rozkazujący w połączeniu z wołaczem ....ZT 144-153
wołacz .... ZT 144-153
wskaźniki zespolenia i spójniki .... ZT 162-173, ZT 184-203
wybór językowych znaków połączenia .... ZU 184-203
wyraz *się* .... ZT 154-158
zaimki: *każdy* i *żaden* – odmiana i składnia .... ZT 129-133

TEGO SAMEGO AUTORA

Publikacje autorskie za lata 1991-2012

1. Jean Ziegler, *La Suisse lave le plus blanc*, Edition du Seuil; przekład S. Mędak, *Milczący sejf*, Wydawnictwo Literackie, Kraków 1991, str. 164.

2. *JĘZYK POLSKI À LA CARTE. Wybór testów z języka polskiego dla obcokrajowców*, Wydawnictwo Uniwersytetu Jagiellońskiego, Kraków 1995, str. 462.

3. *CHCĘ MÓWIĆ PO POLSKU, Je veux parler polonais. Le polonais pour les débutants*, Wydawnictwa Szkolne i Pedagogiczne, Warszawa 1996, str. 254.

4. *CHCĘ MÓWIĆ PO POLSKU, Ich will polnisch sprechen. Polnisch für Anfänger*, Wydawnictwa Szkolne i Pedagogiczne, Warszawa 1996, str. 252.

5. *CHCĘ MÓWIĆ PO POLSKU, I Want to Speak Polish. Polish for the Beginners*, Wydawnictwa Szkolne i Pedagogiczne, Warszawa 1997, str. 254.

6. *SŁOWNIK FORM KONIUGACYJNYCH CZASOWNIKÓW POLSKICH. Dictionary of Polish Verb Patterns. Dictionnaire de la conjugaison des verbes polonais.* Universitas, Kraków 1997, str. 1056.

7. *DICTIONNAIRE DE LA DÉCLINAISON DES SUBSTANTIFS POLONAIS. Dictionary of Polish Declensions. Odmiana rzeczowników polskich*, Presses Universitaires du Mirail, Toulouse 2001, France, str. 370.

8. *CO Z CZYM? Ćwiczenia składniowe dla grup zaawansowanych*, Universitas, Kraków 2002, 2005, str. 196.

9. *SŁOWNIK ODMIANY RZECZOWNIKÓW POLSKICH* – reedycja polska wydania francuskiego, Universitas, Kraków 2003, wyd. II – 2011, str. 321.

10. *SŁOWNIK FORM KONIUGACYJNYCH CZASOWNIKÓW POLSKICH* – wersja nowa i skrócona, Universitas, Kraków 2004, wyd. II – 2013, str. 364.

11. *LICZEBNIK TEŻ SIĘ LICZY! Gramatyka liczebnika z ćwiczeniami*, Universitas, Kraków 2004, wyd. II – 2010, 2013, str. 249.

12. *PRAKTYCZNY SŁOWNIK ŁĄCZLIWOŚCI SKŁADNIOWEJ CZASOWNIKÓW POLSKICH*, Universitas, Kraków 2005, wyd. II – 2011, str. 773.

13. *APPRENDRE LE POLONAIS PAR LES TEXTES*, (wspólnie z: B. Biela, C. Bruley–Mesarosz), L'Harmattan, Paris 2005, France, str. 412.

14. *W ŚWIECIE POLSZCZYZNY*, Podręcznik dla zaawansowanych; poziom C2, Wydawnictwo Pedagogiczne ZNP, Kielce, 2007, str. 398.

15. *ŚWIAT POLSZCZYZNY* – CD z ćwiczeniami dla zaawansowanych; poziom C2, Wydawnictwo Pedagogiczne ZNP, Kielce, 2007.

16. *POLSKI RAZ A DOBRZE*. Polish for Foreigners. Podręcznik dla poziomu podstawowego A1, A2, B1, Wydawnictwo LINGO, Warszawa 2011, str. 320.

17. *POL'SKIJ DLÂ INOSTRANCEV.* Intensivnyj kurs dlâ načinaûŝih, Seria *Raz a dobrze*, Wydawnictwo LINGO, Warszawa 2011, str. 344.

18. *POCKET POLISH*. Polski dla obcokrajowców, Wydawnictwo LINGO, Warszawa 2012, str. 237.

19. *POLSKI MEGATEST*. Polish in Exercises, Wydawnictwo LINGO, Warszawa 2012, wyd. II – 2014, str. 388.

20. *POLSKI B2 i C1. MEGATEST*, Wydawnictwo LINGO. Warszawa 2013, str. 358.

ISBN 978-83-7892-449-4

www.ingramcontent.com/pod-product-compliance
Lightning Source LLC
Chambersburg PA
CBHW081349160426
43196CB00014B/2697